2013年教育部人文社会科学研究规划基金一般项目"教育均衡发展背景下西部农村寄宿制小学功能定位及实现路径研究"（项目批准号：13YJA880014）。

西部农村寄宿制小学
功能定位及实现路径研究

——基于义务教育均衡发展视角

董世华◎著

中国社会科学出版社

图书在版编目（CIP）数据

西部农村寄宿制小学功能定位及实现路径研究：基于义务教育均衡
发展视角/董世华著.—北京：中国社会科学出版社，2016.12
ISBN 978 - 7 - 5161 - 9586 - 4

Ⅰ.①西… Ⅱ.①董… Ⅲ.①农村学校—小学—学校管理—研究—
中国 Ⅳ.①G627

中国版本图书馆 CIP 数据核字（2016）第 303313 号

出 版 人	赵剑英	
责任编辑	刘晓红	
责任校对	周晓东	
责任印制	戴 宽	

出 版	中国社会科学出版社
社 址	北京鼓楼西大街甲 158 号
邮 编	100720
网 址	http://www.csspw.cn
发 行 部	010 - 84083685
门 市 部	010 - 84029450
经 销	新华书店及其他书店

印刷装订	北京明恒达印务有限公司
版 次	2016 年 12 月第 1 版
印 次	2016 年 12 月第 1 次印刷

开 本	710×1000 1/16
印 张	16.25
插 页	2
字 数	245 千字
定 价	62.00 元

凡购买中国社会科学出版社图书，如有质量问题请与本社营销中心联系调换
电话：010 - 84083683
版权所有 侵权必究

目　录

第一章 导论

第一节 研究缘起

从 1985 年《中共中央关于教育体制改革的决定》中首次提出"有步骤地实行九年制义务教育",到 2000 年中国初步实现"两基"战略目标,再到 2011 年全面完成"两基"战略任务,直至目前正在不断推进的义务教育均衡发展,中国政府和人民经过近 30 年艰苦卓绝的不懈努力,"普九"实现了从追求人口、地区覆盖率向优质均衡发展成功转型。然而,新时期农村地区学龄人口减少、生源流失又使义务教育均衡发展面临着新的挑战,西部农村地区特殊的地理条件和人口分布稀疏的特点,使之再次成为全国区域均衡发展的"短板"。毋庸讳言,义务教育均衡发展的区域"短板"在西部地区,西部义务教育均衡发展的"短板"在农村教育。

始于 2001 年的农村学校布局调整使西部农村初中基本形成了"一乡一校"的格局,尽管农村初中也存在明显的生源萎缩趋势,但这种趋势只会影响现有学校的规模,而不会危及其存亡。相比之下,农村小学生源自然减少和向城性流动使小学教育面临着生死存亡的严重挑战,很多学校因为生源不足而自动消失,部分学校因战略调整而裁撤,此种窘况西部地区尤为严重。2013 年,全国小学总校数减少了15056 所,农村小学就占了 14959 所,为减少学校总数的 99.4%。西部 12 省农村小学减少了 4265 所,比 2012 年西部农村小学总数(11278 所)减少了 37.82%,远远高于全国农村小学 7.39% 的平均下降幅度。2013 年，农村初中只比 2012 年减少了 604 所，下降率仅为 1.43%，西部地区下降率也只有 1.54%，充分说明全国农村初中学校数已经基本保持稳定。

学校数量减少直接扩大了服务半径，学生"上学远"的矛盾进一步加剧，西部农村小学布局设点面临困境，小学教育衰败趋势日益明显。不仅如此，西部地区农村义务教育阶段留守儿童问题的日趋严重，更使小学教育"雪上加霜"。据统计，2013 年西部地区农村共有义务教育阶段留守儿童 21267499 人，小学阶段留守儿童数量达 14404725 人，占留守儿童总数的 67.73%，占西部农村小学生总数的 65.86%。由于低龄留守儿童生理、心理的特殊性增加了农村小学教育的复杂性，相应应对策略的滞后已经使负面效应逐渐显现。新时期西部农村小学教育面临的两大困境加速了乡村教育的衰败，西部农村小学教育衰落已成为阻滞义务教育均衡发展的"瓶颈"。

为了解决生源减少带来的困境，我国 2001 年开始逐渐形成集中资源办学、大量举办寄宿制学校的思路。为了完成"两基"攻坚任务，2004—2007 年更是从国家层面实施了"西部地区农村寄宿制学校建设工程"，新建、改扩建一批以农村初中为主的寄宿制学校，集中解决了农村寄宿制初中办学条件问题。随着工程的顺利实施，西部地区农村初中生寄宿率达到 70% 以上，寄宿制学校占初中总校数的比例达到了 99.2%。近年来，西部农村寄宿制小学也呈现出快速发展的趋势。2013 年，西部地区农村小学生寄宿率达到了 21.34%，寄宿生规模达到了 4667239 人，集中举办寄宿制学校的思路逐渐在小学教育实践中推行。在推进义务教育均衡发展的措施中，寄宿制小学教育也作为化解留守儿童教育及看护问题的现实选择。可以说，举办寄宿制小学已经成为解决西部农村小学教育问题的主要"抓手"，在缩小义务教育发展区域差距、城乡差距中具有举足轻重的战略地位。

目前，农村寄宿制小学教育模式只是走读教育模式在时间上的延伸和空间延展，其功能设计欠缺，既没有考虑寄宿制教育模式的本体价值，也没有针对现实问题做更多深入思考，只是顺势而为。这种办学思路一旦与应试教育结合，寄宿学习就会增加小学生学习负担，剥夺儿童的童年生活。为了充分发挥寄宿制教育模式本身的优势，摆脱简单的工具价值发展路径，再造农村寄宿制小学功能势在必行。为此，本书以农村寄宿制小学功能定位为切入点，重新检视和再造小学寄宿制教育功能，探索新功能的实现路径，旨在为解决西部农村小学教育衰败问题提供新的思路。

第二节　研究意义

我国义务教育均衡发展的区域"短板"在西部地区，西部义务教育均衡发展的"短板"又在农村教育，西部农村教育的危机主要表现为小学教育衰落。西部农村小学教育衰落的关键在生源不足，集中办学是解决生源不足问题的最佳选择，举办寄宿制小学是实现集中办学的现实选择。然而，农村寄宿制小学功能定位模糊，管理水平滞后却严重制约其育人优势的发挥。从教育均衡发展的战略高度重新定位农村寄宿制小学的功能，探索这些功能的实现路径，具有重要的理论和应用价值。

从理论层面来看，本书立足农村寄宿制小学提供优质教育的战略高度定位其功能，有助于拓宽义务教育均衡发展的思路。基于结构与功能的互动关系理论，分析农村寄宿制小学组织系统中人力、财力、物力、时间、空间和管理等要素的结构，以及不同要素结构显现出的不同功能，为寻找科学的要素结构提供方法论。主张以宿舍为中心构建学生生活服务体系，确保寄宿小学生生活的完整性，实现寄宿制小学家庭抚育替代功能，为最大限度克服寄宿制教育本身的弱点提供理论支撑。充分考虑西部农村儿童社会化进程中的劣势，从农村儿童融入现代社会的高度定位寄宿制小学的社会化功能，为提升农村儿童生活品质和综合素质奠定理论基础。论证农村小学寄宿制教育的产品属性，从农村中小学布局调整与寄宿制学校建设关系的视角规范政府财政行为，力避因撤点并校产生"财政挤出效应"，为构建农村寄宿制小学长效经费保障机制提供理论依据。进一步发掘农村寄宿制小学教育的本体价值，为创新农村小学优质教育资源供给提供理论支撑。

就实践价值来而言，本书拟全面考察西部农村寄宿制小学历史背景及发展现状，客观反映农村家庭及学生对寄宿制教育的现实需求，分析标准化寄宿制小学建设和运行成本，为西部农村寄宿制小学发展的规模、速度和建设标准的决策提供政策参考。从战略高度定位农村寄宿制小学的功能，重构农村小学寄宿制教育的运行机制，为规范农村寄宿制小学的内部管理提供实践指导。提出寄宿制小学教学功能模块、以宿舍为中心的业余活动模块和以食堂为中心的后勤服务模块分工协作，实现家庭抚育与学校教育无缝对接，有利于学生生活完整性的实现。同时，重新定位农村寄宿制小学的功能，也可以为解决农村留守儿童教育与看护问题和低龄儿童远距离上学问题提供新的思路。

第三节　文献综述

学界对寄宿制教育形式向来褒贬不一，关于低龄学生寄宿问题意见分歧更大。观点相左激发学者研究兴趣，有关小学寄宿制教育问题研究成果丰富。

一　国外的相关研究

国外学者的研究多以私立寄宿制学校为研究对象，采用实证研究的方法，深入研究了寄宿制学校教育对学生身心发展的影响、对学生社会化的功用以及寄宿制学校家庭抚育替代性功能的研究等，旨在探讨寄宿制教育存在的合理性，具体研究如下：第一，寄宿制学校教育对学生身心发展影响的研究。Judith Kleinfeld（1977）、Martha Vicinus（1984）、Joy Schaverien（2004）等针对美国、英国和以色列等国的研究认为，低龄学生对父母的情感依赖向宿舍管理人员迁移对其今后踏入社会后会产生负面影响。全封闭式管理会给学生的心灵带来创伤，影响到学生性格及价值观的形成，也会影响到学生今后的行为。另外，城乡学校合并使农村学生被动寄宿，长期的寄宿生活造成农村学生社交和情感困扰，这种困扰贯穿着整个寄宿生活。第二，寄宿制学校教育对学生社会化的影响。R. G. Burgess（1983）、Edward Thring（1993）、Mathew A. White（2004）等研究认为，宿舍在寄宿生的教育中扮演着重要角色，宿舍具有凝聚学生的功能，有利于学生接受多元文化的熏陶。Eric Dlugokinski（1974）、Julie Davis（2001）、Rauna Kuokkannen（2003）等探讨了印第安人寄宿制学校对学生社会化的问题，研究结论表明，寄宿制学校对印第安人主要实行本土文化的改造和影响，而政府的强制同化与本土学生的反抗往往又交织在一起。Arielietal（1983）认为，寄宿制学校全天候高度集中的社会化过程，增加了学生行为习惯形成的可能性。第三，寄宿制学校家庭抚育替代性功能的研究。Amith Ben‐David（2001）认为，在家庭和学校这两个影响学生情感及行为的主体中，一方的强势必然影响另一方对教育对象的影响。Shirley Fisher（1986）对寄宿生"想家"问题的研究认为，地理位置的移动是学生想家的必要而不充分条件，环境和生活状况才是影响学生想家的关键因素，而这种影响也只是在一定范围内发生。

二 国内的相关研究

国内研究主要关注农村寄宿制小学存在的必要性、目前存在的问题、原因以及解决问题的对策等方面，具体如下：

（一）关于农村寄宿制小学存在的合理性探讨

为什么要举办农村寄宿制小学？新中国成立至今，循着农村小学教育生态环境变迁的路径可以梳理出具有代表性的几种观点。

第一，寄宿制小学是共产主义教育的萌芽。《湖南教育》1958年发表评论员文章认为，学校向寄宿制方向发展，是群众的切身利益，寄宿制小学教育是共产主义教育的萌芽。在祖国向共产主义过渡的时代，要塑造共产主义新人，应该通过社会教育而不是家庭教育来完成，家庭小圈子的生活，教育与生活脱节，信念和行动就很难一致，不可避免地要给予学生不良的影响。同时，广大的劳动者实际上也很难分出很多的精力来照管或教育自己的子女，家庭的传统概念也势将随着社会的向前发展而逐渐失去它的意义。① 这是新中国成立以来最早就寄宿制小学教育存在的必要性开展的探讨，这种思想其实是寄宿制教育社会化功能的萌芽。

第二，举办寄宿制小学对于改变民族地区教育落后的现状有着重要意义。黎琳（1985）认为，寄宿制民族学校有利于提高少数民族子弟的入学率、巩固率，是民族地区普及小学教育的成功途径之一；寄宿制民族学校适应了少数民族儿童的心理特点，有利于提高教学质量，促使他们健康地成长；举办民族寄宿制学校可以集中办学，节约成本，提高民族教育经费的效益。② 赵沁平（2004）认为，办好民族地区寄宿制学校，对于维护祖国统一，增强民族团结有着重大的战略意义。③ 白亮（2009）认为，民族地区的地域广阔、交通不便、人口稀少，不均衡的人口区域布局给民族地区的教育带来了一定困难。举办寄宿制民族学校，教师可以对学生的学习和生活进行全方位、全天候指导，学生之间也有更多机会交流、学习，在民族地区发展寄宿制学校是符合民族地区特点的，是历史和现实的需要，具有客观必然性。④ 杨军（2012）认为，寄宿制是符合少数民族地区义务教育实际情况的重要形式，促进了少数民族地区义务教育的顺利实施，推进了教育的均衡发展，提高了少数民族地区义务教育阶段的教学质量。发展少数民族地区寄宿制，有利于社会公平与和谐的推进，能较好地促进少数民族地区义务教育的健康发展。⑤ 李晶（2015）认为，寄宿制学校的兴起和建设，是民族地区教育发展进程中一次质的突破，极大地提高了适龄儿童入学率、巩固率和义务教育普及水平，规范了少数

---

① 《湖南教育》评论员：《寄宿制学校是共产主义教育的萌芽》，《湖南教育》1958 年第 8 期。

② 黎琳：《寄宿制民族学校刍议》，《民族论坛》1985 年第 1 期。

③ 赵沁平：《加强寄宿制学校管理工作，保证民族教育持续健康发展》，《中国民族教育》2004 年第 6 期。

④ 白亮：《关于西北民族地区寄宿制学校办学若干问题的思考》，《当代教育与文化》2009 年第 3 期。

⑤ 杨军：《少数民族地区寄宿制学校发展对策研究》，《广西社会主义学院学报》2012 年第 8 期。

民族地区办学体制，逐步满足了农牧民对正规学校教育的需要。① 这些研究成果集中在寄宿制民族小学的鼎盛时期，多认为举办寄宿制民族小学是普及民族地区初等教育的最佳形式。

第三，举办寄宿制小学是牧区、山区因地制宜的办学形式。新疆哈巴河县文教科（1982）研究表明，牧区建寄宿制小学，学习时间比流动学校多了 8 周，保证了学习时间；按年级分班教学，改变了过去流动学校多级复式教学的忙乱应付、上课无计划的状况，教学质量明显上升。牧区建立寄宿制学校，是普及牧区小学教育，发展牧区教育事业，提高教学质量的主要途径。② 涪川（1983）认为，寄宿制小学是普及青海省牧区小学教育比较完善、比较理想的办学形式。原因有三：一是学生吃住在学校，保证了教学时间，每年教学时间可达九个半月，保证了教学时间就相应提高了教学质量；二是学校集中，教师配备齐全，牧读小学一些不能开设课程的困难得以克服，学生学得扎实，知识全面，同时，学生在校学习，有利于做思想政治工作，有利于培养他们的集体主义的思想情操，这就使他们在德、智、体诸方面得到发展；三是解决了牧区群众居住分散、放牧流动性大，子女入学不方便的困难；四是学生的学习、生活统一由学校管理，家长放心，更加支持子女努力学习。③ 苏林强（1995）研究表明，山区的地理条件使小学"布点多、规模小、复式教学为主"的特征，不利于发挥教育的规模效益，造成人、财、物的分散浪费，不利于国家规定的课程计划的落实，教学质量得不到保证，不利于学生的巩固，一些家长为使子女受到较好教育，不惜代价千方百计往城镇转学。举办寄宿制小学提高了山区小学的教学质量、入学率和巩固率，增强了山区小学教研教改的风气，培养了学生的自理能力和爱劳动、爱集体、守纪律的

① 李晶：《民族地区寄宿制学校发展需要更多支持》，《中国民族教育》2015 年第 10 期。

② 新疆哈巴河县文教科：《筹建牧区寄宿制小学的做法和体会》，《人民教育》1982 年第 12 期。

③ 涪川：《谈谈我省牡区小学教育的普及》，《青海民族学院学报》（社会科学版）1983 年第 2 期。

承主体的缺位。寄宿制学校低龄学生亲情缺失，一旦教师角色替代失败，就会对学生健康人格的养成产生极为不利的影响。[1]

王海英（2011）对西部地区的研究发现，寄宿学生低龄化为寄宿学校的管理带来一系列难题。寄宿配套设施不完善，国家的资金对学生的生活保障措施投入明显不足，许多学校食宿条件差，后勤配套设施无法到位。专业人员配置不齐全，相应宿舍管理人员、生活教师等人员没有编制，临聘人员素质低，有的甚至连临聘人员也没有，直接增加了专任教师负担，阻碍了教学质量提高。寄宿学校管理机械化，寄宿制学校管理中，大多都是处于一种"教学"与"看管"双重任务简单叠加的机械管理状态，根本没有将寄宿制学校的教育与生活看成是一个整体来进行系统考虑。[2] 贺武华（2013）对山东蒙阴县的研究发现，农村寄宿制小学有四个方面的问题比较突出：一是教师肩负安全责任巨大；二是学生自主自理能力不强；三是学校日常管理难度大；四是教师工作量和精神压力大幅增加。[3] 黄启明、扈中平（2015）对广西山区寄宿制小学的研究表明，寄宿制小学学生宿舍不足，配套设施不完善，没有专职管理人员，住宿条件滞后；膳食营养保障仍处于低水平，饮食环节所蕴含的生活教育内容远未充分显现；学生课余生活的方式和内容受到很大局限，严重制约着课余活动育人功能的有效发挥；亲情缺失带来寄宿生心理问题，影响着健康人格的养成，给生活管理带来一些难题；寄宿生住校期间校外找乐、往返家校、医疗条件差等因素造成安全隐患较多。[4]

总之，已有研究认为，寄宿制学校存在生活设施不配套、人员配备难以适应寄宿制教育特点、新增寄宿成本国家分担偏少、财政供给

---

① 万明钢、白亮：《教育公平、教育资源整合的路径反思——对农村地区寄宿制学校的重新解读》，《教育理论与实践》2009 年第 9 期。

② 王海英：《西部农村寄宿制小学：问题与对策》，《湖南师范大学教育科学学报》2011 年第 9 期。

③ 贺武华：《农村寄宿制学校：运行现状与发展建议——基于对山东蒙阴县 8 所寄宿制小学教师的调查》，《东北师大学报》（哲学社会科学版）2013 年第 11 期。

④ 黄启明、扈中平：《生活教育视域下的寄宿制学校生活管理——基于桂东山区寄宿制小学的调查》，《教育研究与实验》2015 年第 4 期。

缺乏长效保障机制、规范寄宿制学校运行的政策供给不足等外部保障机制问题。从内部运行机制来看，寄宿生学习与业余活动时间分配不当、专任教师与生活指导教师分工不合理、寄宿制学校家庭抚育功能替代能力不足、寄宿生营养状况堪忧、学校心理干预制度不健全、学校处理重大应急事件能力不足等方面。农村寄宿制小学从新中国成立初期就已经出现，梳理文献发现，新中国成立初期至"文化大革命"前夕，农村寄宿制小学在经费供给、基础设施、人员配备、学校管理、办学理念等方面问题并不十分突出。20世纪80年代初至20世纪末，以民族寄宿制小学为主体的农村寄宿制小学仍然表现出良好的运行态势。2001年至今，当农村寄宿制小学在全国农村范围推广以后，无论是外部保障机制，还是学校内部管理都出现了很多问题，这些问题从一开始就存在，一直延续至今，令人深思。

（三）农村寄宿制小学存在问题的原因分析

杨兆山（2007）认为，地方教育主管部门对寄宿制学校建设目的的认识不清，不能有效地优化整合本地区的教育资源，在寄宿制学校建设方面过分依赖国家和省级财政支持是造成寄宿制学校建设出现诸多问题的重要原因之一。农村寄宿制学校在资金投入、学校布局、人员管理和基础设施建设方面缺乏明确统一的基本标准是寄宿制学校现有问题的另一重要原因。[①] 中央教育科学研究所课题组（2008）研究发现，农村寄宿制小学课余活动形式单调，教师组织学生开展课余活动的积极性不高。究其原因，主要是生均公用经费标准过低，学校没有经费用于改善寄宿学生课余活动资源；生活教师不足甚至缺编，教师对学生课余活动管理基本处于一般性看管；面向学生课后管理的教师培训体系不完备，影响了学生课余活动的开展和质量的提高。[②] 杨润勇（2009）认为，中部地区农村寄宿制学校普遍存在"人满为患"、"条件简陋"、教师普遍"身兼数职"、教育教学管理"难度陡增"及

---

① 杨兆山：《农村义务教育阶段标准化寄宿制学校建设的思考》，《教育科学》2007年第6期。

② 中央教育科学研究所课题组：《贫困地区农村寄宿制学校学生课余生活管理研究——基于广西壮族自治区都安县、河北省丰宁县的调研》，《教育研究》2008年第4期。

学生"生活单调"等问题。之所以如此，主要是中部地区农村中小学寄宿制学校建设获得国家政策"支持有限"、地方配套管理政策"出台迟缓"、地方财力有限、地方教育主管部门对农村中小学寄宿制学校建设管理的难度"始料不及"等原因造成的。① 龚婷（2011）认为，我国农村寄宿制学校界定不清晰，陷入"提供食宿"认识误区；办学标准不明确，存在极大管理隐患；缺乏配套的管理制度，普遍存在套用非寄宿制学校的现象；缺少专门的财政支持与保障，致使学校恶性发展。存在这些问题的主要原因有三：一是寄宿制学校制度设计偏重公益性，忽视了长效性；二是制度设计重"资金设施"，轻"学校管理"；三是制度设计自上而下，缺乏赋权。② 李醒东、赵燕萍等（2011）认为，农村寄宿制学校师资力量薄弱缘于农村寄宿制学校教师与城市教师生存环境的巨大差距。农村寄宿制学校教师的"显性日劳动时间＋隐性日劳动时间"要远远大于同年级城镇教师的日劳动时间，而收入却远不及城市教师，从而造成教师向城性流动。③ 董世华（2015）认为，农村经济发展滞后，政府投入不足致使寄宿制教育机会有效供给不足是现存问题的根源；义务教育"以县为主"的低重心管理体制及过度追求经济的办学理念是导致问题出现的诱因；农村寄宿制小学功能的模糊定位及制度设计的简单化是存在问题的直接原因。④

（四）完善农村寄宿制小学运行机制的对策研究

谷生华（2006）认为，西部地区农村寄宿制小学布点太多，仅仅能够解决学生"路途远，上学难"的困难，根本就无法解决最具战略意义、历史意义的"优质教育"的一系列困难。对于优秀教师资源奇

---

① 杨润勇：《关于中部地区农村中小学寄宿制学校的调查与思考》，《教育理论与实践》2009 年第 8 期。

② 龚婷：《农村寄宿制学校制度设计存在的问题与对策》，《教学与管理》2011 年第 5 期。

③ 李醒东、赵燕萍：《农村寄宿制学校建设的困境与改进路径》，《教育理论与实践》2011 年第 8 期。

④ 董世华：《我国农村寄宿制学校问题研究》，中国社会科学出版社 2015 年版，第 211—247 页。

缺、政府对小规模学校教育经费投入左右为难、硬件资源严重不足、学生视野受限及学校设施闲置浪费等问题的解决，必须借助于"教育园区"建设，在农村建立镇级教育园区，设初中部、小学部、幼教部；初中、小学部集中本镇所有初中、小学生源，幼教部集中本镇所有的幼儿生源和周边农村部分幼儿生源；远离城镇农村幼儿入学，可在合理的地方单设幼教部。农村孩子在园区内实行寄宿制，取消乡级寄宿制学校。[①] 李祥松（2006）提出，集中资金建设一批寄宿制学校，把城市在建的小学建成寄宿制学校解决进城务工人员子女就读的需要，在农村特别是山区，可以整合义教工程、危房改造、农村寄宿制学校建设、"两免一补"四大工程，撤点并校，集中财力建设寄宿制中心完小；建立农村义务教育阶段寄宿制学校经费保障机制；建立配套的农村寄宿制学校管理体制，由教育局对寄宿制学校进行垂直管理。[②]

杨兆山（2007）认为，要解决农村寄宿制学校在人力、财力、物力及管理等方面存在的诸多问题，必须确立农村寄宿制学校的基本标准，建立标准化寄宿制学校。寄宿制学校标准应该涵盖资金投入标准、学校布局标准、学校建设标准、人员管理标准。[③] 贾建国（2009）从制度互补视角提出，农村寄宿制学校存在教育经费投入制度不完善、教师编制制度改革缺位、学校管理制度改革滞后三大主要问题。因此，必须制订经费投入倾斜政策，完善寄宿生补助制度，拓宽经费来源，完善教育经费投入制度；通过动态核定农村学校合并后的教师编制，按比例给农村寄宿制学校配备专门的生活教师，全面改革教师编制制度；通过制定寄宿生作息制度、安全制度、寄宿生心理

---

① 谷生华：《西部农村基础教育重组应一步到位——关于西部农村基础教育寄宿制学校建设的调查与思考》，《教育发展研究》2006年第2期。

② 李祥松：《沅陵县农村寄宿制学校建设对永定区教育发展的启示》，《当代教育论坛》2006年第7期。

③ 杨兆山：《农村义务教育阶段标准化寄宿制学校建设的思考》，《教育科学》2007年第6期。

干预制度和家校联系制度，健全寄宿制学校管理制度。[①] 王景、张学强（2010）认为，在农村发展寄宿制学校已经势在必行，无须讨论，问题在于如何建设。目前存在的主要问题涉及经费投入、学校管理及学生发展三个方面，完善农村寄宿制学校需考虑推行相应的配套体制改革、确立标准化寄宿制学校的标准、着手解决心理、安全、课余生活贫乏等学生发展问题。[②] 叶敬忠（2008）、李醒东（2011）、谢治菊（2012）等提出，要加大政府投入，健全多元投入机制，加强标准化寄宿制学校建设，增加生活教师编制，配备专职心理健康教师，加大学校新增寄宿成本的国家财政补助力度，寄宿制小学建设与布局调整结合，合理规划布局等具体措施。

姚姿如（2011）提出，丰富学校生活是寄宿制教育的应然选择，生活单一化是农村寄宿制学校生活存在的主要问题。要改变这种现状，可采取以下方法：一是必须增加对农村寄宿制学校的投入，改善办学条件；二是要转变教育观念，明确寄宿制学校的功能；三是合理设置教师编制，提高教师综合素质；四是开发校本课程，加强校园文化建设；五是要鼓励学生参与学校和班级管理，激发学生生活信心。[③] 王海英（2011）认为，发展西部农村寄宿制小学可采取以下策略：一是加强寄宿制小学的标准化建设；二是保证寄宿制相关专业人员配备；三是挖掘寄宿生活的亲情补偿功能；四是探索寄宿学校的集体教育优势；五是开展丰富多彩的教育教学活动；六是建立学校与家庭有效联系制度。[④]

蒲培勇、马宏强等（2012）提出了为乡村留守儿童建寄宿制学校的方案，主张单独制定乡村教育发展留守儿童寄宿制学校建设标准；

---

① 贾建国：《农村寄宿制学校建设分析：制度互补性的视角》，《教育发展研究》2009年第7期。

② 王景、张学强：《当前我国农村义务教育阶段寄宿制学校发展的问题研究》，《教育科学》2010年第6期。

③ 姚姿如：《丰富农村寄宿制学校生活的思考》，《东北师大学报》（哲学社会科学版）2011年第3期。

④ 王海英：《西部农村寄宿制小学：问题与对策》，《湖南师范大学教育科学学报》2011年第9期。

留守儿童及其家长参与规划，营造地域性的空间环境；政府在人员编制、经费等方面要对留守儿童寄宿制学校予以支持。[①] 冉亚辉（2012）提出了统筹城乡教育中农村寄宿制学校发展的五个策略：一是科学布局与合理的教育经济效率计算；二是确立寄宿制学校发展的教育质量首位价值取向；三是构建农村寄宿制学校内部科学的教育管理机制；四是形成寄宿制学校是解决农村留守儿童问题的最重要社会机制；五是寄宿制学校应该被视为农村社会发展的重要构成部分。[②] 雷万鹏、汪义雷等（2013）认为，与非寄宿制学校相比，寄宿制学校不仅机构成本高、教师压力大，而且生活教师也严重短缺，在均一制拨款体制下，农村寄宿制学校存在严重的收支不平衡现象。为体现纵向公平原则，政府应大幅度提高农村寄宿制学校公用经费拨款权重，改变农村寄宿制学校低成本运转状况，构建起与农村寄宿制学校发展需求相适应的经费保障机制。[③]

袁玲俊、毛亚庆（2014）研究表明，西南地区农村寄宿制学校专任教师工作满意度普遍不高。要改变这种局面，需要增加生活教师编制以减轻专任教师负担；提高农村寄宿制教师待遇以吸引和留住优秀教师在农村寄宿制学校任教；加快农村教师周转房建设，改善值班教师食宿条件。[④] 曾富生、张文喜、东波（2014）提出，社会工作以其专业的价值理念、技能和方法，在解决农村寄宿制学校面临的问题上具有很大的优势。利用危机干预模式处理寄宿制学校可能出现的危机事件，采用增权模式帮助农村寄宿制学校中处境不利的人群，利用生态系统模式加强寄宿制学校与政府及其他组织的沟通，壮大社会工作

---

① 蒲培勇、马宏强：《乡村教育发展留守儿童寄宿制学校建设问题与对策研究》，《科学经济社会》2012 年第 3 期。

② 冉亚辉：《城乡统筹背景下农村寄宿制学校发展策略》，《教育评论》2012 年第 3 期。

③ 雷万鹏、汪义雷：《寄宿制学校成本与财政拨款权重实证研究》，《中国教育学刊》2013 年第 6 期。

④ 袁玲俊、毛亚庆：《西南农村寄宿制学校教师满意度现状及其原因分析》，《教师教育研究》2014 年第 5 期。

志愿者队伍，大力改善教学环境。① 贺武华（2015）认为，当前农村寄宿制学校正经历着从"建设"向"办学"转变、从"住人"场所向"生活"乐园转变、从"管理"向"服务"转变、从"封闭"向"开放"转变的内涵式转型。为此，必须丰富拓展学校的教育时空、开展基于集体教育的德育工作、拓展家校合作形成教育合力、重构与改进师资队伍、优化重组区域教育资源，适时推进寄宿制学校办学实践的价值重构与功能再造。②

（五）关于寄宿制民族小学的研究

柳随年（1983）认为，农村小学教育，要适应农民劳动、生活特点，适应不同地区、不同民族的需要，多种形式办学，多种形式教学，灵活多样。有条件的地区要积极发展幼儿教育。牧区和人口特别稀少的边远地区，可以举办部分寄宿制小学。③ 郝时远（1985）研究发现，在少数民族地区建立的寄宿制学校适合少数民族地区特点，有利于少数民族学生安心学习和健康成长。但是，在少数民族地区（牧区、山区）办一所同等规模的小学，所需资金比内地农村和城镇要高出三四倍。在牧区供养一名住校的小学生，家长的负担相当于在城市供养一名大学生。由于资金的困难，少数民族地区没有条件设立更多的、与就学人口比例相适应的小学校，少数民族群众也没有能力负担自己每一个孩子受教育的开支。这就造成了相当一部分少数民族适龄儿童得不到受教育的机会。同时，又由于师资缺乏、水平低、校舍简陋、教学用具短缺以及学生家庭负担重等问题的存在，少数民族学生入学率、巩固率、合格率低的现象始终没有得到有效的解决。④

滕星（1989）认为，地理环境对教育的影响，也是民族教育的特

---

① 曾富生、张文喜、东波：《社会工作介入农村寄宿制学校的模式建构》，《江苏师范大学学报》（教育科学版）2014 年第 2 期。

② 贺武华：《农村寄宿制学校办学发展的价值重构与功能再造》，《浙江社会科学》2015 年第 3 期。

③ 柳随年：《普及初等义务教育也不能由国家包下来》，《计划经济研究》1983 年第 27 期。

④ 郝时远：《我国的教育实现程度与少数民族地区教育需求程度的特殊性》，《民族研究》1985 年第 6 期。

殊问题。我国少数民族地区，大多位于祖国的边陲，大部分少数民族居住在人口稀少的高原、高山、牧区等边远地带。少数民族地区特殊的地理环境给民族教育的办学形式带来了特殊的问题和困难。最近几年民族地区多采用寄宿制的办法（分完全寄宿制、普通寄宿制和半寄宿制），这解决了部分少数民族学生上学难的问题，但由于花钱较多，无法普及。除了采用多种途径办学外，利用现代电化教育手段，进行远距离教学，无疑是一条既经济又高效，多、快、好、省的办学形式。① 叶志贞（1989）认为，寄宿制学校是少数民族中小学生全部或部分住宿的一种形式。寄宿制解决了人口高度分散与教学需要相对集中的矛盾，它可使学校规模、师生比例趋向合理，各种人、财、物的潜力得以充分发挥，教学质量也因学生学习、生活相对稳定而得以迅速提高。目前，我国广大牧区、山区采用这种形式的不少，它的优越性将随管理水平的提高而逐步有所提高。但此种形式学校需基建费较多，因除一般教学用房外，尚需修建学生宿舍、卫生所等。②

张红（1990）认为，普及少数民族小学教育对于提高整个民族教育和各民族科学文化水平的基础具有重要意义。应根据民族地区经济文化基础、自然条件和居住条件，制定适应民族教育特点的教育规划、教育体制，采取多种形式办学，分期分批普及基础教育。对一些十分落后的民族地区和牧区、高寒山区、边疆地区还要办一些寄宿制小学，在助学金和经费上国家要给予特殊照顾，有些特别贫困的地区可由国家包下来，包吃、包穿、包住，实行免费教育。③ 包银山（1992）认为，我国少数民族主要分布在山区、荒漠干旱地区、高寒地区和草原牧区，居住分散、交通不便，生产力发展水平低，经济基础薄弱，民族教育战线长，学校布点分散。在这样的地区开办学校，发展教育，客观上需要与环境相适应的独特的办学形式，也需要比内地更多的物力和财力。内蒙古牧区实行的以助学金为主、寄宿制为主

---

① 滕星：《对社会主义初级阶段民族教育整体改革的若干对策性思考》，《民族教育研究》1989 年第 1 期。

② 叶志贞：《民族教育的经济效率》，《民族教育研究》1989 年第 1 期。

③ 张红：《四十年来民族教育工作的成就和经验》，《民族研究》1990 年第 4 期。

的公办学校就是明显的例证。① 艾一平、Gerard. A. Psotiglioen（1995）对中国部分边疆民族地区辍学情况研究认为，寄宿学生比例与辍学水平高低的相关系数 r 为 0.52（P 值为 0.00）。可能是由于寄宿费用要高于当地经济发展水平和家庭经济承受能力，导致贫困学生流失。据实地调查，平均寄宿费用学年为 800—1000 元/人，农村家庭支付相当困难。应进一步加强民族寄宿制中心小学的建设，解决入学难的问题，建立民族寄宿制学校制度与学生困难专项补助制度相结合的配套制度。在边境贫困山区及自然条件恶劣的地区，寄宿制中小学的建设尤其重要，它是把分散教学改为集中教学，提高办学效益，提高适龄儿童入学率 h，降低学生辍学率的重要手段。但是，如前分析，寄宿费用高又易导致学生流失，为此必须建立贫困学生特殊资助或减免制度。② 王振岭（1999）认为，牧区要使全体适龄儿童"进得来、留得住、学得好"，就必须发展寄宿制小学。但寄宿制小学成本高，每名寄宿生每月需伙食费（肉、奶、粮食）约 110 元，经费问题十分突出，可以利用土地资源优势弥补办学经费的不足。以寄宿制为主，多种形式办学。国家、集体、家长、学校四方共同负担学生生活费用，发展寄宿制小学。③

三　已有研究的不足

现有研究中经验性的文章多，理论探讨较少，研究内容细致入微而宏观考察不足，因而仍存在一些不足之处，尚待进一步研究。

（一）已有研究对农村寄宿制小学发展目标定位缺乏战略思考

当前研究均默认寄宿制小学教育是一种被动选择，目标定位多表现为顺应而非主动适应与建构。发展目标定位价值取向过多偏向于小学寄宿制的工具价值，目标设计理念倾向于普及义务教育的形式重于内容，忽视了寄宿制教育本身对学生身心发展的作用，因而也就忽视

---

① 包银山：《试论民族教育特殊政策》，《内蒙古教育学院学报》1992 年第 3 期。

② 艾一平、Gerard. A. Psotiglioen：《中国部分边疆民族地区辍学情况调查》，《教育研究》1995 年第 1 期。

③ 王振岭：《从牧区实际出发，切实普及初等教育——贵南县普及初等教育调查》，《中国教育学刊》1999 年第 2 期。

了对这种教育形式本身属性的研究。将农村寄宿制小学的发展置于农村城镇化及义务教育均衡发展的背景下研究，是本书努力的方向。

（二）已有研究缺乏对西部农村寄宿制小学功能定位的系统思考

现有研究囿于寄宿制小学教育即非寄宿制教育空间的转移与时间的延伸的理念，忽略了西部农村寄宿制小学促进农村儿童社会化、现代化的功能发挥，简单化农村寄宿制小学儿童家庭抚养与教育的替代功能设计，缺乏对小学生寄宿生活与学习有机结合的系统探讨。重新定位西部农村寄宿制小学的功能是本书的核心。

（三）已有研究缺乏对农村小学寄宿制教育产品属性的定位

公共财政背景下，教育服务产品属性决定政府的投入政策。已有研究明确划定了政府的投入责任，但未对政府责任的理由深入研究。论证农村寄宿制小学教育产品属性，设计农村寄宿制小学社会化功能、家庭抚育替代功能及缩小城乡义务教育差距的功能的实现路径，是本书的旨归。

（四）已有研究对农村寄宿制小学指导缺乏针对性

已有研究大多将小学与初中作为农村义务教育学校同等对待，研究结论对于初中具有较强的指导意义。然而，小学生与初中生的身心成熟情况有明显的区别，在心理和生活自理能力方面差异更大，也就是说，小学生寄宿学习存在的问题与初中具有显著差异。再者，经过多年的发展，我国农村初中基本形成了"一乡一寄宿制学校"的格局，未来学龄人口减少只会缩小学校规模，不会危及学校存在。而农村小学则不然，随着适龄儿童数量的减少，直接会危及一所村小的存在，也就是说，农村寄宿制小学将会呈不断增加的趋势。因此，未来一段时期，研究农村寄宿制小学问题更具有现实意义。

第四节　核心概念界定

一　西部范围的界定

我国东、中、西部地区的划分起源于 1986 年制订的《国民经济和社会发展第七个五年计划》，后被官方和学术界广泛采用。按照当时的划分办法，东部地区包括北京、天津、河北、辽宁、上海、江苏、浙江、福建、山东、广东、广西、海南 12 个省（市、区）；中部地区包括山西、内蒙古、吉林、黑龙江、安徽、江西、河南、湖北、湖南 9 个省（自治区）；西部地区包括重庆、四川、贵州、云南、西藏、陕西、甘肃、青海、宁夏、新疆 10 个省（市、区）。2000 年，党中央、国务院提出"西部大开发"战略，考虑到我国中西部各省份经济和社会发展的客观实际、地理区位以及民族地区发展因素，将西部地区范围扩展为"12＋3"，即重庆、四川、贵州、云南、西藏、陕西、甘肃、青海、宁夏、新疆（含新疆生产建设兵团）、广西和内蒙古 12 个省（市、区），加上湖南湘西土家族苗族自治州、湖北恩施土家族苗族自治州和吉林延边朝鲜族自治州。①

考虑到教育发展的特点和寄宿制教育实施的传统因素，同时为了使用统计数据的口径统一，本书以西部大开发战略中的划分办法为主，去掉湖南湘西土家族苗族自治州、湖北恩施土家族苗族自治州、吉林延边朝鲜族自治州，将西部地区界定为重庆、四川、贵州、云南、西藏、陕西、甘肃、青海、宁夏、新疆、广西和内蒙古 12 个省（市、区）。截至 2014 年年底，西部地区国土总面积 681 万平方公里，占全国总面积的 71%；农村小学生总数 1110.1 万人，占全国农村小学生总数（3409.9 万人）的 36.4%。

二 农村的统计口径

农村一般指以从事农业生产为主的农业人口居住的地区，是同城市相对应的区域，具有特定的自然景观和社会经济条件。单纯讨论城市、农村、乡村、镇区等概念并无多大意义，本书之所以要界定这一概念，主要是为了统计口径统一。我国统计年鉴中并没有直接规定"农村"这一统计指标的口径，仅使用了"市镇总人口"和"乡村总人口"这两个人口统计指标。1996 年《中国统计年鉴》主要指标解

① 国家发展和改革委员会国土开发与地区经济研究所编：《中国西部开发信息百科·综合卷》，中国计划出版社 2003 年版，第 3—4 页。

释中定义："市镇总人口"指市、镇辖区内的全部人口；"乡村总人口"指县（不含镇）内全部人口。"市"是指经国家批准成立"市"建制的城市；"镇"是指经省（市、区）批准的镇。1963 年以前，规定"镇"的常住人口在 2000 人以上，非农业人口占 50% 以上。1964年起改为常住人口在 3000 人以上，非农业人口占 70% 以上，或常住人口在 2500 以上，不满 3000 人，非农业人口占 85% 以上。1984 年后又调整为"凡县级地方国家机关所在地，或总人口在 2 万人以下的乡、乡政府驻地非农业人口超过 2000 人的；或总人口在 2 万人以上的乡，乡政府驻地非农业人口占全乡人口 10% 以上的；或少数民族地区、人口稀少的边远地区、山区和小型工矿区、小港口、风景旅游、边境口岸等地，非农业人口虽不足 2000 人，都可建镇"。[1]

　　2011 年，国家统计局《统计用城乡划分代码》中使用新的城乡划分标准，将原来的城市、县镇、农村调整为城镇和乡村两大类，城镇又分为城区和镇区，城区包括主城区和城乡结合区，镇区包括镇中心区、镇乡结合区和特殊区域；乡村包括乡中心区和村庄（分类代码见表 1−1）。分析 2011—2015 年国家统计局公布的城乡代码发现，"镇区"实际上与习惯上的"县城"对应，"乡村"一般指常规意义上的集镇和村庄对应。比较我国各个时期对城镇和乡村的统计指标解释，结合目前农村地区实际情况和教育发展的实际，本书将"农村"界定为城镇以外的全部区域，与国家统计局统计用城乡划分中的"乡村"对应。基于此，本书使用的教育统计数据中仅"乡村"部分计入西部农村。

表 1−1　　　　　　　国家统计局统计用区划和城乡划分代码

城乡分类代码	城乡分类		
100	城镇		
110		城区	
111			主城区

---

① 《中国统计年鉴》（1996），中国统计出版社 1996 年版，第 79 页。

续表

城乡分类代码	城乡分类		
112			城乡结合区
120		镇区	
121			镇中心区
122			镇乡结合区
123			特殊区域
200	乡村		
210		乡中心区	
220		村庄	

三 农村寄宿制小学

学校是通过传递知识、提供学习服务以教育人、培养人的专业化社会组织，是教育人、培养人的专门机构。一般来说，学校的基本任务是教育教学，并没有向学生提供食宿的功能和义务。当学生因为各种原因需要在校食宿才能有效地完成学业时，原来由家庭承担的抚育责任及乡村社会承担的教化责任将转移至学校，学校需要实施功能再造才能履行相应职责。本书中农村寄宿制小学是指各级政府在乡村地区举办的能够为小学生提供食宿条件的公立小学，包括全寄宿制学校和走读与住读混合型两种。与非寄宿制小学相比，学校除了教学设施设备以外，还要有满足学生食宿、娱乐的基本条件，同时还需制定相应的管理制度，以便将学生的学习和生活有机结合起来，实现家庭、学校和社会教育的新型结合。

四 功能定位

"功能"一词来自拉丁文 functio，本义是"实现、完成"。《辞海》中功能定义为：（1）事功和能力；（2）功效和作用；（3）在自然辩证法中同"结构"相对，组成一对范畴。[1] 胡德海认为："如果从根本上来推究，即从哲学和科学的角度来考察，功能或曰性能、职能，指的是一个事物系统所具备的对周围其他事物发生作用的能力或

---

[1] 《辞海》（缩印本），上海辞书出版社 1990 年版，第 580 页。

根本属性。它是物质存在的一个最重要的特性。"① 李兴洲认为，功能就是事物本然具有的根本属性，是由某一事物自身具有的内在本质所决定的该事物对其周围事物所产生作用的能力和功效。

学校功能是学校作为一种为学生的学习提供专门性服务的教育教学场所或组织所能够表现出来的性能、功效或作用，是学校作为一种客观实体存在所自然存在的必然的或可能的各种性能、作用和影响力，是学校功能的客观形态和基础。与学校的客观性能、作用和影响力相对应的，就是学校的价值和职能，这是学校功能的主体形态，是学校组成人员以及其他社会成员作为一种能动自觉的目的性存在，以学校的客观性能和作用为基础和前提，赋予、构想和派定给学校的合目的性关系的状态和效果。当人们认识到或以为学校具有某种合目的性的性状关系并提出相应要求时，那么这种性状关系就被赋予一定的价值或意义；当人们要派定和要求学校去发挥某种作用、实现或创造某种价值或意义，甚至指定学校具有某种性能时，这就赋予了学校一定的职能。② 本书认为，基于农村寄宿制小学自然存在的各种性能、作用和影响力，指定其为农村小学适龄儿童接受教育发挥某种功效的行为就是功能定位。

第五节　研究内容

第一，通过对选题缘由的阐述，回答推进城乡义务教育均衡发展的"短板"为什么是西部农村小学教育。西部农村初中基本集中至镇，未来一段时间生源基本能够维持一定规模，而农村小学受制于生源减少（人口出生率下降、城镇化、农民工子女随迁、择校等），完小变村小，村小成为教学点直至最终消失，重新布点是现实理性的选

① 胡德海：《论教育的功能问题》，《西北师范大学学报》（社会科学版）1999 年第 2 期。

② 李兴洲：《重构学校精神——学校功能偏离与现代学校制度建设》，博士学位论文，南京师范大学，2005 年，第 26—28 页。

择，服务半径扩大难以扭转；同时，小学生源结构也随着农村经济方式转变而变化，低龄留守儿童群体的出现挑战社会管理，家庭教育责任的缺失亟待补偿。如何解决西部农村小学教育衰败的问题呢？

第二，梳理西部农村小学教育生态环境变迁路径及应对策略，并检视各历史阶段寄宿制小学教育的功能，回答新中国成立以来，西部农村小学教育生态环境发生了什么变化？各阶段都采取了哪些政策措施予以化解？效果如何？寄宿制小学在应对教育生态环境变化中发挥了哪些功能？效果如何？西部农村小学教育是怎样一步步走向衰败的？

第三，分析西部农村小学教育的现实背景，论证举办寄宿中小学的必要性。背景一：农村小学生源锐减怎么办？办学模式变还是不变？不变就保留村小及教学点，变就意味着动，学生动还是教师动？如果是学生动，那就要撤点并校，远距离上学，同时采取集中举办寄宿制小学或发展校车系统予以配套；如果教师动，那么就可以采取教师多点执教等形式。背景二：西部农村低龄留守儿童增加，学校管还是不管？从理论上讲，留守儿童家庭抚育缺失是社会问题，是经济改革的"负外溢效应"，其成本应该计入经济改革。也就是说，解决农村留守儿童问题的费用应该由财政负担。即便如此，由谁来具体执行这项任务，还必须站在整个国家和民族的大局考虑。村级政府有能力承担吗？村级政府在实行家庭联产承包责任制以后基本失势，既无足够财力，也没有专业能力和义务承担；交给公益组织吗？留守儿童数量太大超出其承受能力，只能作为补充，解决特殊情况；专门成立留守儿童管理机构？这种做法成本必然很高，难以得到家庭、儿童本人的支持。比较而言，举办寄宿制学校是最佳选择，符合规模效益原则，能够将抚养、管理、教育有机结合起来，没有让留守儿童和家庭产生异类感，将特殊问题化解于无形，形式更容易让人接受。背景三：农村家庭追求优质教育资源怎么办？顺其自然，坐看云起，被动等待，继续坚守肯定难以奏效。从已经沦为教学点的乡村小学可见一斑：质量堪忧，没有学习氛围、没有优质教师，办学成本居高不下。因此，天真地认为全科教师会扎根偏远乡村只能是一种"浪漫"的理想。适度集中，举办寄宿制小学，制造氛围、留住教师、范围经济是最佳选择。

第四，从理论上回答"农村寄宿制小学需要具备哪些功能才能承担重?"再造农村寄宿制小学功能。一般来讲，举办寄宿制小学将会带来一系列变化。集中举办寄宿制学校后远距离上学怎么办? 人口集中住宿，饮食、重大事故应急、突发事件、疾病等安全问题怎么办? 集中住宿，增加成本怎么办? 低龄儿童亲情缺失有补偿机制吗? 饮食起居不能自理的情况下设置了补偿功能吗? 学生能休息好吗? 寄宿制学校能给孩子一个愉快的童年吗? 寄宿制教育能够提高学生学习成绩吗? 寄宿制教育能促进乡村儿童现代化吗?

第五，实际调查西部农村寄宿制小学运行现状，对照重构的寄宿制小学教育功能，分析现有农村寄宿制小学功能缺失的现状及负面影响，并从理论上分析为什么会存在功能缺失? 是技术原因还是理念? 为寻找农村寄宿制小学功能实现路径提供实践参考。

第六，预测西部农村寄宿制小学教育需求变化趋势。西部农村寄宿制小学教育未来 30 年的需求将会发生什么变化? 举办农村寄宿制小学政策要延续多久? 是永久进行还是一定历史时期的产物?

第六节 拟突破的重点与难点

一 本书拟解决的重点

基于西部边远农村自然条件的特殊性和农业社会向工业社会转型的特殊经济环境，结合小学生身心发展特点，在义务教育均衡发展的背景下，重新定位农村寄宿制小学的功能。构建以宿舍为中心、以高素质的生活指导教师为主体的寄宿生业余活动管理体系，构建以食堂为中心、以后勤员工为主体的寄宿生生活服务管理体系，实现寄宿制小学家庭抚育功能替代，是本书研究的重中之重。

二 本书拟突破的难点

如何建立农村寄宿制小学业余活动管理系统与教学活动管理系统

的联动机制，实现专任教师与生活教师分工协作，是本书拟突破的难点。突破难点，需要改变思维定式，从宿舍功能设计和生活教师的职责定位入手，秉承宿舍为"家"、生活教师为代理"家长"、维系学生生活完整性的理念，构建全新的寄宿学生业余活动体系，以实现生活教师为专任教师工作"分压"功能。

第七节　研究思路及方法

一　研究思路

首先，通过查阅文献了解西部农村寄宿制小学的历史沿革，检视不同历史时期寄宿制小学不同功能发挥状况，为重新定位功能提供历史借鉴。其次，梳理相关文献，寻找发展西部农村寄宿制小学的理论依据，在此基础上建构西部农村寄宿制小学外部保障和内部运行机制的理论体系，为准确定位农村寄宿制小学的功能提供理论支撑。再次，借鉴历史，依据理论，立足现实，从促进教育公平的战略高度，重新定位西部农村寄宿制小学的功能，并论证其功能定位的合理性。最后，展开实证调查，把握农村寄宿制小学运行现状及其利益相关者的主观需求，分析现有功能定位的偏差及其造成的负面影响，借此进行西部农村寄宿制小学促进义务教育均衡发展功能的实现路径设计。

二　研究方法

本书采用实证研究与规范研究相结合的方法，具体如下：

（1）采用文献分析法，梳理国内外文献，了解相关研究涉足的问题及解决状况，为本书寻找研究起点。在此基础上，进一步分析已有研究的理论现状，为奠定本书的理论基础提供参考，并为调查问卷问题的设计寻找变量。

（2）采用问卷调查法和访谈法，选择贵州、云南、广西、陕西和四川五省部分县市农村边远山区寄宿制小学展开抽样调查。选定教育行政部门领导、学校教师、学生及其家长为问卷调查及访谈对象，发放问卷，收集数据，并使用 SPSS 软件进行数据分析；在发放问卷的基础上展开深度访谈，搜集个案，实现量化研究与质性研究相结合，以期把握农村寄宿制小学教育中存在的问题。

（3）采用比较研究法，对比研究城市私立寄宿制学校、农村寄宿制初中、寄宿制高中在宿舍管理和食堂运营等方面的成功经验，考察国外寄宿制小学的相关做法，为突破西部农村寄宿制小学生活服务功能与教学功能有机结合的难点提供借鉴。

第二章 西部农村寄宿制小学
功能定位的历史检视

西部地区农村主要以牧区、山区为主,又是少数民族聚居地,因此,农村寄宿制小学也相应以牧区寄宿制小学、寄宿制民族小学等形式存在,牧区、山区、少数民族地区寄宿制小学的发展历史就是农村寄宿制小学的发展史。功能定位就是基于农村寄宿制小学的能力而产生的功效与作用的取舍。新中国成立至今,基于提供食宿条件、延长学校教育对个体施加影响时间以及增加学校教育对个体施加影响的内容等客观能力,农村寄宿制小学先后为国家在西部普及初等(小学)教育、学校布局调整及留守儿童问题解决等方面发挥了巨大作用。由于我国农村寄宿制学校功能演进过程中并非新功能对旧功能的更替,而是功能不断增加的过程,因此,本章将分为西部民族地区普及初等教育的主要形式、西部农村小学布局调整的主要载体、西部农村留守儿童问题解决的最佳选择三条主线进行历史检视。

第一节 西部民族地区普及初等
教育的主要形式

新中国成立初期,党和国家就提出普及初等教育的目标,并在实施普及教育的过程中逐步形成了降低重心、分散办学的普及方式。西部地区自然条件恶劣、人口居住分散、少数民族居多,适应西部特殊情况,农村小学教育在分散办学的大背景下采取了集中办学与分散办学相结合,以集中办学为主的方式,举办寄宿制民族小学就是这一时期集中办学的典型。新中国成立至今，寄宿制民族小学始终是西部民族地区普及初等教育的主要载体，其发展历程大致可以分为四个阶段。

一　西部少数民族地区农村普及初等教育的历史背景

20 世纪 80 年代以前，普及初等（小学）教育一直是党和政府教育工作的重要抓手。20 世纪 90 年代初期，全国小学普及率达到了 90%，已经开始向普及九年义务教育迈进。2000 年，我国 85% 的地区基本实现了普及九年义务教育的目标，而西部地区仍有大部分地区没有完成普及小学 5—6 年的任务，未实现普初目标的大多是民族地区。21 世纪前期的十年，经过西部"两基攻坚"的一系列措施，全国在 2005 年才全面实现了普及九年义务教育。艰难曲折的普及初等教育的历程就是西部寄宿制民族小学成长的历史背景。

（一）普及初等教育总体战略的形成路径

1949 年 9 月，中国人民政治协商会议第一届全体会议通过的《中国人民政治协商会议共同纲领》规定："有计划有步骤地实行普及教育。"为了贯彻这一精神，教育部于 1951 年 8 月召开了第一次全国初等教育及师范教育会议，明确提出："从 1952 年开始，争取 10 年内基本上普及小学教育。"由于社会主义改造基本完成，原来普及初等教育的目标随之做了调整。1956 年最高国务会议通过的《1956—1967 年全国农业发展纲要（草案）》中提出："从 1956 年开始，按照各地情况，分别在 7 年或者 12 年内普及小学义务教育。""文化大革命"期间，周恩来总理仍然提出："要普及小学教育，这是一个大政。"党的十一届三中全会以后，普及初等教育的问题再一次提上议事日程。1980 年 12 月 3 日，中共中央、国务院《关于普及小学教育若干问题的决定》中提出了 80 年代在全国基本实现普及小学教育的历史任务。《决定》要求："经济比较发达、教育基础较好的地区，应在 1985 年前普及小学教育，其他地区一般应在 1990 年前基本普及。至于极少数经济特别困难、山高林深、人口稀少的地区，普及期限还可延长一些。"① 1982 年《宪法》第 19 条规定"国家举办各种学校，普及初等义务教育"，正式以最高法的形式将普及初等教育的任务固定下来。1985 年中共中央、国务院《关于教育体制改革的决定》中提出了"有步骤地实施九年制义务教育"的目标，并分三类地区实施，1995 年约有 75% 的人口地区普及九年制义务教育。1986 年《义务教育法》颁布时，国家正式确立了"20 世纪末全国基本普及初等教育"的目标。

（二）低重心分散办学的具体战术设计

新中国成立以来，党和政府结合实际情况实施的普及初等教育的策略可以归纳为"低重心分散办学"模式。1952 年 3 月教育部颁发试行的《小学暂行规程（草案）》中规定："各地为适应特殊需要，得举办二部制的小学、季节性的小学、半日制的小学和巡回制的小学，或酌设早、晚班。修业年限可视具体情况酌量伸缩，但都应修毕小学课程。"1953 年《政务院关于整顿和改进小学教育的指示》中提出：今后应首先着重办好城市小学、工矿区小学、乡村完全小学和中心小学。在农村，除办集中的正规的小学外，还可以办分散的不正规的小学，如半日班、早学、夜校之类。1980 年，中共中央、国务院《关于普及小学教育若干问题的决定》明确提出：必须从实际出发，因地制宜，采取多种形式办学。在办好全日制学校的同时，还应举办一些半日制、隔日制、巡回制、早午晚班等多种形式的简易小学或教学班（组）。这类学校的学习年限和教学要求，可以不拘一格，只要学好语文、算术即可。要力求使学校布局和办学形式与群众生产、生活相适应，便于学生就近上学。② 1983 年 5 月，中共中央、国务院《关于加强和改革农村学校教育若干问题的通知》，强调"我国农村情况千差万别，农村教育一定要从实际出发，因地制宜。办学应当坚持多层次、多种规格和多种形式"，要求"农村小学的办学形式要灵

---

① 张健主编：《中国教育年鉴》（1949—1981），中国大百科全书出版社 1984 年版，第 123 页。

② 同上书，第 124 页。

活多样，要办一部分按教育部规定教学计划开课的全日制小学；也可办只开设语文、算术、常识、思想品德课的小学；还可以开办多种形式、主要学好语文、算术的简易小学或教学班组，包括半日制、隔日制、巡回教学，等等"。[①] 1986 年国家教委等部委《关于实施〈义务教育法〉若干问题的意见》（国办发［1986］69 号）重申了采取多种形式办学的要求，"采取多种形式办学。小学除举办按教学计划开设全部课程的全日制小学外，也可在贫困边远、居住分散的地区举办适当减少课程门类、适当调整教学要求的村办小学或简易小学"。村学、简易小学和教学点深入偏远村庄、遍布农村的学校形态，被称为"网点下伸"，位于自然村的初小（非完全小学）或教学班被形象地称为"下伸点"或"伸腿班"，与网点下伸、多种形式办学相匹配的是就近入学原则。[②] 1986 年《义务教育法》第九条规定"地方各级人民政府应当合理设置小学、初级中等学校，使儿童、少年就近入学"。1987 年国家教委《关于制定义务教育办学条件标准、义务教育实施步骤和规划统计指标问题的几点意见》，规定"学生居住地与学校距离原则上应在 3 公里以内"，走读生小学低年级上学途中最多不超过三十分钟；小学高年级上学途中最多不超过四十五分钟。"可见，20世纪 80 年代以前，强调就近设置学校，采取低重心的学校布局，有利于适应广大农村的复杂地理条件和人口分布状况，分散办学是我国普及初等教育的主流方式。

二　集中举办寄宿制小学普及民族地区初等教育的实践

我国少数民族人口大部分居住在山区，其中有高寒山区，有土质贫瘠的石山区，也有常年少雨缺水的干旱山区。西部地区自然条件恶劣、少数民族聚居且居住分散、经济发展滞后等因素导致学生上学难，阻碍了初等教育普及进程。各级政府在建设和发展少数民族教育时，极为注重少数民族的特点。在全国范围内采取降低重心、分散办

---

① 中共中央、国务院：《关于加强和改革农村学校教育若干问题的通知》，《人民教育》1983 年第 6 期。

② 王帅：《农村义务教育普及中的学校布局调整研究》，博士学位论文，北京理工大学，2016 年，第 75 页。

学的大背景下，西部地区普及初等教育走出了一条集中与分散相结合的特殊道路。国家在少数民族地区举办了为数较多的寄宿制民族小学，由国家（或地方政府和社队集体负担一部分）包学生的吃、住、用，对特别困难的少数民族学生还给予衣服、棉被等补助。在分散办学的大背景下集中举办的寄宿制民族小学为西部地区普及初等教育立下了汗马功劳。

（一）1949—1965 年：西部寄宿制民族小学的萌芽阶段

1951 年 5 月，教育部部长马叙伦向政务院的报告中就指出："少数民族教育应采取适合于各民族人民发展和进步的民族形式，要结合各民族的具体情况。"1951 年 9 月在北京召开的第一次全国民族教育会议强调："少数民族教育必须采取民族形式，照顾民族特点，才能很好地和各民族实际情况结合起来。"根据少数民族教育发展落后的情况，1953 年 12 月政务院发布《关于整顿和改进小学教育的指示》提出："在办学形式上，根据民族地区的特殊情况，除在少数民族聚居区外，在少数民族较多的地区，单独设立民族中、小学，在经济困难和交通不便的少数民族边远山区和牧区，办好寄宿制民族中小学校。"1955 年 10 月，教育部和民宗委在北京召开牧区民族教育汇报会进一步强调，牧区的特点是居住分散，流动性大，交通不便，季节差异很大。各省、自治区已采用的固定的、流动的、半固定的等方式，还可以继续试行。但是，什么地方采用什么方式，应该很好注意不同情况研究决定，必须坚决克服一般化或正规化的倾向。1956 年 9 月，国务院发出《关于少数民族教育事业费的指示》要求："今后一定时期内，民族地区的小学基本上仍由公办，民族小学的编制定额应予适当照顾。有寄宿生的学校得根据需要设炊事员和保育员。"① 一系列指示为当时民族地区初等教育因地制宜提供了政策基础。

遵照民族地区灵活办学的基本原则，四川、云南、青海以及新疆等省（自治区）率先创办了一批寄宿制民族小学。20 世纪 50 年代初

---

① 王铁志：《新中国民族教育政策的形成与发展》（上），《民族教育研究》1998 年第 2 期。

期，四川省藏、彝族地区就专设有民族寄宿制小学，这类学校大多设立在乡村，是新中国成立以后最早的农村寄宿制学校。以凉山州为例，1951 年开始，国家就根据民族政策和少数民族实际，集中人力、财力、物力开办"包吃、穿、住、用和医疗保健"的寄宿制民族小学。到 1952 年，全州这类小学已达 698 所，学生 68636 人，学龄儿童入学率达到 17.6%。按照西南军政委员会文教部规定，学生全部食宿在校。[1] 1957 年秋，松潘县文教科到少数民族较为集中的毛儿盖区也办过 1 所寄宿制民族中心小学，在校寄宿生达 270 名之多。[2] 1952 年，云南省政府在阿瓦山区的沧源佤族自治县开办了 6 所寄宿制小学，学生食宿、衣服、用具全由国家供给。[3] 1957 年以前，云南雄楚彝族自治州也曾经举办过类似的寄宿制民族小学 20 所。[4] 青海全省有 6 个民族自治州和 5 个民族自治县，这些地区大都地势高寒，人口稀少，交通不便。"文化大革命"前的 17 年，青海省就注意从少数民族地区的实际出发办教育。在总结十几年牧区办学的经验教训的基础上，得出了发展寄宿小学最能适应牧区特点，是牧区普及小学教育的主要形式的结论。寄宿制小学从 1963 年开始选点建校，1965 年寄宿制民族小学达到 110 所，寄宿生人数达到 5163 人。[5] 蒙古族聚居的乌兰和都兰等县，从 20 世纪 50 年代末就开始办起了全日制寄宿民族小学，60 年代初期，各地对帐房小学进行了整顿，开始扩大全日制民族寄宿制小学规模。寄校学生学习和生活费由国家、集体、家庭三方按一定比例负担。减少了学生流动，保证了教学时间，提高了教学质量，学生的入学率、巩固率、升学率、合格率等均有了较大的提高。[6]

---

① 吴明先：《凉山三类寄宿制民族班瓦吉瓦》，《民族教育研究》1997 年第 4 期。

② 杨祥仪：《松潘县年鉴》（1987—1988·内部资料），第 25—26 页。

③ 张俊芳：《绿色的云岭青翠的事业——云南民族教育书简》，《云南教育》1984 年第 8 期。

④ 董世华：《工具价值路径：农村寄宿制中小学发展历史的反思》，《教育学术月刊》2014 年 4 月。

⑤ 张健主编：《中国教育年鉴》（1949—1981），中国大百科全书出版社 1984 年版，第 404 页。

⑥ 孕宝英：《青海蒙古族教育的回顾与思考》，《青海民族研究》（社会科学版）1992 年第 4 期。

20 世纪五六十年代，党中央和各级政府就对贵州省黔南州荔波县瑶山民族教育实行倾斜性投入，将早期的食、宿半包的学校改为实行全包的寄宿制小学。在很大程度上减轻了瑶族同胞的负担，刺激了人们参加学习的热情，并培养了一大批当地的民族干部，提高了小学教育普及率，促进了瑶山经济文化的发展。① 20 世纪 50 年代，新疆维吾尔自治区政府在牧区的各牧场或县镇设立定点学校，供附近一二十里之内的牧民子女前来就读。因路途较远，学生大多骑牛骑马上学或寄宿读书。为帮助塔吉克族、柯尔克孜族发展教育，自治区政府还在塔什库尔干、乌恰等县牧区创办了全部由国家供给食宿的小学。1958 年牧区公社化以后，为延长牧区教学时间，提高教学质量，由牧区教育工作者和牧民自发地办起了一些寄宿制学校。50 年代末和 60 年代初期的伊犁、塔城、阿勒泰牧区都曾举办过寄宿制民族小学。②

（二）1966—1977 年：寄宿制民族小学的曲折发展

"文化大革命"十年，在"民族问题的实质是阶级问题"这一理论指导下，民族教育事业遭到一场毁灭性的摧残和破坏。在办学形式上，严重脱离民族地区的特点，忽视我国绝大部分少数民族居住在牧区和山区的特点，盲目提倡"把学校办到家门口"，片面强调实行流动教学的"马背学校"和"牧读学校"，很多少数民族地区寄宿制学校几乎被撤销，严重地影响了少数民族地区儿童的入学率和巩固率。国家为发展民族教育而采取的适合民族特点的许多有效措施，被污蔑为修正主义的"特殊论"、"落后论"几乎都加以取消。③

青海省寄宿制小学在"文化大革命"前一直深受广大牧民群众欢迎，"文化大革命"期间，这种学校被诽谤为"苏修贵族学校的翻版"、"培养修正主义苗子的'温床'"。1970 年全省寄宿小学由 1965

---

① 卢延庆：《瑶山民族教育的现状及发展思考》，《黔南民族师专学报》（哲学社会科学版）1998 年第 4 期。

② 葛丰交：《从马背小学到寄宿制学校的跨越发展》，《中国民族教育》2009 年第 6 期。

③ 崔斌子：《建国以来我国民族教育的历史回顾与几点想法》，《东疆学刊》（哲学社会科学版）1988 年第 4 期。

年的 110 所猛降到 10 所，减少了 90%。"文化大革命"后期，在老
一辈无产阶级革命家的抵制和斗争下，民族教育工作也得到了一定的
开展。1975 年，国务院批转了教育部关于边疆和少数民族地区普及小
学五年教育的请示报告，全省少数民族地区的广大师生、干部和群众
深受鼓舞，坚持从少数民族地区的实际出发，兴办适合牧区特点的半
牧半读小学，恢复和发展寄宿小学，停滞倒退的局面才得以扭转。
1976 年，寄宿制民族小学又恢复发展到 269 所。① 内蒙古额仁淖尔公
社地处祖国北部边境，草原辽阔，人口稀少，人们过着游牧生活。牧
民子女上学要到四百里远的温都尔庙。多年只有极少数孩子能坚持学
习，绝大多数孩子都是中途辍学。1959 年在公社所在地创建额仁淖尔
寄宿制公办小学，把公社各队的适龄儿童都收进来，该校坚持"以教
学为中心，以生活管理为基础"的办学道路，赢得了广大牧民欢迎和
社会舆论支持。"文化大革命"期间，寄宿制民族小学被解散，变为
"马背小学"和"巡回小学"、"生产队小学"等形式，教学质量大大
下降，学生入学率也大大下降。② 新疆维吾尔自治区牧区十年"文化
大革命"期间片面推行"马背小学"、"流动学校"、"帐篷学校"，单
纯搞流动形式，曾经创办的寄宿制民族小学一度停办。流动学校教学
时间没有保证，教学质量很低，学龄儿童入学率、巩固率、毕业率都
极低。1977 年，新疆维吾尔自治区教育厅选择阿勒泰地区吉木乃县为
试点，创办了该地区第一所牧区寄宿制学校——沙尔梁牧区寄宿制学
校。该县以沙尔梁牧区寄宿制学校为样板，改革牧区教育，很快在全
县各乡普遍建立牧区寄宿制学校。通过几年奋斗，吉木乃县成为全疆
牧区第一个完成普及初等教育和扫除文盲任务的"两教"合格县，并
成为全国基础教育 100 个先进县之一。③

---

① 张健主编：《中国教育年鉴》（1949—1981），中国大百科全书出版社 1984 年版，第 404 页。
② 内蒙古自治区教育局：《额仁淖尔寄宿小学》，《中国民族》1981 年第 2 期。
③ 葛丰交：《从马背小学到寄宿制学校的跨越发展》，《中国民族教育》2009 年第 6 期。

（三）1978—1990 年：寄宿制民族小学的恢复与发展

1. 发展寄宿制民族小学的政策形成过程

1978 年中国共产党召开了十一届三中全会，在实事求是的思想路线的指导下，从实际出发，采取适合民族特点和当地实际的形式发展民族教育事业的方针重新得到肯定。1980 年 10 月 9 日，教育部、国家民委发布《关于加强民族教育工作的意见》提出："对于大多数文化教育十分落后的民族，特别是对于边远地区、牧区、山区的民族，必须采取特殊的办法，在相当的时期内，集中力量，办好一批公办的民族中小学，给予较多的助学金，特别要大力办好一批寄宿制学校，采取由国家管住、管吃、管穿的办法。"① 同年 12 月 3 日，中共中央、国务院发布《关于普及小学教育若干问题的决定》指出："在少数民族地区普及小学教育，任务十分艰巨。各有关地区必须制定适合民族特点的教育规划和教育体制，办学形式更要强调灵活多样。国家对少数民族地区的教育事业应给以大力扶植。对文化教育十分落后的一些少数民族，更须采取一些特殊措施；最贫困的地区要由国家包下来，实行免费教育。"1983 年 5 月 6 日，中共中央、国务院印发《关于加强和改革农村学校教育若干问题的通知》中强调："普及初等教育是培养现代化建设人才的奠基工程，力争 1990 年前除少数山高林深、人口特别稀少的地区外，基本普及初等教育。农村小学的办学形式要灵活多样，在人口稀少、居住很分散的少数民族地区，边远的山区、林区、牧区，除适当增加教学点外，还应办一些寄宿制学校"。② 1984 年 5 月 5 日，教育部办公厅报送中央的《关于少数民族中小学教育情况和问题》指出："牧区办学要坚持多种形式办学的方针，集中办寄宿制小学，对于巩固学龄儿童入学、提高教育质量较为有利。"③ 一系列政策措施都倾向于利用寄宿制小学教育来解决民族地区农村初

---

① 张健：《中国教育年鉴》（1949—1981），中国大百科全书出版社 1984 年版，第 830 页。

② 张健：《中国教育年鉴》（1982—1984），湖南教育出版社 1984 年版，第 76 页。

③ 何东昌：《中华人民共和国重要教育文献》，海南出版社 1998 年版，第 2180—2181 页。

等教育普及难题。1984 年颁布的《民族区域自治法》更是以法的形式固定了这一理念。《民族区域自治法》第 37 条规定："民族自治地方的自治机关为少数民族牧区和经济困难、居住分散的少数民族山区，设立以寄宿为主和助学金为主的公办民族小学和民族中学，保障就读学生完成义务教育阶段的学业。"1987 年 7 月 4 日，国家教委发布了《基础教育（中小学）规划、统计用综合指标（试行）》（［87］教规字 002 号），提出在确定全覆盖的学校网点布局时，小学一般应以走读、就近入学为原则，在少数特殊地区，也可考虑用寄宿制适当集中办学。① 可以看出，此时中学集中办学意图已经十分明显，但农村小学实行寄宿制教育仍然只限于"少数民族特殊地区"。1988 年 9 月 14 日，国家教委办公厅印发《困难地区普及初等教育研讨会纪要》提出："困难地区普及初等教育在办学形式、教育内容和教学要求上不能照搬城市和发达地区的那一套。要从实际出发，办学形式灵活多样，包括全日制、半日制、教学点、巡回小学、早午晚班以及寄宿制小学。在小学布局上，一般以就近入学为原则，但在居住分散的山区和牧区，小学也可以按四、二分段设置，即 3 年或 4 年的初小就近上学，2 年的高小相对集中设置。牧区可采取牧读小学与寄宿制小学相结合的办法。"②

2. 西部各省举办寄宿制民族小学的实践

在一系列政策的指引下，西部民族地区寄宿制小学校迅速得到了恢复并发展壮大。1981 年、1982 年两年恢复和新建的寄宿制中、小学就有 1120 多所，在校学生达 34 万多人。这些学生的生活和学习费用实行以国家为主，集体和学生家长适当负担一部分的原则。对那些经济特别困难的地区，采取由国家全部包下来的办法。③ 1982 年 10 月 11 日至 18 日，教育部在新疆维吾尔自治区伊犁哈萨克自治州召开

---

① 欧少亭：《教育政策法规文件汇编》，延边人民出版社 2001 年版，第 2701—2705 页。

② 何东昌：《中华人民共和国重要教育文献》，海南出版社 1998 年版，第 2797—2799 页。

③ 谢启晃：《民族教育问题浅议》，《中央民族学院学报》1982 年第 4 期。

了全国牧区、山区寄宿制民族中、小学经验交流会。据内蒙古、新疆、青海、贵州等 14 省、区不完全统计，当时已有牧区、山区寄宿制民族小学 2720 所（含 555 个班），在校学生 271717 人，这种寄宿制学校大多是从 1979 年以后恢复和发展起来的，并有继续发展的趋势。① 大会达成了共识，即寄宿制学校是经济文化不太发达，居住分散、交通困难和长年游牧的牧区、山区普及初等教育，发展民族教育的一种好的办学形式。② 截至 1987 年年底，适应少数民族山区、牧区特点举办的寄宿制民族中小学达到 5000 多所，在校生人数已超过了 100 万人，全国已有 85 个民族县普及了小学教育。③

西北地区的内蒙古、新疆、青海、西藏、甘肃、宁夏等省牧区居多，小学较早实行了"寄宿制与走读制相结合，以寄宿为主"的基本办学方针。1980 年《关于加强民族教育工作的意见》出台以来，牧区寄宿制小学有了较大发展。1984 年 7 月，内蒙古自治区颁发的《普及初等教育实施方案（试行）》明确要求：牧区小学贯彻"公办与民办相结合，以公办为主；集中与分散相结合，以集中为主；全日制与半日制相结合，以全日制为主；寄宿制与走读制相结合，以寄宿制为主"，即"四结合、四为主"的办学方针。锡林郭勒盟镶黄旗加强苏木（乡）所在地中心学校的建设，在每一个苏木重点建设好一所中心小学，学生全部实行寄宿制。到 1985 年，全旗公办小学在校人数由原来占 34% 增加到 81%，寄宿生比重由 45% 增加到 75%，学龄儿童入学率达到 98% 以上。④ 呼伦贝尔盟少数民族聚居的乡、苏木，从 1965 年举办寄宿制小学开始到 1987 年，全盟整个牧区 37 个游牧苏木中有 11 个苏木小学初步具备食宿条件，基本具备了"寄宿为主，助学金为主"的公办学校条件。⑤ 1984 年以前，赤峰市克什克腾旗广

---

① 张健：《中国教育年鉴》（1982—1984），湖南教育出版社 1986 年版，第 185—186 页。
② 教育部：《全国牧区、山区寄宿制民族中小学经验交流会纪要》，中国网（http：//www.china.com.cn/Guoqing/zwxx/2011 – 10/02/content_ 23540451. htm）。
③ 朴胜一：《社会主义初级阶段民族教育思考》，《中国民族》1988 年第 8 期。
④ 葛长海：《从实际出发，大力普及牧区基础教育》，《人民教育》1987 年第 2 期。
⑤ 刘世海：《呼伦贝尔盟教育问题初探》，《内蒙古社会科学》1987 年第 2 期。

兴源乡小学的布局是以总校牵头，行政村中心完小为主，下设教学点的模式。1984 年，乡总校对全乡小学的布局进行了合理、可行的规划，确定在 1000 人口左右的村实行以集中寄宿办学为主，在人口 600—700 人的行政村，全部撤点扩校，实行一村一校的集中寄宿制办学。至 1986 年年底，全乡由点到面，总共集资 72.6 万元，建造标准化校舍 94 间，撤掉分散教学点 54 个，基本实现了一村一校的集中寄宿办学。① 1981 年 8 月 22 日，新疆维吾尔自治区发布《关于加强牧区中小学教育的意见》（以下简称《意见》）提出：“当前和今后一个时期内牧区教育的主要任务是狠抓小学教育的普及，办好寄宿制学校。今后牧区办学形式要以寄宿制学校和全日制固定学校为主，以流动学校为辅，以实现普及牧区小学教育的任务。”② 这一精神成为指导全疆牧区教育改革的重要文件，直接将寄宿制民族小学建设作为牧区普及初等教育的特殊措施。各地认真贯彻执行《意见》精神，集中财力办起了一批寄宿制小学。1983—1986 年，全区寄宿制小学从 265 所增加到 328 所，寄宿率达到 4%，与此同时，小学入学率、巩固率及毕业率均有大幅提高（见表 2 - 1）。③ 1987 年，全区有寄宿制小学 378 所，在校生 87786 人，学校比上年增加 50 所，学生比 1986 年增加 9823 人。普及小学教育获得了显著成绩，普及九年制义务教育也有了一定进展。④ 1990 年，牧区寄宿制小学共有 333 所，在校学生 86028 人。这些学校教学设备、生活设施、活动器材和场地基本齐备，寄宿制小学已成为牧区初等义务教育的支柱。与此同时，新疆牧区小学适龄儿童入学率达 91.5%，巩固率 91.1%，毕业率 83%。⑤ 以阿勒泰地区为例，1989 年在牧区寄宿制学校本部上学的小学生 10042

---

① 赵兰生：《贫困山区办学的成功之路——赤峰市克什克腾旗广兴源乡实行集中寄宿办学情况简述》，《内蒙古教育》1994 年第 7 期。

② 葛丰交：《从马背小学到寄宿制学校的跨越发展——新疆牧区教育 60 年发展巨变》，《中国民族教育》2009 年第 6 期。

③ 张健：《中国教育年鉴》（1985—1986），湖南教育出版社 1986 年版，第 401—402 页。

④ 张健：《中国教育年鉴》（1987），人民教育出版社 1987 年版，第 302 页。

⑤ 韩才生：《新疆年鉴》，新疆人民出版社 1992 年版，第 380 页。

人，寄宿率达到 36%。相应地，牧区学龄儿童入学率为 94%，在校学生巩固率为 95.2%，毕业率为 81.3%，12—15 周岁儿童初等教育普及率为 88.3%。实践证明，阿勒泰地区普及初等教育与牧区发展寄宿制小学有直接关系。

表 2-1　　　　新疆维吾尔自治区寄宿制小学发展与普及概况

年份	学校数（所）	学生总数（人）	寄宿制小学数（所）	寄宿生总数（人）	寄宿率（%）	入学率（%）	巩固率（%）	毕业率（%）
1983			265	49409				
1984	8253	1962981	291	52707	2.69	94.2	94.1	88.0
1985	8104	1966306	330	59221	3.01	95.4	95.7	93.0
1986	8178	1948151	328	77963	4.00	97.2	96.82	93.97
1987		1884884	378	87786				

资料来源：根据《中国教育年鉴》（1985—1986）数据整理。

1980 年，青海省委、省政府发出的《关于加强少数民族地区教育工作的指示》明确指出："寄宿制小学是牧区办学的主要形式，必须大力发展，学制按六年试行。"当年全省牧区寄宿制小学达 347 所。[1] 1981 年，寄宿制民族小学增加到 368 所，寄宿学生 15733 人。河南蒙古族自治县赛尔龙公社共有 7—11 周岁的适龄儿童 343 人，196 人在公社寄宿制完全小学就读，寄宿率达到 57.1%。[2] 进入 80 年代后期，由于寄宿制小学规模普遍偏小，办学成本太高，很多地方开始合并小规模寄宿制小学。据 1987 年统计，牧区各种寄宿小学规模最大的仅有 200 名学生（为数不多），最小的只有 10—20 名学生，大部分学校规模都在 30—40 名。[3] 至 1990 年，全省牧区寄宿制小学调整到 276 所，但寄宿生人数却在不断增加，初步显现出规模效益。[4]

① 涪川：《谈谈我省牧区小学教育的普及》，《青海民族学院学报》（社会科学版）1983 年第 2 期。
② 贾忠平：《中国教育年鉴》（1993），人民教育出版社 1993 年版，第 738 页。
③ 王振岭：《根据牧区特点发展牧区教育》，《中国藏学》1990 年第 4 期。
④ 班玛丹增：《从实际出发，办好民族教育》，《人民教育》1990 年第 12 期。

西藏地广人稀，交通不便，发展农牧区基础教育必须以寄宿制学校为主，重点办好一批中小学。从 1984 年开始，西藏认真贯彻"大力发展公办学校和寄宿制学校，多种形式办学"的基本方针，到 1986 年，全区共有 24696 名中小学生在寄宿制学校学习，占公办中小学在校生总数的 26.2%。① 1989 年，自治区认真贯彻落实全区第三次教育工作会议"关于集中办好一批寄宿制中小学的精神"。普通小学住宿学生 20687 人，占小学少数民族在校生的 15.78%。继续贯彻"三包"和人民助学金政策，农牧民家庭子女因生活困难不能入学的问题基本得到解决。② 1990 年全区普通小学住宿生达 29651 人，全部为少数民族学生，比 1989 年增加 6217 人，住宿学生已占少数民族小学生的 19.8%。③ 甘肃省少数民族地区有 9 个牧业县，地域辽阔，居住分散，交通不便，群众随牧流动，办学十分困难。多年的实践证明，开办寄宿制学校是发展牧区教育的好形式。1984—1986 年，省教育厅共拨专款改建寄宿制小学 49 所。到 1986 年，民族地区的寄宿制小学已由 1983 年的 23 所发展到 75 所，在校学生由 2719 人增加到 7365 人。民族地区的 9 个牧业县 62% 的牧业乡有了寄宿制小学。肃北、阿克塞、玛曲、碌曲 4 个县的乡中心小学，已全部实行了寄宿制。1985 年，还在临夏回族自治州的积石山保安族、东乡族、撒拉族自治县和东乡族自治县的山区，试办了 3 个小学高年级寄宿制班，有寄宿学生 108 人。由于采取了特殊措施，全省少数民族基础教育有了新的进展。1986 年与 1983 年相比，少数民族学生由 84092 人增加到 116804 人。民族地区的学龄儿童入学率由 64.29% 提高到 77.09%。在 20 个民族县、市中，经济发展较快、教育基础较好的肃北蒙古族自治县和阿克塞哈萨克族自治县，已于 1984 年基本普及了小学教育。④

　　为了普及民族地区初等教育，1980 年至 1981 年，宁夏回族自治

---

① 张健：《中国教育年鉴》（1985—1986），湖南教育出版社 1986 年版，第 362—363 页。

② 李健：《中国教育年鉴》（1990），人民教育出版社 1990 年版，第 742 页。

③ 李炳灿：《中国教育年鉴》（1991），人民教育出版社 1991 年版，第 775—776 页。

④ 张健：《中国教育年鉴》（1985—1986），湖南教育出版社 1986 年版，第 972 页。

区从地方财政中拨出 400 多万元，区统战部、民委也从民族补助费中拨出相当数量的专款，用于兴办寄宿制回民中小学。到 1982 年年底，全区已办起寄宿制回民小学 65 所，学生达 6700 多人。① 1986 年 1 月17 日，区委区政府出台的《关于改革和加强教育工作的决定》提出："有步骤地实施九年制义务教育。采取特殊政策和措施，加速民族教育的发展。南部山区对小学生继续实行免费义务教育。要大力办好现有的回民寄宿制中、小学，并有计划地再改办或增设一批回民寄宿制学校和班级。"1986 年 3 月 14 日，自治区第五届人大常委会第十六次会议通过《宁夏回族自治区普及初等义务教育暂行条例》规定："在经济困难、居住分散、回族人口较多的山区，要继续办好寄宿制回民小学，并提倡把集中拨给寄宿制学校的部分食宿补助费改作助学金，使更多的家庭经济困难的回族小学生得到助学金，鼓励他们就近走读。"经过不断的改革调整，一批寄宿制回民小学已逐步成为民族地区民族初等教育的骨干学校。截至 1986 年年底，回族聚居的 7 县共设寄宿制回民小学 77 所，寄宿生达 8000 余人。②

地处西南地区的四川省（含重庆）、云南省和广西以山区为主，寄宿制民族小学发展较早。1980 年，四川省就有寄宿制小学 201 所，在校寄宿生 14600 人。1985 年 12 月 14 日，四川省人民政府批转省民委《关于因地制宜扶持我省民族乡发展经济和文教、卫生等事业的报告》提出："每个民族乡要办好一所半寄宿制或寄宿制民族中心小学。"1987 年 6 月，省教育厅为在地广人稀的民族地区加强普及初等教育工作下发了《关于民族地区普及初等教育几个问题的意见》强调："充分发挥寄宿制小学在普及初等教育中的作用。为了适合民族聚居区幅员辽阔、居住分散的特点，各地在大量学校坚持就地入学的同时，要重点举办一批寄宿制民族中小学，认真办好乡中心小学和基点小学寄宿制高小班。在牧区，应把寄宿制小学作为普及初等教育的

---

① 大西北教育短讯：《宁夏大力兴办回族寄宿制学校》，《人民教育》1983 年第 12 期。
② 张健：《中国教育年鉴》（1985—1986），湖南教育出版社 1986 年版，第 979—980 页。

主要形式，充分发挥其在巩固学额，提高质量方面的作用。"① 截至
1987 年，民族地区已有寄宿制民族小学 551 所，1550 个班，寄宿生
达到 41095 人。② 1989 年，少数民族教育继续完善以非寄宿制为主
体，以寄宿制为骨干的办学体系，共有各类寄宿制中小学 1771 个班，
寄宿的学生 51525 人，民族地区学龄儿童入学率、年巩固率、毕业率
分别为 76.13%、89.69% 和 92.03%，已有 4 个民族自治县 163 个民
族乡基本普及初等教育。③ 1990 年，省教委、省民委联合下发了关于
搞好三州民族寄宿制、半寄宿制乡中心完小建设的通知，决定从 1990
年开始，用三至四年时间，在三州完善和新办民族寄宿制、半寄宿制
乡中心完小 600 所，使甘孜、阿坝两州办半寄宿制高小班的聚居乡基
本得以覆盖，到 90 年代中期，每年住校生达到 4.32 万人。④

云南省居住着 24 个民族，是全国少数民族最多的省份。在云南
普及教育，实质上是一个发展民族教育的问题。针对山区、边疆、多
民族的特点出发，采取一系列特殊措施。1980 年 12 月 14 日，云南省
人民政府决定并拨出专款举办 40 所寄宿制民族中小学，到 1981 年秋
已有 18 所寄宿制民族小学 31 个班招生，共有寄宿小学生 1218 人。⑤
1979—1984 年，省、地（州）、县拨款举办的寄宿制民族小学共有
989 所，寄宿学生达到 7.8 万多人。⑥ 1986 年，省委省政府决定从省
机动财力和支援不发达地区资金中拨出 2100 万元，举办半寄宿制高
小 3000 所。至 1986 年，全省有半寄宿高小 4549 所，有半寄宿制高
小生 302669 人，占全省在校高小生的 34%。⑦ 1988 年，全省半寄宿
制高小发展到 4100 多所，少数民族适龄儿童入学率已由 1981 年的

---

① 梁泽沛：《中国教育年鉴》（1988），人民教育出版社 1988 年版，第 83 页。
② 省民委三处：《四川经济年鉴》，西南财经大学出版社 1988 年版，第 427 页。
③ 彭润商：《中国教育年鉴》（1990），人民教育出版社 1990 年版，第 714—715 页。
④ 彭润商：《中国教育年鉴》（1991），人民教育出版社 1991 年版，第 740 页。
⑤ 张健：《中国教育年鉴》（1949—1981），中国大百科全书出版社 1984 年版，第 404
页。
⑥ 闵校：《我省民族教育从无到有欣欣向荣》，《云南教育》1984 年第 11 期。
⑦ 张健：《中国教育年鉴》（1985—1986），湖南教育出版社 1986 年版，第 959—960
页。

73.8% 提高到 91.5%。民族自治地方 78 个县中，已有 26 个县基本普及了初等教育。[①]

广西是一个以壮族为主体的多民族自治区，壮族聚居人口 30% 以上的县（市）有 53 个。由于自然、历史、社会以及工作上的种种原因，小学"三率"较低，普及初等教育的任务十分艰巨。20 世纪 80 年代以来，自治区在一些经济文化特别落后的边远山区少数民族地区举办了寄宿制民族高小班，主要从边远山区招四年级的小学生，集中到办学条件较好的乡镇以上小学单独编班。1980 年，百色地区创办寄宿制民族小学并在 7 所学校进行试点，每年招生 10 个班 500 人。[②] 1982 年下半年，河池市南丹县举办了寄宿制民族高小班四个，共招学生 133 人，读完两年毕业的 120 人，巩固率为 90%。其中八抒瑶族乡民族高小班巩固率最高，1982 年招 73 人，1984 年毕业 68 人，巩固率达 93.1%。[③] 1984 年，经自治区人民政府批准，每年拨专款 200 万元，在 155 个扶贫乡（镇）设了 20 个乡（镇）点，举办了寄宿制民族高小班 120 个班，招收少数民族学生 6000 人。各地、县（市）根据本地的实际情况，也举办了一批民族高小班。1986 年，全自治区已办有寄宿制民族高小班 149 个班，在校学生 7748 人。[④] 1988 年，全区共有寄宿制民族高小班 167 个班，在校学生 10122 人。[⑤]

20 世纪 80 年代末以前，西南地区的贵州寄宿制小学发展相对缓慢。为了解决少数民族地区儿童入学的两个难点——女孩入学难、交通闭塞山区的学生入学难，1984 年 4 月，贵州省教育厅正式印发了《关于试办和办好寄宿制中小学民族班的意见》，要求各地结合实际，

① 和志强：《认真贯彻党的十三大精神，深化民族教育改革，为建设边疆、繁荣经济而努力——在云南省第三次民族教育工作会议上的讲话》，《云南政报》1988 年第 1 期。

② 黄爱逊：《百色地区发展寄宿制民族小学的思考》，《中国民族教育》1994 年第 8 期。

③ 广西区民委会、河池地区民委会联合调查组：《南丹县里湖、八抒瑶族乡民族教育调查》，《广西民族研究》1986 年第 10 期。

④ 覃盛裕：《中小学寄宿制民族班不断扩大》，《广西年鉴》广西年鉴编纂委员会 1987 年版，第 606 页。

⑤ 曹建强：《广西发展民族教育事业特殊措施面面观》，《广西民族研究》1988 年第 4 期。

试办和办好各种形式和规格的寄宿制中小学民族班。1984 年 4 月 14 日，贵州省委省政府印发的《关于加强我省普通教育和改革中等教育结构的通知》中也提出："在少数民族地区逐步实行初等义务教育，办好一批寄宿制的民族中小学，使之成为民族地区的骨干学校，带动民族教育事业的发展和提高。"1984 年 5 月，贵州省委发出《关于加强和改进民族工作的通知》进一步要求："根据普及与提高相结合的原则，充实教师力量，改善办学条件，逐步普及小学教育，同时重点办好民族中小学和一批中小学寄宿制民族班，为上一级学校输送合格的少数民族学生。"① 1985 年 10 月 14 日，贵州省委省政府发布的《关于推进教育体制改革的决定》中规定："少数民族聚居地区，要办好以寄宿制为主的民族中小学；民族杂居或散居地区的中小学，要办好寄宿制的少数民族班。"② 这两份文件实际上主要强调的是寄宿制民族中学，对于小学而言，只是出现了一些寄宿制民族班。在一系列政策的指引下，全省逐步开始举办各种形式的寄宿制民族班。

1985 年之前，国家提出的是普及 5—6 年的初等义务教育，相关部门颁发的教育普及政策文件主要聚焦于小学的布局和办学形式，而小学仍坚持的是走读、就近入学，只有民族贫困地区才可考虑寄宿制高小办学。1985—1990 年，农村地区小学生数量从 1985 年的 11076.26 万人减少到 1990 年的 9595.6 万人，农村小学校数也从 765829 所减少到 697228 所。分析发现，6 年时间农村小学生数减少了 13.34%，小学校数仅减少了 8.96%，校均规模由 144.6 人下降到 137.6 人，说明这一时期农村地区小学并没有出现大规模撤并。同时，由于寄宿制学校建设投入和开支较大，再加上人口极为分散等原因，牧区、山区等少数民族地区寄宿制学校的建设比较有限，寄宿制民族小学仅仅是作为因地制宜、多种形式办学的一种，与其他的学校形式共同构成了 20 世纪 80 年代校点广布的农村办学格局。80 年代后期伴随着九年制义务教育的统筹规划，国家教育部门关于农村小学设

---

① 张健：《中国教育年鉴》(1949—1984)，湖南教育出版社 1984 年版，第 1073 页。
② 张健：《中国教育年鉴》(1985—1986)，湖南教育出版社 1986 年版，第 955 页。

置与布局的政策理念开始发生微妙的变化，主要体现在高小布局上出现了相对、适当集中办学的潜在趋势。① 在网点下伸、多种形式办学的教育理念下，全日制小学，半日制小学、寄宿制小学，以及马背小学、牧读小学等多种形式的简易学校、教学班组，共同构成了 20 世纪 80 年代西部农村普及小学教育的学校形式，得到了国家教育政策的合法性认可。作为相对集中的一种办学模式，民族地区寄宿制学校也为后来整个西部地区乃至全国农村学校布局调整、集中办学取代分散办学埋下了伏笔。②

第二节　西部地区农村小学布局调整的主要载体

新中国成立至今，西部农村小学经历过两次规模较大的布局调整。第一次调整缘于"大跃进"时期农村小学的盲目大发展，在"调整、充实、整顿、提高"的政策背景下展开，属于常态调整。主要撤并的是社队举办的低水平小学，并没有带来明显的上学远的矛盾，这一过程一直持续到 20 世纪 80 年代末期。新一轮农村学校布局调整始于 20 世纪 90 年代，主要缘于学龄人口的自然减少，此次布局调整还受到农村人口流动、城镇化与教育管理体制改革等多重因素叠加影响，撤并规模空前，布局调整后期对农村小学发展造成了极大的负面影响。布局调整一开始，集中举办寄宿制小学就成为政策配套，发挥了其保障西部农村集中办学顺利实施的功能。寄宿制民族小学在西部民族地区普及初等教育的功能与农村寄宿制小学保障布局调整顺利实现的功能交替作用，使得寄宿制小学在西部地区进入全面发展时期。

---

① 王帅：《农村义务教育普及中的学校布局调整研究》，博士学位论文，北京理工大学，2016 年，第 95 页。
② 同上书，第 78 页。

一　1991—2000 年：寄宿制民族小学向农村寄宿制小学过渡

2000 年是西部地区全面普及初等教育的时间节点，寄宿制民族小学对于普及初等教育攻坚工作继续发挥着重要作用，在一系列民族教育政策的推动下持续发展。与此同时，西部农村地区生源锐减，很多小学因为没有学生而自然消失，布局调整势在必行。为了解决撤点并校导致的学生上学远的困难，保障布局调整顺利实施，原本在民族地区推行的寄宿制小学办学模式开始被全国各省纷纷实践，并越来越受到中央决策部门的青睐。20 世纪 90 年代后期，在"义务教育学校建设工程"的直接推动下，逐渐形成了"三片地区"集中举办寄宿制小学的思路。90 年代末期，这种思路已经成为西部的主流话语。

（一）集中举办农村寄宿制小学的政策转换路径

20 世纪 90 年代初，随着社会主义市场经济体制的确立，市场和经济因素开始越来越多地介入教育领域，效率优先的价值观念在教育领域蔓延。教育部门被迫认同效率导向的教育资源配置方式，为集中办学取代分散办学提供了条件。1992 年 1 月，国务院印发的《关于加强民族教育工作若干问题的意见》强调："民族地区的办学形式，力求符合当地的实际与需要，灵活变通，既要考虑学校的规模效益，又要适合当地自然环境和各民族生产生活的特点，以方便少数民族子女入学。人口稀少、居住分散的地方或经常流动的牧区，学校的布局要相对集中，从一定年级起举办寄宿制学校。"1992 年 3 月 14 日颁布的《中华人民共和国义务教育法实施细则》（以下简称《细则》）第26 条规定："实施义务教育学校的设置，由设区的市级或者县级人民政府统筹规划，合理布局。小学的设置应当有利于适龄儿童、少年就近入学。寄宿制小学设置可适当集中。"《细则》提出的"寄宿制小学设置可适当集中"，实际已经超出了民族地区的范围，明显指向了全国农村地区。截至 1992 年，全国已有寄宿制民族中小学 6000 多所，这批学校已成为民族地区的骨干示范学校，对提高"三率"、促进民族地区普及义务教育起到了重要作用。[①] 1994 年 7 月 16 日，财

---

①　林仕梁：《中国教育年鉴》（1994），人民教育出版社 1994 年版，第 250 页。

政部、国家教委发布《关于印发〈中央教育补助专款项目管理办法〉的通知》中规定普及义务教育补助专款等项目选择的原则："有利于合理调整学校布局，提高教育质量和资金使用效益"。[①] 财政部门通过实行"项目管理"这种技术化、专业化的资金管理方式，加强了对教育专项经费用途和使用方式的管控，强化了集中办学的意图，增强了对义务教育决策的影响力。

1995 年，国家教委和财政部组织实施"国家贫困地区义务教育工程"，总投入约 100 亿元。1995 年 6 月 8 日，财政部、国家教委发布的《中央义务教育专款（增量部分）使用管理办法》（财文字 [1995] 332 号）要求："义教工程"的项目建设要始终以完成普及义务教育任务为目标，贯彻教育资源优化配置、合理调整学校布局的原则。1995—1997 年，"义教工程"在三片（西部）地区试点，1998—2000 年重点向三片地区推进，共覆盖三片地区 469 个项目县。[②] 在财政部主导对中西部地区义务教育补助扶持的情况下，提高办学规模效益、调整中小学校布局成为三片地区"义教工程"实施的重要内容，集中办学的中央政策理念在更多的省份转化为地方实践。1996 年 3 月 29 日青海省召开教育工作会议，要求牧区应适当调整学校布局和结构，教育基础差的人口小县，初等教育要走"适当集中，扩大规模，提高效益"的办学路子，在县城所在地办好一所中心寄宿制完小，把乡、村四年级以上的学生集中到县上。[③] 1996 年 9 月国家教委财务司、财政部文教司在内蒙古锡林郭勒盟苏尼特右旗召开三片地区牧区"义教工程"现场会，总结了牧区集中办学的经验做法。1997 年 3

---

① 何东昌：《中华人民共和国重要教育文献》，海南出版社 1998 版，第 3672—3673 页。

② 为实现 20 世纪末"两基"的教育规划目标，国家按照经济和教育发展程度的不同，在 1985 年提出的三类地区划分的基础上，将全国 30 个省份划分为一片、二片和三片地区。一片地区包括北京、天津、上海、辽宁、吉林、江苏、浙江、山东、广东 9 省市；二片地区包括河北、山西、黑龙江、安徽、福建、江西、河南、湖北、湖南、海南、四川（含重庆）、陕西 12 省；三片地区包括内蒙古、广西、贵州、云南、西藏、甘肃、青海、宁夏、新疆 9 省区，主要为边疆、少数民族聚居区。

③ 中国教育年鉴编辑部：《中国教育年鉴》（1997），人民教育出版社 1997 年版，第 760 页。

月，国家教委财务司、财政部文教司在广西百色地区田东县召开会议，指出要结合"义教工程"调整学校布局，提高办学规模效益和资金使用效益；在地广人稀、交通不便的地区，应下决心集中办好一批寄宿制学校。① 1997 年 8 月，国家教委、财政部在新疆伊宁召开"义教工程"三片地区规划部署及培训工作会议，也指出要合理调整学校布局，撤并过于分散的校点，以及在地广人稀、交通不便的地区办寄宿制学校。② 1998 年 4 月 15 日，教育部、财政部发布的《关于〈进行国家贫困地区义务教育工程"三片"地区项目规划和可行性研究报告〉的批复》（教财〔1998〕5 号），提出要大力调整学校布局，山区、牧区和人口稀少地区要集中办好一批寄宿制学校。③ 三片地区"义教工程"的规划编制办法，对于学校的设点布局调整提出"对不到预定规模的孤立学校点（教学点），考虑能否用寄宿制方式予以撤销"。④ 1998 年 5 月，教育部长陈至立在三片地区"义教工程"签字仪式上强调，三片地区长期处于高投入、低产出的恶性循环。必须要下大力气合理调整现有学校布局，实行集中办学，发挥规模效益，努力办好一批寄宿制学校。⑤ 至此，集中办学的农村学校布局调整思路基本形成，作为布局调整配套措施的农村寄宿制小学建设政策也呼之欲出。

（二）西部寄宿制民族小学与农村寄宿制小学并行发展

为了应对生源减少给办学效益下降带来的困境，各地不断探索解决办法。民族地区固有的贫困、偏远、经济落后、人口分散与人口流动性大等矛盾并未彻底得到解决，民族寄宿制小学在整个 90 年代仍在继续

---

① 周祖臣：《义务教育工程向西部推进》，《中国教育报》1997 年 3 月 28 日第 1 版。

② 教育部财务司：《国家贫困地区义务教育工程管理手册（三片地区）》，高等教育出版社 1999 年版，第 353—365 页。

③ 同上书，第 112—113 页。

④ 教育部财物司：《国家贫困地区义务教育工程管理手册（三片地区）》，高等教育出版社 1999 年版，第 353—365 页。

⑤ 陈至立：《在三片地区"国家贫困地区义务教育工程"签字仪式暨新闻发布会上的讲话》，人民网（http://www.people.com.cn/BIG5/jiaoyu/8216/42366/42375/3072136.html），2015 – 5 – 10。

发展；撤点并校的现实选择造成了学生普遍上学远的新矛盾亟待解决。因此，西部地区出现寄宿制民族小学与农村寄宿制小学并行发展的局面。

20 世纪 90 年代，新疆维吾尔自治区继续以寄宿制小学和全日制固定学校提高牧区儿童的入学率。1991 年，自治区牧区寄宿制小学达到341 所，80% 以上的牧业乡、镇（场）都建立了寄宿制学校。[1] 1995 年1 月 27 日，自治区党委、政府联合下发的《关于贯彻实施〈中国教育改革和发展纲要〉的意见》第 26 条规定："增加对牧区教育的投入，继续办好牧区寄宿制学校，保证牧区义务教育的实施。"截至 1998 年，全区已有牧区寄宿制小学 298 所，在校寄宿小学生 89966 人。1997—1998 学年，阿勒泰地区牧区寄宿制小学发展到 18 所，在校寄宿生达到20029 人。[2] 该地区的富蕴县发展壮大寄宿制小学，普及初等教育的"四率"分别达到：入学率 98.8%、毕业率 99.6%、巩固率 98.9%、普及率 99.1%。[3] 伊犁自治州 1991 年牧区寄宿制小学仅有 76 所，在校生 20143 人。[4] 1993 年，牧区寄宿制小学迅速增加到 136 所，在校学生达到 53261 人。[5] 截至 1994 年年底，全州牧区寄宿制小学 139 所，比1980 年增加了 47 所。[6] 寄宿制小学在牧区普及初等教育工作中发挥了重要作用。1998 年，内蒙古自治区针对中小学布点分散、规模偏小、办学效益低的实际，坚持"分级负责、合理规划、适度集中、扩大规模、提高效益"的方针，实行撤校、并点，并且要求人口不足 5000 人的农区、半农半牧区和牧区每乡（苏木）设立 1 所寄宿制中心小学。在一年内，全区共撤并小学 613 所，教学点 516 个，使农村牧区中小学

① 韩才生：《新疆年鉴》（1992），新疆人民出版社 1992 年版，第 364 页。
② 阿达克：《牧区寄宿制学校的地位与管理》，《中国民族教育》1999 年第 2 期。
③ 葛丰交：《从马背小学到寄宿制学校的跨越发展——新疆牧区教育 60 年发展巨变》，《中国民族教育》2009 年第 6 期。
④ 傅刚：《牧区办学形式的回顾与展望》，《民族教育研究》1993 年第 3 期。
⑤ 葛丰交：《伊犁哈萨克自治州 40 年教育发展概述》，《民族教育研究》1994 年第 4 期。
⑥ 葛丰交：《伊犁州牧区教育现状及对策研究》，《民族教育研究》1999 年第 3 期。

办学水平和效益明显提高。① 1993 年，全区有单独设置的维吾尔、哈萨克、蒙古、回、锡伯、柯尔克孜等民族中小学 5490 所，其中牧区寄宿制小学 361 所，占全区中小学总数的 61.42%。② 1992 年 10 月，省教育厅在贵南县召开了全省第二次牧区寄宿制小学经验交流暨现场会，在全面总结和推广贵南经验的同时，认真总结了 10 年来青海省办寄宿制小学的经验，肯定了牧区以寄宿制为主多种形式办学的路子，提出了改革新思路，引起了全省牧区的强烈反响。③ 1993 年，全省少数民族学龄儿童入学率比上年提高了 3.8 个百分点，达到 68.5%。截至 1993 年年底，全省民族小学 1460 所，在校生 140288 人。民族寄宿制小学总数已达291 所，在校生 27816 人。④ 1996 年 3 月 29 日，省政府召开全省教育工作会议，要求牧区在办好现有寄宿制学校的同时，适当调整学校布局和结构，把县、乡、村有限的人力、财力、物力集中起来，形成规模效益。在县城所在地办好一所中心寄宿制完小，把乡、村四年级以上的学生集中到县上。⑤

　　1991 年，西藏自治区普通小学住宿生已达 28121 人，少数民族住宿生 28049 人，⑥ 二者并行发展的趋势十分明显。1991 年，四川省召开了全省牧区教育工作会议，推动了甘孜、阿坝、凉山三州少数民族聚居地区的乡中心完小建设。当年新建寄宿制乡完小 81 所，累计已建设 500余所，占规划总数 600 所的 80% 以上。重点、普通、乡寄宿制三类学校

---

① 陈联：《中小学布局调整》，载《中国教育年鉴》，人民教育出版社 1999 年版，第 513页。

② 张保庆：《工作方针与进展》，载《中国教育年鉴》，人民教育出版社 1994 年版，第832—833 页。

③ 贾忠平：《青海省民族教育》，载《中国教育年鉴》，人民教育出版社 1993 年版，第738 页。

④ 张保庆：《青海省民族教育概述》，载《中国教育年鉴》，人民教育出版社 1994 年版，第 804 页。

⑤ 高福寿：《全省教育工作会议》，载《中国教育年鉴》，人民教育出版社 1997 年版，第 760 页。

⑥ 王乃儒：《西藏自治区基础教育》，载《中国教育年鉴》，人民教育出版社 1992 年版，第 657 页。

小学生增长 27.8%，占民族学生数的比重由 20.3% 提高到 24.4%。[①] 1995 年年底，全省新建乡寄宿制完小 25 所，半寄宿制完小 17 所，使寄宿制、半寄宿制完小累计达到 800 所，在校生 69430 人，占少数民族学生总数的 20.2%。[②] 1996 年川西民族自治地方乡寄宿制小学达 749 所，在校寄宿生 54014 人。已建成的寄宿制、半寄宿制乡中心完小中，有三分之一达到基本合格要求，有六分之一达到了示范性要求。[③] 1997 年，乡寄宿制小学增加到 783 所，在校寄宿生达到 63733 人。[④] 1999 年，寄宿制小学教育有新的进展，民族自治地区寄宿制小学共 901 所，寄宿生学生 8.92 万人。[⑤] 2000 年，四川省委、省政府制定《四川省民族地区教育发展十年行动计划》，提出目标："到 2010 年，民族地区基本普及九年义务教育和基本扫除青壮年文盲。"为此，从民族地区的实际出发，积极发展寄宿制学校，力争把所有寄宿制学校建设成为办学条件基本完善，管理规范，家长放心，群众满意的学校。[⑥] 云南省委、省政府于 1995 年 2 月 7—11 日召开了有省、地州市、县党政一把手共 600 人参加的全省教育工作三级干部会，国家教委主任朱开轩到会并讲话。会议提出，加快发展民族教育，办好省定 40 所民族中小学，增设 100 所寄宿制完小，200 所寄宿制初小，招收特别贫困、人口分散地区的民族学生。到 20 世纪末，省定民族小学建成县示范性学校；在 3000 所半寄宿制高小中，有 80% 以上达到乡中心完小办学水平。[⑦] 为优化教育资源配置，合理布局小学校点，1998 年 2 月，省教委在华溪乡召开全省小学

---

① 张保庆：《四川省教育概况》，载《中国教育年鉴》，人民教育出版社 1992 年版，第 614 页。

② 张保庆：《寄宿制教育和双语教学》，载《中国教育年鉴》，人民教育出版社 1996 年版，第 753 页。

③ 周兴华：《寄宿制办学》，载《中国教育年鉴》，人民教育出版社 1997 年版，第 703 页。

④ 张生：《四川省民族教育》，载《中国教育年鉴》，人民教育出版社 1998 年版，第 730 页。

⑤ 同上书，第 745 页。

⑥ 洛绒次称：《民族地区教育发展十年行动计划》，载《中国教育年鉴》，人民教育出版社 2001 年版，第 665 页。

⑦ 郎畴生：《全省三级干部会议》，载《中国教育年鉴》，人民教育出版社 1996 年版，第 770 页。

布局现场会。华溪乡是分散的山区民族乡，通过几年的探索和努力，全乡小学校点由 42 个收缩为 9 个，寄宿制学校增到 6 所，减少教学班 59 个，提高了小学入学率、升学率、办学质量和效益。会议认为，华溪乡的做法有利于减少辍学、推进义务教育的普及进程。[①] 1995—1998 年，云南省共投入 4015 万元，增办 219 所半寄宿制高小和初小，截至 1998 年，全省半寄宿制高小发展到 3219 所。[②]

1991 年，甘肃省继续采取特殊措施，扶持发展民族地区的教育事业。73% 的牧业乡有了寄宿制小学，民族地区学龄儿童入学率达到 34%，比上年提高 0.6 个百分点。[③] 1994 年，全省已建成寄宿制小学 99 所，使民族地区 90% 的牧业乡有寄宿制小学。[④] 1997 年，全省 9 个牧业县，116 个牧业乡建成 1 所寄宿制民族小学。[⑤] 1998 年，宁夏回族自治区寄宿制回民小学发展到 101 所，在校寄宿生达到 32170 人。[⑥] 2000 年，自治区教育厅把调整中小学校布局结构作为一项重点工作来抓，山区从实际出发，减少教学点，全年撤并小学 193 所，并大力发展寄宿制小学，使基础教育资源配置逐步合理。[⑦] 1992 年 8 月，贵州省人民政府印发的《关于改革和发展民族教育的若干问题的通知》提出："为了提高民族地区基础教育质量，各地除继续办好现有民族中小学外，民族地区的贫困县，要在条件好的中小学内举办高小和初中寄宿制民族班，把边远民族贫困乡村中优秀青少年选拔到中心地区进行重点培养。" 1992 年，贵州省部分民族贫困县高小、初中寄宿制民族班采取定点招生的办

---

① 李黎明：《调整小学校点布局》，载《中国教育年鉴》，人民教育出版社 1999 年版，第 843 页。

② 《寄宿制民族学校》，载《中国教育年鉴》，人民教育出版社 1999 年版，第 844 页。

③ 马光荣：《甘肃教育概况》，载《中国教育年鉴》，人民教育出版社 1992 年版，第 681 页。

④ 白天佑：《甘肃省民族教育》，载《中国教育年鉴》，人民教育出版社 1995 年版，第 736 页。

⑤ 巴建坤：《"双语"教学和民族班》，载《中国教育年鉴》，人民教育出版社 1998 年版，第 822 页。

⑥ 《民族学校及民族班、民族预科班情况》，载《中国教育年鉴》，湖南教育出版社 1999 年版，第 918—919 页。

⑦ 陈少娟：《调整中小学布局》，载《中国教育年鉴》，湖南教育出版社 2001 年版，第 745 页。

法，将特别落后的民族贫困村的适龄儿童送到条件较好的小学重点培养，当年高小寄宿制民族班招生 246 人。[1] 1994 年，贵州省先后在 23 个贫困县条件较好的中小学内举办了 36 个高小、初中寄宿制民族班，专门招收边远乡村的少数民族农家子弟。[2] 黔西南州采用寄宿制入学来解决偏远民族村寨儿童的入学困难。截止到 1995 年，全州举办了小学民族寄宿班 9 个。[3] 截至 1997 年，全省中小学寄宿制民族班数已达 140 个，在校生 7000 多人。[4] 1991 年，广西壮族自治区制定了《义务教育实施办法》，对少数民族地区和贫困山区采取特殊措施，实行办寄宿制民族小学、民族中学"一条龙"的办学形式，帮助民族地区和贫困地区普及义务教育。至 1991 年寄宿制民族高小班 132 个班，学生 6567 人。[5] 这一时期，全区各地开始将布局调整与寄宿制小学建设联系起来。以崇左县为例，自 2000 年启动新一轮中小学校布局工程以来，共撤并 76 所学校，创建了 50 所寄宿制小学。[6]

1991 年，青海省 6 个自治州牧业区的乡寄宿小学生发展到 283 所，每乡办 1 所寄宿制小学的目标已实现。[7] 由于寄宿制民族小学自身面临着规模小、成本高的困难，集中办寄宿制民族小学成为政策的选择。青海部分牧业县开始探索联合集中、内部挖潜、省钱省力、效果好的办学路子。1992 年，海西州将赛什克、铜普和巴音三个牧业乡寄校 124 名蒙古族学生集中到县城联办，从而拉开了集中办学的帷幕。截至 1995 年，牧民子女入学率、巩固率和合格率已分别达到 88%、98.6% 和 95.7%，较 1992 年提高了 25.7 个、8.6 个和 10.7 个百分点，成为全省

① 潘建春：《贵州年鉴 1993 年》，贵州人民出版社 1993 年版，第 477 页。

② 鲁源安：《贵州省民族教育综述》，载《中国教育年鉴》，人民教育出版社 1995 年版，第 675 页。

③ 谭万里：《针对民族特点，关心落到实处》，《中国民族教育》1995 年第 10 期。

④ 鲁源安：《贵州省民族教育综述》，载《中国教育年鉴》，人民教育出版社 1998 年版，第 757 页。

⑤ 张保庆：《广西壮族自治区教育》，载《中国教育年鉴》，人民教育出版社 1992 年版，第 581 页。

⑥ 杨武高：《优先发展教育，振兴民族经济》，《广西教育》2001 年第 8 期。

⑦ 刘文璞：《青海民族教育发展的基本经验》，《青海民族学院学报》（社会科学版）1994 年第 4 期。

牧区寄宿小学的样板学校。天峻县将有限的资金、人力统一安排，集中使用，在县城办起了一所近 600 人规模的中心寄宿制小学，解决了全县 50% 牧民子女的入学问题。① 到 1997 年，全省牧区共有民族寄宿制小学 300 所（其中县办 21 所，乡办 296 所，村办 83 所），初步形成了"州有完中、县有初中、乡有寄小、村有初小"的教育网络。1991 年，陕西省政府批转了省教委《陕西省普通中小学布点调整意见》，要求："在陕南山区设区建制的县，可以区为单位合理布局，几乡联办。小学的布点，着重考虑就近上学的原则。提倡'四二'分段，完小能联办的尽量联办，居住分散的山区，可以兴办寄宿制学校，较好地解决了学生在校的食宿问题。"② 1995 年 3 月 24 日，陕西省人民政府办公厅关于印发《陕西省评估验收普及义务教育工作的意见》的通知中提出："完小相对集中，提倡兴办寄宿制小学。"③ 洛南县在"普六"、"普九"工作中，把办好寄宿学校作为改善中小学办学条件的重要工作来抓。三元乡中心小学和驾鹿乡高山河小学是全县最偏远的两所完小，两校的住宿生均占到在校学生的 83% 以上，由于有了较高标准的寄宿条件，近两年不仅在校学生无一辍学，还吸引了邻乡、邻县的 50 多名学生来校就读。④

总体而言，整个 20 世纪 90 年代，西部地区寄宿制民族小学仍然在不断发展，继续在普及民族地区初等教育中发挥重要作用。与此同时，各地寄宿制民族小学的建设中也开始渗透集中办学思想，不再全面铺开，而是对寄宿制民族小学本身开始布局调整，撤销规模较小的寄宿学校。截至 2000 年年底，国家贫困地区义务教育工程所覆盖的项目县小学由 20.36 万所调整到 18.69 万所，减少了 1.67 万所，学校服务半径逐步扩大，学生上学远的矛盾日益凸显。20 世纪 90 年代末，减少学

---

① 马依沙：《适当集中，扩大规模，优化布局，提高效益——对牧区寄宿制中小学教育的调查与思考》，《中国民族教育》1997 年第 1 期。

② 张保庆：《陕西省基础教育》，载《中国教育年鉴》，人民教育出版社 1992 年版，第 668 页。

③ 《陕西省人民政府办公厅关于印发〈陕西省评估验收普及义务教育工作的意见〉的通知》，《陕西政报》1995 年第 10 期。

④ 齐军明：《办好寄宿制学校，减少学生流失》，《陕西教育》1996 年第 7 期。

校网点、兴建寄宿制学校、集中办学、提高效益等，成为政府部门的主流话语。80 年代在民族、贫困地区仅少量存在的寄宿制学校被视为教育普及的一种优越形式而大为推广，多种形式办学的局面逐渐被寄宿制学校的扩张所打破，寄宿制学校成为三片地区推行集中办学的主要载体，以寄宿制学校为代表的集中办学模式得到了中央和地方的共同青睐。10 年时间，西部地区寄宿制民族小学建设的政策悄然发生变化，为 2001 年以后集中举办农村寄宿制小学取代寄宿制民族小学政策做好了铺垫。

二 2001—2010 年：寄宿制小学与农村学校布局调整的正式绑定

进入 21 世纪，20 世纪 90 年代酝酿的集中办学运动得以实现，全国农村教育政策开始转向集中举办寄宿制学校以应对生源日趋减少的困境。以农村寄宿制小学为主，很多寄宿制民族小学的建设政策也与农村寄宿制小学合并。这一时期，寄宿制小学与农村学校布局调整的正式绑定，西部农村寄宿制小学进入全面大发展时期。

（一）农村寄宿制小学与布局调整政策全面绑定

2001 年 2 月 27 日，国务院办公厅发布的《转发教育部等部门〈关于实施中小学危房改造工程意见〉的通知》（国办发［2001］13号）提出：实施"危房改造工程"之前，各省（市、区）和计划单列市教育行政部门要会同财政、计划、人事、编制等部门，制定中小学校布局调整规划。对农村分散的教学点，能够撤并的要尽可能撤并，有条件的，可结合"工程"的实施建设一批寄宿制学校。中小学危房改造工程启动后，由中央和地方政府共同组织实施，中央投入"工程"专款30亿元，重点补助中西部落后地区，而获得中央专款的要求包括尽可能撤并农村教学点，以及建设集中化的寄宿制学校。2001 年 5 月 29 日，国务院颁布《关于基础教育改革与发展的决定》（国发［2001］21号）提出："因地制宜调整农村义务教育学校布局。农村小学和教学点要在方便学生就近入学的前提下适当合并，在交通不便的地区仍需保留必要的教学点，防止因布局调整造成学生辍学。在有需要又有条件的地方，可举办寄宿制学校。"这一文件既是国家层面对集中办学的肯定与部署，也是农村寄宿制学校在全国农村推开的正式认可。

为了推动、支持和鼓励中小学布局调整，提高办学质量和效益，中央财政设立中小学布局调整专项资金。2003 年 6 月，财政部印发的《中小学布局调整专项资金管理办法》第 6 条第 2 款规定："项目学校必须具有较强的辐射能力和示范作用。人口稀少且居住分散的地区，可考虑建寄宿制学校。" 2003 年 9 月，国务院发布的《关于进一步加强农村教育工作的决定》（国发〔2003〕19 号）提出："继续推进中小学布局结构调整，努力改善办学条件，重点加强农村初中和边远山区、少数民族地区寄宿制学校建设。" 可以看出，相继出台的一系列文件都将农村学校布局调整与集中举办寄宿制学校紧密联系在一起。2004 年 2 月 16 日，国务院办公厅发布《关于转发教育部等部门〈国家西部地区 "两基" 攻坚计划 2004—2007 年〉的通知》（国办发〔2004〕20 号）提出："加大对西部地区现有学校的改造力度，使确需寄宿的山区、牧区、高原和边远地区学生能进入具备基本办学条件的寄宿制学校学习。" "中央和省级人民政府共同实施 '农村寄宿制学校建设工程'。中央重点补助 '两基' 攻坚县农村寄宿制学校建设，帮助新建和改扩建一批寄宿制初中和小学。" "农村寄宿制学校的设置要同农村中小学布局结构调整和城镇化建设结合起来。" 2004—2007 年，中央财政投入资金 100 亿元用于西部农村寄宿制学校建设工程，完成了 7651 所项目学校建设，满足了 207.3 万新增寄宿生的寄宿需求，其中，小学生 42.3 万人。410 个攻坚县农村学校校舍总面积新增 972 万平方米，并优先保证了学生生活服务用房和教学用房的需要。①

2005 年 5 月 11 日，教育部、国家民委颁布的《关于进一步做好民族地区寄宿制中小学管理工作若干问题的意见》（教民〔2005〕4 号）提出："建立健全合理、规范、科学的民族地区寄宿制中小学管理制度，保证民族地区基本普及九年义务教育和基本扫除青壮年文盲

---

① 《国家西部地区 "两基" 攻坚计划（2004—2007 年）完成情况》，中央政府门户网站（http://www.gov.cn/wszb/zhibo177/content_ 818059. htm），2007 - 11 - 28。

目标的实现和基础教育的健康、持续发展。民族地区全寄宿制中小学学生食宿全部在学校，生源覆盖面广，应主要建在县城或乡镇以上地方；半寄宿制中小学学生不完全在学校食宿，招生范围相对集中，学校一般应设在乡或村所在地，一部分学生集中食宿。民族地区寄宿制中小学招生以农村、牧区、边远山区的少数民族学生为主要生源对象。"

2006 年 6 月 9 日，教育部发布的《关于实事求是地做好农村中小学布局调整工作的通知》（教基〔2006〕10 号）提出："县级教育行政部门要合理确定小学生的就学路程，并做出明确规定；对确因布局调整造成学生入学难、群众反映强烈，而寄宿制学校建设不能满足需求的，要采取切实措施予以解决。尽快消除大班额现象，努力改善寄宿条件，为学生提供良好的学习和生活环境，特别要优先解决因布局调整需要寄宿的学生的需求。"这一文件将农村学校布局调整过程中寄宿制学校建设滞后作为一大问题提出来，并作出了相应的安排，特别提及"优先解决因布局调整需要寄宿的学生需求"，顶层政策设计一开始就将寄宿制学校建设作为配套措施。2006 年 6 月 29 日新修订的《义务教育法》第 3 章第 17 条规定："县级人民政府根据需要设立寄宿制学校，保障居住分散的适龄儿童、少年入学接受义务教育。"将农村寄宿制学校建设合法化，为全国农村寄宿制小学发展提供了法律依据。为扶持西部地区西藏、青海、云南、甘肃、四川 5 省（自治区）的 42 个未"普九"县在 2010 年前如期实现"两基"，教育部、财政部决定从 2008 年起由中央财政安排专项资金，支持这些县继续实施"农村寄宿制学校建设工程"，解决新增学生"进不来"的"瓶颈"问题，确保如期实现"普九"。考虑到 42 个县大多在高原、高山地区，自然条件恶劣。鼓励这些县在人口相对集中、交通便利、条件较好的地区，异地建设寄宿制学校，避免校舍在原地建设后使用效率不高或闲置浪费的问题。体现了集中举办寄宿制学校的思路。①

---

① 牟阳春：《中国教育年鉴》（2009），人民教育出版社 2009 年版，第 386 页。

（二）西部地区各省对中央系列文件的具体回应

在 2001 年以后中央的一系列政策文件指引下，西部各省也相应出台文件贯彻国务院决定，制定本省区的农村中小学布局调整规划，规划也明显将举办寄宿制学校作为布局调整的配套措施。

2004 年，新疆实施"农村寄宿制学校建设工程"，新建一批以农牧区初中为主的寄宿制学校，建设学校项目共计 390 所。2005 年 9 月 26 日，自治区人民政府转发了国务院办公厅转发的教育部等部门《关于进一步做好农村寄宿制学校建设工程实施工作的若干意见》。指出，实施农村寄宿制学校建设工程，对改善新疆农牧区寄宿制学校的办学条件，提高教育质量，加强民族团结，促进各民族共同发展，维护社会稳定，实现国家长治久安有着十分重要的意义。2006 年年底，全疆共有寄宿制小学（均在牧区）374 所，在校生 26.82 万人。2008 年年底，全疆已有农牧区寄宿制小学 448 所，在校寄宿生达到 346549 人。[1] 2002 年，内蒙古自治区发布《关于中小学布局结构调整的意见》（内政办字［2002］132 号）提出"义务教育学校的布局，既要保证适龄儿童少年全部入学，又要适当集中。牧区苏木设立寄宿制完全小学，人口稀少的，在旗所在地集中办学"，基本不再遵循义务教育法关于就近入学的规定。[2] 针对民族中小学布局分散，规模小，效益低的实际，结合农村牧区撤乡并镇，生态建设和围封转移战略的实施，全区及时合理地调整学校布局，实现集中办学，优化资源配置，民族中小学基本上实现了寄宿制。2004 年，全区共有义务教育阶段寄宿制小学 1776 所，在校学生 38.8 万人，其中寄宿学生 14.5 万人。由于撤点并校速度过快，寄宿制学校发展滞后，造成了供不应求的局面。2002 年全区共有 10.3 万名民族中小学寄宿学生，校外租用民房的学生近 6 万人。2003 年全区民族中小学寄宿学生达到 13.6 万人，

---

① 葛丰交：《从马背小学到寄宿制学校的跨越发展——新疆牧区教育 60 年发展巨变》，《中国民族教育》2009 年第 6 期。

② 内蒙古自治区人民政府办公厅：《印发关于中小学布局调整意见等三个意见的通知》，内蒙古自治区人民政府网（http://www.nmgzb.gov.cn/information/nmgzb20/msg6770100142.html），2014 - 11 - 8。

校外租用民房的学生仍有 3.6 万人。① 2005 年 6 月,林西县一次性投入 6200 万元进行中小学教育布局调整,中小学由 147 所调整到 26 所,并加强寄宿制学校配套建设,形成了"县办中学,乡镇办寄宿制小学"的新的办学格局。使教育成本大幅度降低,办学条件极大改善,教师队伍得到优化,教育教学质量大幅度提高,学生的辍学率由 13.6% 下降到 2.4%,下降了 11.2 个百分点。②

2002 年 12 月 17 日,贵州省人民政府办公厅印发《农村中小学布局结构调整和优化农村中小学教师队伍意见的通知》(黔府办发 〔2002〕109 号)提出:"农村中小学布局结构调整的目标具体任务之一就是重点办好乡(镇)中心小学以上完小,完善办学条件,扩大办学规模,配备相应教师,开办寄宿制;逐步减少现有村小,保留居住极分散山区的少数教学点。2002 年基本取消复式班,2003 年基本取消教学点,2004 年村小在 1999 年基础上减少 50% 以上"。2009 年,广西壮族自治区承办中小学寄宿制民族班的学校有 109 所,在校生为 24390 人。其中九年义务教育阶段初中、小学有 62 所学校,学生 18060 人,自治区财政投入 2240 万元用于中小学寄宿制民族班学生生活补助。③ 2002 年 8 月 22 日,陕西省人民政府发布的《关于加快中小学布局调整和优化教职工队伍确保农村义务教育投入的意见》(陕政发 〔2002〕45 号)提出:"农村中小学布局调整的重点是村设小学和教学点。小学的布局调整,要在坚持小学生就近入学和办学有条件、质量有保证的前提下,适度扩大乡镇中心小学的规模,小学高段(四年级以上)相对集中,积极创造条件试行寄宿制。"自《国务院关于基础教育改革与发展的决定》颁布以来,西安市农村寄宿制小学在数量和质量上都有长足的发展。2008 年,全市农村寄宿制小学发展到 48 所,有小学寄宿生 7186 人,占全市农村小学在校生人数的

---

① 杨惠良:《加强寄宿制民族学校建设,促进民族教育发展》,《中国民族教育》2004 年第 3 期。

② 屈广臣:《林西县调整教育布局出现新局面》,《内蒙古日报(汉)》2006 年 6 月 14 日第 1 版。

③ 牟阳春:《中国教育年鉴》(2010),人民教育出版社 2010 年版,第 774 页。

2.51%。(按照陕西省的规定：小学寄宿生人数占在校生人数30%以上的学校是寄宿制小学，初中学校寄宿生人数占在校生人数50%以上的学校是寄宿制中学。)① 2003年6月8日，甘肃省人民政府批转的省教育厅《关于完善农村义务教育管理体制促进农村义务教育发展意见的通知》强调："农村小学和教学点原则上服务半径不足2.5公里的，除交通十分不便的地方保留必要的低年级教学点外，其他教学点要有计划、有步骤地予以撤并，平原(川区)和交通方便的地区，要尽可能地扩大小学的规模，鼓励有条件的地方以乡镇为单位或几个村联片举办寄宿制小学。"2008年，甘肃省"以创办寄宿制中小学为突破，高中阶段学校向县城集中、初中向中心乡镇集中、教学点向中心村集中、新增教育资源向城镇集中"的中小学布局结构调整工作模式，正在全省逐步推开。②

宁夏回族自治区人民政府批转的自治区教育厅《关于调整农村中小学布局优化教职工队伍的意见》的通知(宁政发〔2001〕94号)提出："从2001年起，山区要用5年时间完成农村中小学布局调整工作，将现有的809个教学点减少到480个左右。山区和其他交通不便的地区要积极创造条件，在考虑群众经济承受能力的前提下，举办小学高年级寄宿制学校。"截至2001年，全区农村小学由3056所调整到2786所。③ 2002年9月20日，云南省委省政府出台的《基础教育振兴行动计划》强调："在国家的支持和省地县乡的共同努力下，加快寄宿制、半寄宿制学校建设。争取国家帮助我省新建、改扩建校舍20万平方米以上，基本解决7个人口在10万以下的少数民族及藏、傈僳、佤、拉祜、苗、瑶、景颇等少数民族适龄儿童上学难的问题。同时，省财政加大对寄宿制、半寄宿制学生的补助力度，每年再增加补助金额720万元，扩大寄宿制学生的补助范围。""中小学危房改造要坚持与学校布局调整相结合，重点调整山区村小和教学点。在边远

---

① 钱晓萍：《西安市农村寄宿制学校后勤管理调查和成本预算》，《陕西教育学院学报》2011年第3期。

② 焦鹏宁：《中国教育年鉴》(2009)，人民教育出版社2009年版，第828页。

③ 陈少娟：《中国教育年鉴》，湖南教育出版社2009年版，第736页。

山区和边境一线，要以集中办学为方向，宜并则并，需增则增，加大小学高年级寄宿制、半寄宿制学校的建设力度，提高办学效益。"① 截至 2002 年年底，全省半寄宿制学校规模扩大，在校生从 30 万人增至 37.5 万人。新建、扩建寄宿制完小 99 所，寄宿制初小 173 所。普通小学 20595 所，比上年减少 720 所。小学校均规模为 219 人。布局结构调整取得明显成效。② 2005 年，雄楚地区扩大小学阶段寄宿制和半寄宿制学校的布点范围，新增半寄宿制小学 51 所，新增农村小学半寄宿制学生 2.5 万人，总数达 55 万人。③ 易门县在巩固"两基"成果中，立足县情，面向农村，面向山区，收缩校点，扩大寄宿制小学办学规模，集中办学，使学生"进得来，留得住，学得好"。2006 年，全县有村完小及其以下校点 78 所，501 个教学班，14621 名学生。其中，寄宿制小学 53 所，有寄宿制小学生 6900 人。寄宿制小学适龄儿童入学率、巩固率分别保持在 99.8% 和 99.9%。④

2001 年 9 月 30 日，四川省人民政府发布的《关于贯彻实施〈国务院关于基础教育改革与发展的决定〉的意见》（川府发［2001］39 号）提出："民族地区中小学校的布局调整，要按照《十年行动计划》（川委发［2000］53 号）要求，加强寄宿制学校的建设，在保证学生进得来、留得住的前提下，尽可能集中办学。"就民族地区小学而言，未来 10 年要新办寄宿制乡中心完小 300 所，改扩建寄宿制乡中心完小 500 所，文件已经将寄宿制小学建设与民族地区中小学布局调整联系起来了。⑤ 2002 年，省教育厅制定了全省民族地区教育发展的《十年行动计划》及《2002 年度〈行动计划〉实施方案》，确定把中小学的改扩建和寄宿制教育作为全年实施《行动计划》的重点。组织实施了 300 所中小学的改扩建项目。全年新增寄宿制学生 2.65

---

① 云南省委省政府：《云南省基础教育振兴行动计划》，《云南教育》2002 年第 31 期。
② 郑树山：《中国教育年鉴》，人民教育出版社 2003 年版，第 697—698 页。
③ 《办人民满意的教育——玉溪市中小学先进性教育活动纪实》，《楚雄日报》2005 年 10 月 10 日第 1 版。
④ 杨争鸣：《立足县情，努力办好寄宿制小学》，《云南教育·视界》2006 年第 6 期。
⑤ 李洪仁：《四川年鉴》，四川年鉴出版社 2002 年版，第 713 页。

万人，使寄宿制在校生达到 15.9 万人。① 2003 年，寄宿制教育稳步发展，新增寄宿制学生 1.8 万人，使寄宿制在校生总数达到 19.59 万人。② 2004 年，全省共投入经费 5.2 亿元，实施中小学改扩建项目 333 个。召开了民族地区寄宿制教育工作会议，对寄宿制学校布局结构进行了科学合理的调整。加强了寄宿制学校的管理，新招收寄宿制学生 1.2 万人，寄宿制在校生总数达到 24.1 万人。③ 2005 年，全区落实资金 5 亿元，改扩建学校 364 个，新增寄宿制学生 2.6 万人，寄宿制在校生数达到 28 万人以上。④ 2006 年，南充市将中小学危房改造、寄宿制学校建设同学校布局结构调整有机结合起来，优化资源配置，提高办学效益。全市共撤并小学及教学点 26 个，其中教学点 24 个，新建九年一贯制学校 3 所、寄宿制学校 12 所，确保了小学学龄儿童全部就近入学、小学毕业生全部免试就近升入初中学习。⑤ 通江县板桥乡处于大巴山深处，是国家级贫困高寒山区。正文小学是板桥乡唯一的一所中心寄宿制小学，全乡 13 个村的 3—6 年级学生在此上学。全校在册学生共有 1338 人，其中有 836 人在学校集中食宿、学习。⑥ 根据 2003 年统计，青海省六州牧区寄宿制中小学 569 所，其中县办 198 所，乡办 189 所，村办 182 所。纯牧区小学适龄儿童入学率达到 93.35%。⑦ 2008 年，省政府制定了《"两基"攻坚县（2008—2010 年）寄宿制学校建设规划》，争取国家资金 3.28 亿元，用于未"普九"的 9 个县寄宿制学校建设。⑧ 2009 年，全省认真贯彻省政府《关于全省农村牧区中小学布局调整工作指导意见》，积极推进全省农牧区中小学布局调整。结合未"普九"县寄宿制学校建设工程对 9 个

---

① 张澜涛：《中国教育年鉴》（2003），人民教育出版社 2003 年版，第 676 页。
② 陈玲：《中国教育年鉴》（2004），人民教育出版社 2004 年版，第 687 页。
③ 牟阳春：《中国教育年鉴》（2005），人民教育出版社 2005 年版，第 803 页。
④ 牟阳春：《中国教育年鉴》（2006），人民教育出版社 2006 年版，第 668 页。
⑤ 曾叙：《南充年鉴》，中国文史出版社 2007 年版，第 294—295 页。
⑥ 朱敏：《寄宿制小学卫生和健康状况的调查——四川省通江县正文小学个案分析》，《现代中小学教育》2006 年第 11 期。
⑦ 他扎西：《总结经验，着眼发展，努力实现寄宿制学校的规范化管理》，《中国民族教育》2004 年第 6 期。
⑧ 丁生东：《中国教育年鉴》（2009），人民教育出版社 2009 年版，第 837 页。

县中小学布局进行调整工作正在顺利实施，项目完成后 60% 左右的小学生集中在县城就读，初中生全部集中到县城就读，总体实现"县办初中、乡办小学"的布局目标。全省其他地区布局调整工作结合项目实施，全面推进。2009 年全省中小学总数已由 2008 年的 3047 所，调整为 2497 所，减少 550 所。校均规模进一步扩大，办学效益进一步提高。① 2010 年，全省有寄宿制小学 428 所，在校寄宿生 151193 人，占全省小学在校生总数的 29.13%。与此同时，农村小学比 2005 年减少了 1106 所，比 2009 年减少了 255 所，校均规模进一步扩大，办学效益进一步提高，农村牧区学校布点分散、规模小、效益低的状况得到明显改善，有力地促进了农村小学布局调整的实施。②

2007 年，西藏自治区推行以寄宿制为主的集中办学原则，到 2007 年年底，完成 437 所乡镇小学的改扩建项目，解决了近 4 万名小学生的教学和生活用房，基本满足了 18 个"普六"县的需要。"普六"县由 2003 年的 55 个增加到 74 个，人口覆盖率由 79.6% 提高到 100%。③ 2003 年 8 月，广西壮族自治区政府召开新中国成立以来广西第一次召开的全区民族教育工作会议。会议出台了《广西壮族自治区寄宿制民族班 2004—2006 年发展规划》。④ 到 2008 年年底，全区承办小学寄宿制民族班的学校有 27 所，在校学生达到 6750 人。从 2008 年起，自治区将小学寄宿制民族班纳入"广西农村义务教育阶段家庭经济困难寄宿生生活补助"项目。⑤ 2009 年，全区九年义务教育阶段初中、小学有 62 所学校办有寄宿制民族班，学生 18060 人，自治区财政投入 2240 万元用于中小学寄宿制民族班学生生活补助。⑥ 兴业县在校点布局结构方面进行大力调整，优化资源配置。用 3 年时间，对全县现有的 154 个学生少于 100 人的小学校点进行分阶段撤并，努力

---

① 丁生东：《中国教育年鉴》（2009），人民教育出版社 2009 年版，第 879 页。

② 丁生东：《青海省寄宿制学校发展现状、问题及政策建议》，《柴达木开发研究》2011 年第 5 期。

③ 虞典墨：《中国教育年鉴》（2008），人民教育出版社 2008 年版，第 834 页。

④ 黄雄彪：《中国教育年鉴》（2004），人民教育出版社 2004 年版，第 657 页。

⑤ 牟阳春：《中国教育年鉴》（2009），人民教育出版社 2009 年版，第 727 页。

⑥ 同上书，第 774 页。

建起村际联合小学或寄宿制小学。2003 年，全县已顺利撤并 47 个校点，建起了博爱中心小学等 8 所寄宿小学，精减教师 70 人，分流学生近千人，使有限的教育资源发挥更大的效益，提高了办学品位。① 龙胜是桂东北一个少数民族山区贫困县，地广人稀，山高路远，群众居住分散，学校布局点多、面广、班额小。"农村寄宿制学校建设工程"实施以来，该县对教育资源进行整合，撤并偏远农村小学校点，集中办寄宿制学校。到 2009 年，全县 11 个乡镇全部创办了设备齐全、管理制度完善、校园文化生活丰富的寄宿制小学，共合并小学校点 100 多所，解决了 1.2 万名山区孩子的上学难题，家长送子女上学的积极性空前提高。全县 90% 的小学生将集中住校就读，适龄儿童入学率提高到 99.97%，小学巩固率达到 100%。② 2009 年重庆市继续实施农村寄宿制学校建设工程、中小学塑胶运动场建设工程、农村初中改造工程。投入资金 11.14 亿元，建成寄宿制学校 513 所（累计达到 1600 余所），竣工面积 103.31 万平方米，惠及 30.7 万名寄宿学生。③ 2010 年，全市新建成农村寄宿制学校 480 所，累计 2080 所，共惠及农村义务教育学生 127 万人。④

以 2001 年农村学校布局调整政策正式颁行为界，国家普及义务教育的策略经历了从分散办学到集中办学的整体变迁。集中举办寄宿制学校的政策从民族地区扩展到广大农村地区也上升为国家意志，西部地区农村寄宿制小学也进入了全面建设时期。伴随着学校布局调整的逐步推进，建设寄宿制学校成为中央大力推行的政策举措。

---

① 陈儒立：《深化教育改革实施素质教育——兴业县教育发展纪实》，《广西教育》2003 年第 6 期。

② 刘昆：《寄宿制学校给农村孩子带来了哪些实惠》，《光明日报》2009 年 6 月 30 日第 5 版。

③ 郑靖波：《中国教育年鉴》（2010），人民教育出版社 2010 年版，第 798 页。

④ 同上书，第 671 页。

第三节　西部农村留守儿童问题
解决的最佳选择

改革开放以来，随着农村剩余劳动力大规模向城市转移，农村社会形成了一个庞大的留守儿童群体。大部分留守儿童由老人在家照看，隔代教育带来家庭教育的"隐性缺失"，这种缺失会使留守儿童在家中实际上处于一种无人监管的状态，对于自控力较弱的学生来说，无人监管会带来一系列的问题。如何保证农村留守儿童公平接受教育，为他们健康成长创造良好的条件，已成为中国社会转型期的一个独特的社会问题。解决留守儿童监管缺失问题既是教育公平问题，又关乎农村剩余劳动力能否顺利转移，与中国经济发展紧密联系。在诸多解决留守儿童问题的方案中，举办寄宿制学校越来越受到各方的关注。自 2010 年《国家中长期教育改革与发展纲要（2010—2020年)》颁布以来，西部各省纷纷出台政策予以回应。一方面，各省加大了农村寄宿制小学建设力度，逐步扩大寄宿制小学规模，尽量满足留守儿童寄宿需求。另一方面，不断完善与拓展已经建成的寄宿制小学功能，弥补农村留守儿童家庭看护与教育的缺失。与此同时，20 世纪 90 年代以来存在的促进农村学校布局调整的功能依然发挥作用。至此，西部农村寄宿制小学被各级政府赋予了三项主要功能：普及民族地区初等教育；保障农村学校布局调整顺利实施；解决农村留守儿童问题。进入 21 世纪，民族地区普及教育问题与农村"普九"政策基本融合，寄宿制小学的发展主要受布局调整与留守儿童问题驱动。留守儿童越来越多，撤点并校力度越来越大，学生上学距离越来越远，离开了父母的照顾，留守儿童上学远安全更难以保障，留守儿童教育问题亟待解决。"民工经济"刺激了寄宿制教育的需求。

一　国家层面对留守儿童问题的关注

1985 年中央发布 1 号文件《中共中央、国务院关于进一步活跃农村经济的十项政策》提出："在各级政府统一管理下，允许农民进城开店设坊，兴办服务业，提供各种劳务。城市要在用地和服务设施方面提供便利条件。"由此打开了农民进城务工的大门，大量农村剩余劳动力涌向发达地区和城市。西部地区经济落后，人多地少，一开始就成为剩余劳动力输出地。2002 年 4 月 9 日，《光明日报》以《父母外出打工，呆在家里的孩子如何健康成长——"农村留守儿童教育问题亟待解决"》为标题，报道了农村儿童由于父母外出务工成长受阻的问题。报道指出："规模庞大的'留守儿童'队伍中的很多孩子，因为家庭生活和教育的缺失，无法享受同龄孩子的'花季'、'雨季'，生理和心理的成长都面临着问题，建议建立农村教育相应的保障机制。外出民工集中地区的教育行政主管部门和农村中小学，应该建立起符合本地情况的相关制度，给'留守儿童'更多的关心和温暖，进行更加耐心和细致的教育，对'留守儿童'这个特殊群体承担起比正常学生更多的教育责任。"2003 年 12 月 31 日，中共中央、国务院出台的《关于促进农民增加收入若干政策的意见》提出："保障进城就业农民的合法权益，进一步清理和取消针对农民进城就业的歧视性规定和不合理收费，简化农民跨地区就业和进城务工的各种手续，防止变换手法向进城就业农民及用工单位乱收费。健全有关法律法规，依法保障进城就业农民的各项权益。推进大中城市户籍制度改革，放宽农民进城就业和定居的条件。"① 农村人口向城市转移的规模不断扩大。人口的流动和转移也加大了城市在就业、住房、医疗、教育、交通和社区服务等方面的压力。促进城市发展的农村劳动力不能享受与市民同等的待遇，不能享有国家提供的各种公共服务，这就是农村留守儿童问题产生的历史背景。②

2005 年 5 月 25 日，教育部印发的《关于进一步推进义务教育均衡发展的若干意见》提出："地方各级教育行政部门和学校要有针对性地采取措施，及时解决进城务工农民托留在农村的'留守儿童'在

---

① 《中共中央国务院关于促进农民增加收入若干政策的意见》，中国政府网（http://www.gov.cn/test/2005-07/04/content_11870.htm），2013-12-31。

② 课题组：《农村留守儿童问题调研报告》，《教育研究》2004 年第 10 期。

思想、学习、生活等方面存在的问题和困难。"[1] 2006 年 5 月 17 日，教育部出台的《关于教育系统贯彻落实〈国务院关于解决农民工问题的若干意见〉的实施意见》提出："农村劳动力输出规模大的地方人民政府，要把做好农村留守儿童教育工作与农村寄宿制学校建设结合起来，满足包括'留守儿童'在内的广大农民子女寄宿需求。"[2] 政策制定的初衷就是利用农村寄宿制学校解决农村留守儿童问题，保障农民工子女平等接受义务教育，这种保障更多集中在寄宿制教育的儿童看护功能方面。2010 年 7 月 13 日至 14 日，中共中央、国务院在北京召开全国教育工作会议。国务院总理温家宝在全国教育工作会议上讲话要求："要切实关心和解决农村留守儿童的上学问题，主要通过加强农村寄宿制学校建设和管理，让留守儿童有学上，在社会关爱中健康成长。"胡锦涛总书记进一步强调："要进一步加大农村、边远贫困地区、民族地区教育投入，启动民族地区、贫困地区农村小学生营养改善计划，改善农村学生特别是留守儿童寄宿条件，努力不让一个孩子因家庭经济困难、就学困难或学习困难而失学。"[3] 2010 年《国家中长期教育改革和发展规划纲要（2010—2020 年）》中提出："巩固义务教育普及成果：加快农村寄宿学校建设，优先满足留守儿童住宿需求；采取必要措施，确保适龄儿童少年不因家庭经济困难、学习困难、就学困难等原因而失学，努力消除辍学现象。"显然，政策目标指向主要是借助农村寄宿制学校消除辍学现象，巩固义务教育普及成果。另外，《纲要》指出："改扩建劳务输出大省和特殊困难地区农村学校寄宿设施，改善农村学生特别是留守儿童寄宿条件，基本满足需要。"《教育部 2012 年工作要点》强调："加强农村寄宿制学校建设，优先安排农村留守儿童寄宿就读，并给予更多的关心关爱。"2014 年 7 月 31 日，教育部在京召开农民工随迁子女及留守儿童关爱

---

① 牟阳春：《中国教育年鉴》，人民教育出版社 2006 年版，第 824 页。

② 《教育部关于教育系统贯彻落实〈国务院关于解决农民工问题的若干意见〉的实施意见》，《中华人民共和国教育部公报》2006 年第 10 期。

③ 温家宝：《强国必强教 强国先强教》，中国政府网（http://www.gov.cn/ldhd/2010 - 08/31/content_ 1692288. htm）。

服务体系专题会议。会议提出，全面改善农村寄宿制学校办学条件，使有需要的农村留守儿童均可以进入寄宿制学校就读。将双亲外出的义务教育阶段 1062.94 万留守儿童确定为当前重点关爱服务对象。[①] 2014 年 8 月 2 日，教育部《义务教育学校管理标准（试行）》提出："为需要帮助的儿童提供情感关怀，优先满足留守儿童寄宿需求，寄宿制学校可通过购买服务等形式配备服务人员。"[②] 2014 年 9 月 12 日，国务院出台的《关于进一步做好为农民工服务工作的意见》（国发〔2014〕40 号）提出："全面改善贫困地区薄弱学校基本办学条件，加快农村寄宿制学校建设，优先满足留守儿童寄宿需求，落实农村义务教育阶段家庭经济困难寄宿生生活补助政策。"[③] 2015 年 8 月 11 日，国务院出台的《关于加快发展民族教育的决定》（国发〔2015〕46 号）提出："加强寄宿制学校建设。针对国家通用语言文字教育基础薄弱地区、农牧区和偏远地区实际，科学编制寄宿制学校建设规划，合理布局，改扩建、新建标准化寄宿制中小学校。按照国家规定标准配备图书、实验室、教学仪器设备。提高生均公用经费标准，配齐后勤管理服务人员，加强学校管理，强化安全教育，提高人防、物防、技防能力，确保学校安全。全面提高入学率，实现各民族学生学习在学校、生活在学校、成长在学校。对地处偏远又无条件寄宿的学校，因地制宜加强建设、改善条件。"2016 年 2 月 4 日，国务院出台的《关于加强农村留守儿童关爱保护工作的意见》（国发〔2016〕13 号）提出："完善农村留守儿童关爱服务体系，加大教育部门和学校关爱保护力度。寄宿制学校要完善教职工值班制度，落实学生宿舍安全管理责任，丰富校园文化生活，引导寄宿学生积极参与体育、艺术、社会实践等活动，增强学校教育吸引力。加强农村寄宿

---

① 《教育部研究部署进城务工人员随迁子女义务教育工作》，贵州省教育厅网站，http：//www.gzsjyt.gov.cn/Item/34646.aspx。

② 《教育部关于印发〈义务教育学校管理标准（试行）〉的通知》，教育部门户网站，http：//www.moe.edu.cn/publicfiles/business/htmlfiles/moe/s3321/201408/172861.html。

③ 《国务院关于进一步做好为农民工服务工作的意见》，中国政府网站，http：//www.gov.cn/zhengce/content/2014-09/30/content_9105.htm。

制学校建设，促进寄宿制学校合理分布，满足农村留守儿童入学需求。"①

二 西部寄宿制小学提供留守儿童服务的实践

西部地区经济落后，农民工外出较多，留守儿童问题相对更为严重。外出务工人员中青壮年劳力较多，因此，低龄留守儿童比例更大。通过举办寄宿制小学解决低龄留守儿童问题是各地政策的主要目标。

国家层面对寄宿制学校赋予解决留守儿童问题的功能相对较晚，在此之前，各地已经开始实践。2007 年，岑溪市政府采纳了人大代表关于《推进农村小学寄宿办学，促进义务教育均衡发展》的建议。到2008 年，岑溪市小学生总数为 10.87 万，其中小学寄宿生 1.7 万，占在校生总数的 17%；全市六年级在校学生为 1.86 万人，寄宿率达75%。2008 年春季学期，广西壮族自治区岑溪市各类留守儿童共有37390 人，其中农村小学达 29187 人，占全市小学生的 28.9%。留守儿童群体数量比较大。多数外出务工人员将孩子的教育全部寄希望于学校。② 2011 年 11 月 18 日，广西壮族自治区人民政府出台的《关于进一步加强农村留守儿童关爱保护工作的意见》（桂政发 [2011] 55号）要求："实施农村寄宿制学校建设工程，优先满足农村留守儿童寄宿需要，积极为农村留守儿童接受教育创造条件。发挥中小学校在农村留守儿童管理服务中的教育主导作用。"③《关于创新和加强农民工工作的若干意见》（桂发 [2014] 12 号）提出："做好关爱农村'三留守'工作。完善农村留守儿童监护制度，加快农村幼儿园和寄宿制学校建设，加大'儿童家园'建设力度，为留守儿童创造一个安

---

① 《国务院关于加强农村留守儿童关爱保护工作的意见》，中国政府网，http: //www. gov. cn/Zhengce/content/2016 – 02/14/content_ 5041066. htm。

② 覃波、杨明健：《寄宿学校：弥补农村留守儿童的教育缺憾》，《法治快报》2008 年8 月 5 日第 6 版。

③ 《广西壮族自治区人民政府关于进一步加强农村留守儿童关爱保护工作的意见》，广西壮族自治区教育厅网站，http: //www. gxedu. gov. cn/Item/12935. aspx。

全、健康、快乐的校外活动场所。"① 2012 年 2 月 20 日，广西壮族自治区人民政府办公厅《关于印发加快贫困地区农村义务教育布局调整和寄宿制学校建设工作方案》的通知提出："到'十二五'期末，实现项目县每个乡镇建设 1 所寄宿制小学，共计建设寄宿制小学 400 所。基本满足当地小学高年级学生寄宿需求，有效整合教育资源，实现学校合理布局。" 2015 年 12 月 11 日，广西壮族自治区教育厅印发《关于进一步加强农村中小学（幼儿园）留守儿童关爱教育工作的意见（试行）》的通知强调："加强农村寄宿制学校建设，满足农村中小学留守儿童寄宿需求。合理设置并加快推进农村寄宿制学校建设，统筹教育工程项目，形成工作合力，重点支持农村寄宿制学校改善基本办学和生活条件，配足配齐优质师资和管理人员，开足开齐课程，提高管理水平和教育质量，满足农村留守儿童就读寄宿学校的需求。"②

2002 年，重庆市铜梁县在华兴镇小学进行农村小学寄宿制试点工作。以华兴镇小学为中心，有 30% 以上的学生超出了 2.5 公里的入学半径，最远的达 10 公里，相当多的学生每天要走 1 个半小时以上的路程上学。同时有近 80% 的学生家长在外务工，这些孩子都是托付给婆婆、爷爷、外婆、外公等亲属照管。由于老人无法管好孩子的教育，外出务工农民家长强烈要求，学校开展寄宿制。为了消除进城农民工的后顾之忧，华兴镇小学于 2002 年秋季，率先在全县开展了农村小学寄宿制试点工作。到 2005 年，全县已有农村寄宿制小学 14 所，寄宿学生 2231 人。③ 2005 年 12 月 11—12 日，由中央教育科学研究所、重庆市教育委员会等主办的第二届中国教育科学论坛在重庆市召开。与会者一致认为，政府、学校、社会应该承担起对西部、农村

---

① 《广西壮族自治区关于创新和加强农民工工作的若干意见》，广西省教育厅网站，http://www.gxedu.gov.cn/Item/12937.aspx。

② 《关于进一步加强农村中小学（幼儿园）留守儿童关爱教育工作的意见（试行）》的通知，http://www.gxedu.gov.cn/Item/12158.aspx。

③ 谢元龙：《让"留守儿童"成长快乐——重庆市铜梁县农村小学寄宿制调查》，《公民导刊》2006 年第 1 期。

地区留守儿童的教育问题，这是关注民生，关注农村、农业和农民的需要，是创建和谐社会和实现小康目标的需要。① 2010 年 6 月 25 日，重庆市委出台的《关于做好当前民生工作的决定》中明确提出："培养照顾好 130 万农村留守儿童，解除外出务工群众后顾之忧。新增农村寄宿制学校 400 所，建立针对留守儿童特点的培养模式，采取代理家长、亲情室、托管中心等措施，让重庆留守儿童健康茁壮成长。"② 2010 年，全市农村小学有留守儿童 84.4 万人，占小学在校学生总数的 37.6%。农村寄宿制学校，是解决农村留守儿童教育、管理问题的主阵地。市政府规划到 2012 年，在农村镇（乡）政府所在地以及交通方便、适龄儿童较多的集镇建设 2000 所农村寄宿制学校。到 2009 年底，已累计投入资金 51.04 亿元，建成农村寄宿制学校 1600 所，寄宿农村留守儿童 62.5 万人，农村留守儿童"寄宿难"问题基本得到解决。同时，全市各地不断创新留守儿童关爱模式。南川、丰都、石柱等区县以农村寄宿制学校为基础，建立"留守儿童之家"，配备"家长式的教职员工"，辅以"家庭式的学校管理"，实施"家校一体化"管理，让留守儿童过上家庭式的校园生活，教职工既是留守儿童学习上的良师，又是生活中的父母，还是勤工俭学的师傅。南川区马嘴东州春蕾小学建立了学生养殖实验基地，饲养了百余头猪，每周宰杀 2—3 头，免费提供给全校学生改善生活。开县白泉平安希望小学制定了"品德好、身体好、学习好、行为好、心理好、安全保障好"的农村寄宿留守儿童"六好目标"，学生不带一分钱、一粒粮就可以在学校学习生活。③

四川省是劳务输出大省，农村留守儿童问题出现较早。为加强农村留守儿童教育管理工作，改善留守儿童的学习生活条件，促进全省义务教育的均衡发展，四川省 2008 年就启动实施了"乡村教育发展

---

① 《中国教育年鉴》（2006），人民教育出版社 2006 年版，第 370 页。

② 重庆市委:《关于做好当前民生工作的决定》，http://old.12371.gov.cn/n41911c375.aspx。

③ 《为了 130 万农村留守儿童的幸福》，重庆市教委网站，http://www.cqjw.gov.cn/Item/1544.aspx。

留守儿童寄宿制学校建设工程"。[①] 当年，省级财政决定投入 3 亿元实施这项工程，在"民族地区教育发展十年行动计划"覆盖地区及城市、县城以外的农村地区，建设、改造 400 所农村留守儿童寄宿制学校的教学用房和学生宿舍，使项目学校基本消除大班额、大通铺以及校外租房现象，学生的学习、生活条件得到明显改善。[②] 2010 年 11 月 19 日，四川省委办公厅、四川省人民政府办公厅印发的《四川省民族地区教育发展十年行动计划（2011—2020 年）》（川委办 [2010] 38 号）提出："全力推进义务教育均衡发展，通过强化义务教育学校标准化建设，加快薄弱学校改造，建立城乡一体化的义务教育发展机制，均衡配置教育资源，大力发展寄宿制等措施，努力缩小县域、城乡、校际间差距，实现县域内均衡发展。""根据民族地区自然地理的特殊实际和教育跨越式发展的需要，加快发展寄宿制，保证需在校寄宿学习的学生都能寄宿。完善寄宿制学校设备设施，配齐生活管理员，加强小农牧场建设，提高学生生活水平。"2010 年 12 月 30 日，四川省委省政府发布的《四川省中长期教育改革和发展规划纲要（2010—2020 年）》提出：实施"农村留守儿童寄宿制学校建设工程"，加强农村留守儿童寄宿制学校建设，新建、改扩建一批农村寄宿制学校的学生生活用房、教学用房及附属设施，逐步消除农村留守儿童寄宿制学校"大通铺"、"大班额"现象。截至 2011 年，中央和省共投入资金 70 亿元，新建和改扩建学校 3826 所，为 48.8 万名学生提供寄宿条件，为 212 万人次贫困家庭学生提供生活补助，寄宿制教育得到长足发展。[③]

云南省从 2009 年起就开始利用寄宿制学校解决留守儿童问题。2009 年，水富县有小学阶段留守儿童 1862 人，教育局充分利用寄宿、

①　《四川启动实施乡村教育发展留守儿童寄宿制学校建设工程，着力为农村留守学生创造良好学习生活条件》，四川省教育厅网站，http：//www. scedu. net/p/78/? StId = st_ app_ news_ i_ x4001_ 893。

②　《3 亿元建 400 所留守儿童寄宿制学校》，四川省教育厅网站，http：//www. scedu. net/p/78/? StId = st_ app_ news_ i_ x4001_ 955。

③　何浩：《四川民族教育》，载《中国教育年鉴》，人民教育出版社 2011 年版，第 683 页。

半寄宿制学校照顾学生生活，食堂注意营养搭配均衡，关心儿童身体发育，指导学生学会生活自理，养成文明健康的生活习惯。2010 年，临沧市农村小学留守儿童达到 205459 人。为满足留守儿童在校学习、生活和文体活动的需要，临沧市教育局不断加大寄宿制学校和学校标准化建设，为留守儿童健康成长创造良好环境。2013 年 2 月 27 日，云南省教育厅、共青团云南省委、云南省关心下一代工作委员会等部门联合发布的《关于贯彻落实教育部等五部门〈关于加强义务教育阶段农村留守儿童关爱和教育工作〉的意见》提出："要确保留守儿童有学校寄宿、吃好饭、上下学方便，优先满足留守儿童教育基础设施建设、优先改善留守儿童营养状况、优先保障留守儿童交通需要。"[①]

2009 年，铜仁市率先启动农村寄宿制小学建设工程以来，已投入资金 20 亿元。2013 年已建成农村寄宿制小学 210 所。农村寄宿制小学建设工程为解决农村留守儿童管理等农村义务教育问题打下了基础，得到了群众广泛认可。[②] 2009 年 12 月 15 日，贵州省教育厅印发的《关于进一步做好进城务工人员随迁子女和农村留守儿童教育工作的意见的通知》要求："各级教育行政部门和学校要结合农村寄宿制学校建设工程、中西部农村初中校舍改造工程和农村义务教育阶段薄、弱学校改造工程的实施，加强农村学校学生生活设施建设，优先满足农村留守儿童的寄宿制学习需求，为他们提供良好的学习、生活和监护条件。要制定出台农村寄宿制学校管理的配套制度，配合相关部门落实寄宿制学校管理人员编制及相关经费。"2011 年 5 月 19 日，贵州省发布的《贵州省中长期教育改革与发展规划纲要》提出："加强农村寄宿制学校配套生活、卫生设施建设。坚持就近入学与相对集中办学相结合，根据实际需要，农村寄宿制学校建设工程向小学延伸，小学生住校率达到 20%，优先满足留守儿童住宿需求。创建以农村留守儿童关爱服务体系为重点的民族地区寄宿制学校建设与管理试

---

① 云南省教育厅网站：http：//www. ynjy. cn/searchResult. jsp？keyword = % E7％95％99％E5％AE％88％E5％84％BF％E7％AB％A5&searchType = 1&pages = 1。

② 王全香、杨树洁：《着眼发展 着眼民生 着眼未来——铜仁新思路新举措着力推进教育强市战略》，《贵州日报》2013 年 9 月 11 日第 1 版。

验区。"① 2011 年 7 月 7 日，省政府出台了《省人民政府关于印发农村寄宿制学校建设攻坚工程方案的通知》（黔府发 [2011] 23 号），提出在"十二五"期间，大力加强农村学校食堂建设，实现农村中小学除教学点外"校校有食堂"的目标，强力推进农村寄宿制学校建设，使农村小学在校生寄宿率达到 30%，2011 年 10 月 10 日，《贵州省"十二五"教育发展专项规划》进一步提出："根据实际需要，农村寄宿制学校建设工程向小学延伸，优先满足留守儿童住宿需求，小学生寄宿率达到 30%。"② 从 2012 年起，全省开展温暖关爱农村留守儿童活动，建设 800 个硬件"五有"、软件"五全"的农村"留守儿童之家"。丹寨县实现农村标准化寄宿制学校全覆盖，学校的食堂、浴室、厕所和亲情视频聊天室等生活设施，尽量体现人性化设计。全省建成 2229 所农村寄宿制学校，使孩子们"吃在学校解食忧、住在学校受关爱、学在学校长知识、乐在学校感幸福"。③ 2013 年 5 月 14 日，贵州省教育厅、贵州省妇女联合会等五部门联合发布的《关于进一步加强义务教育阶段农村留守儿童关爱和教育工作的意见》提出："优先满足留守儿童教育基础设施建设。留守儿童集中的地区，各级教育行政部门和学校要结合'农村寄宿制学校建设工程'、'中西部农村初中校舍改造工程'和'农村义务教育阶段薄弱学校改造工程'的实施，科学规划建设农村寄宿制学校，为留守儿童接受义务教育创设良好条件，优先满足留守儿童寄宿学习需求。"截止到 2014 年，全省建成农村学校学生宿舍 115 万平方米、扩容改造学生食堂 900 个、建成乡镇教师公租房 5 万套，农村小学生寄宿率达 25%。完成农村寄宿制学校标准化建设项目 511 个，建成城镇义务教育学校 90 所。新建 1000 个标准化农村留守儿童之家，建设 500 个学校少年宫。④ 2015

---

① 贵州省教育厅政务网：http：//www. gzsjyt. gov. cn/Item/2283. aspx。
② 贵州省教育厅政务网：http：//www. gzsjyt. gov. cn/Item/2123_ 3. aspx。
③ 《李奇勇副厅长在全省县域义务教育基本均衡工作（凤冈）现场推进会上的讲话》，贵州省教育厅网站，http：//www. gzsjyt. gov. cn/Item/35449. aspx。
④ 《霍健康厅长在 2015 年全省教育工作会议上的讲话》，贵州省教育厅网站，http：//www. gzsjyt. gov. cn/Item/35938. aspx。

年 2 月 10 日，贵州省人民政府发布的《关于基本普及十五年教育的实施意见》（黔府发〔2015〕5 号）提出："在乡（镇）建设一批标准化农村寄宿制中小学校，基本满足农村留守儿童寄宿需求。"① 截至 2016 年，贵州省共建成农村寄宿制学校 3015 所、学生宿舍 403 万平方米、食堂 14955 个、乡村学校少年宫 1116 所、标准化留守儿童之家 2629 个。农村初中生、小学生寄宿率分别达 70%、30%。探索出一条"高中出城、初中进城、小学到乡镇、保留必要的教学点"的中小学布局结构调整之路。②

2011 年 5 月 18 日，陕西省教育厅出台的《关于切实加强我省农村义务教育阶段留守儿童教育管理工作的意见》提出："各级教育行政部门要加强寄宿制学校建设，完善农村中小学寄宿制管理制度，优化学校人文环境。把农村留守儿童教育管理工作同'两基'巩固提高和农村寄宿制学校建设结合起来，在中小学布局调整中，应在有条件且必要的地方改扩建一批农村中小学寄宿制学校。在辖区内寄宿制学校的建设规划中，首先确保为农村留守儿童提供寄宿条件。"③ 2016 年 7 月 20 日，陕西省人民政府出台的《关于加强农村留守儿童关爱保护工作的实施意见》（陕政发〔2016〕32 号）提出："寄宿制学校要加强对寄宿留守儿童全方位管理，丰富校园文化生活，为农村留守儿童健康成长创造良好环境和条件。"④

2010 年 2 月 3 日，《甘肃省教育厅 2010 年工作要点》中提出："加强农村寄宿制学校建设，优先满足留守儿童住宿需求，建立健全政府为主、社会共同参与的农村留守儿童关爱和服务体系。"⑤ 2011

---

① 贵州省教育厅网站：http://www.gzsjyt.gov.cn/Item/35948.aspx。

② 杨春凌：《对贵州未来负责——我省大力实施教育"9+3"计划补短板破瓶颈》，《贵州日报》2016 年 5 月 20 日第 2 版。

③ 《关于切实加强我省农村义务教育阶段留守儿童教育管理工作的意见》（陕教基〔2011〕15 号），陕西省教育厅网站，http://snedu.gov.cn/基础教育一处。

④ 《陕西省人民政府关于加强农村留守儿童关爱保护工作的实施意见》，陕西省教育厅网站，http://www.snedu.gov.cn/news/qitawenjian/201608/01/11007.html。

⑤ 《关于印发〈甘肃省教育厅 2010 年工作要点〉的通知》（甘教厅〔2010〕1 号），甘肃省教育厅网站，http://www.gsedu.gov.cn/Article/Article_2727.aspx。

年1月8日，甘肃省政府印发《甘肃省中长期教育改革和发展纲要（2010—2020年）》提出："加快寄宿制学校建设，着力解决农村地区特别是县镇学校寄宿条件严重不足和保障能力不强等问题，优先满足留守儿童住宿需求。"2012年1月17日，《甘肃省教育厅2012年工作要点》中强调："加强农村寄宿制学校建设，改善寄宿制学校办学与寄宿条件，优先安排农村留守儿童寄宿就读，并给予更多的关心帮助。"①

利用寄宿制学校解决留守儿童问题目前仍然面临着两大主要困难：一是寄宿制学校教育供给不足。随着普及九年义务教育的目标实现，原来利用寄宿制小学解决民族地区普及初等教育的功能已经退居次要。始于20世纪90年代的布局调整产生的大量寄宿需求还没有完全解决。大量留守儿童对寄宿制学校的选择必然会进一步增大教育部门压力。二是寄宿制学校自身功能设计简单，基本停留在提供食宿的层面。利用寄宿制学校解决留守儿童问题，必须强化寄宿制学校家庭抚育功能替代的作用。就全国农村而言，十年来撤点并校建了大量寄宿制学校，数量不足已不再是主要矛盾，内涵发展应该成为未来寄宿制学校发展的目标。广大西部地区教育发展水平不高，发展进程滞后于中东部。而且，西部地区各省很多是劳务输出大省，留守儿童更多。进入21世纪以来，西部地区农村小学既面临着长期以来存在的民族教育落后的问题，又有特殊地理条件以及因此造成的人口居住分散的问题。因此，现阶段西部农村寄宿制小学仍需要发挥促进布局调整实现和解决留守儿童问题两大功能。

本章小结

回顾新中国成立至今我国西部农村寄宿制小学发展的历史，可以

① 《省教育厅公布2012年工作要点，优先安排农村留守儿童寄宿就读》，甘肃省教育厅网站，http://www.gsedu.gov.cn/Article/Article_ 10803.aspx。

清晰发现一条基本规律：当寄宿制小学能够提供至少与家庭生活条件相当或高于家庭生活条件时，学校就具有吸引力；当寄宿制学校因陋就简，提供低于家庭生活状况的条件时，寄宿制学校教育就缺乏吸引力，学校教学效果都普遍不佳。当举办寄宿制民族小学以普及民族地区初等教育时，民族地区大多数农村家庭经济条件较差。寄宿制民族小学提供食宿条件，实行"三包"可以解决上学远和生活困难的问题。这一时期，中央政府直接财政拨款、基层社队出工出力、学校勤工俭学，成功地解决了少数民族学生生活困难问题，提供了优于家庭的基本生活条件，增强了寄宿制小学的吸引力。学校采取多种形式配备了保育员，悉心照顾学生生活，家长放心。20 世纪 90 年代中期以来，受效率至上的市场经济逻辑影响，西部地区与全国农村一样，大规模撤并农村小学，作为布局调整配套措施的寄宿制小学建设难以跟上撤并步伐，各地往往因陋就简，学校寄宿条件越来越差。与此同时，农村经济快速发展，广大农村地区早已解决了温饱问题，家庭条件普遍上升。两相比较，一降一升，出现了生活条件"倒挂"的现象，寄宿制小学失去了昔日的吸引力，很多学生及家庭上寄宿制小学是一种被动行为。另外，20 世纪 80 年代以前，初中有重点与非重点的区分，农村小学普遍存在着升学压力，通过寄宿延长的在校时间本身就是举办寄宿制学校的目的，学生上晚自习是理所当然的安排。进入 21 世纪以来，农村初中大多形成了一乡一校的格局，小学并无升学压力，节约的时间必须用丰富多彩的活动填充。如果一味地上晚自习，就会使学生生活自由度比家庭小，从而使寄宿生活失去吸引力。概括地说，寄宿制小学实现其功能的内生逻辑就是提供优于家庭的生活条件与课余活动。

第三章　西部农村寄宿制小学
功能定位的理论基础

在讨论寄宿制学校功能定位问题之前，我们必须首先回答几个重要的理论问题：什么是功能？学校功能是什么？寄宿制学校的功能与非寄宿制学校有何异同？学校功能定位应秉持什么价值取向？应该在什么理论框架下设计寄宿制小学的功能实现路径？本章拟通过结构功能理论回答学校功能相关问题，通过教育公平理论回答学校功能取向的价值理念，通过公共产品理论介绍为学校功能的实现路径设计奠定理论基础。

第一节　学校功能的内涵

学校功能与教育功能具有一致性，人类社会从开展教育活动开始就在探讨"办教育干什么"的问题，其实也就是在思考"办学校干什么"的问题。学校的功能指什么？我国学者大多认为，"教育干什么"是教育功能问题，也是学校功能问题。以下沿着功能——学校功能——寄宿制学校功能——寄宿制学校功能定位展开讨论。

一　功能的内涵

"功能"一词来自拉丁文 functio，本义是"实现、完成"。《辞海》中将功能定义为：事功和能力；功效和作用；在自然辩证法中同"结构"相对，组成对范畴。[①]《现代汉语大词典》解释为：效能；功

---

① 《辞海》（缩印本），上海辞书出版社 1990 年版，第 580 页。

效。关于"功能"的理解存在着两种分歧。一种是"主观论"与"客观论"的分歧；另一种是客观论内部关于"结果论"与"能力论"的分歧。默顿（Merton，R. K.）指出："社会功能系指可见的客观结果，而不是主观意向（目标、动机、目的），若不能区分客观社会后果与主观意向，则必然导致功能分析上的混乱。"① 显然，默顿属于功能"客观论"。有学者认为，功能是事物固有的，而价值是主体与客体之间的一种特殊关系。功能是客观的，价值则既有客观性又有主观性。功能与作用也不完全等同。在严格的意义上说，功能是对事物自身而言的，作用是对他物、对人而言的。功能只是一种潜在的作用，作用则是一种表现出来的功能。但潜在作用能否成为现实，还受作用对象的状态以及环境条件的影响，也就是说，功能的实现是有条件的。② 可以看出，这种观点也属于"客观论"。

如果在"客观论"内部继续划分，我国学者的观点就属于"能力论"。此种观点认为，功能是事物潜在的能力，是事物的要素或要素组合因其特定的性质及组合方式而具有的特殊能力，而事物是否由于具备这种能力而必然发挥出可以满足一定需求的作用及结果则是未定的。南京师范大学吴康宁教授对功能的"能力论"表示异议，认为"至少在育人方面，功能即能力而非结果的观点缺乏足够的说服力。"③ 本书赞同功能的"能力论"，认为功能仅仅只是客观事物具备的某种能力，这种能力能在多大程度上显现出来，作用于其他事物是有条件的。学校组织具有很多潜在能力，有些是正向的，有些是负向的。功能设计就是想办法激发正向能力，抑制负向能力。

二　学校的功能

大多学者认为，"教育干什么"是教育功能问题。唐晓杰（1993）认为，"教育干什么"包含三层意思：一是教育"应该干什

---

① 罗伯特·金·默顿著：《论理论社会学》，何凡兴等译，华夏出版社1990年版，第104页。

② 唐晓杰：《社会、个人教育需求与学校教育功能》，《华东师范大学学报》（教育科学版）1993年第3期。

③ 吴康宁：《教育社会学》，人民教育出版社1997年版，第392页。

么"，指对教育的价值追求，体现为教育的目的、目标或期望，这个问题的回答必须诉诸规范或理想；二是"教育能干什么"，是指教育功能，即教育能够发挥的作用，这个问题的回答诉诸教育本身的构成状况及教育自身需求的满足程度；三是"教育实际干了什么"，是指教育的效应，即教育功能发挥或实现的结果或状况，这是一个实证问题，其回答必须诉诸事实。学校教育是人为的社会现象，人类创设学校教育是希望用它来满足一定的需求，因而社会与个人的教育需求大致规定着学校教育功能的范围或广度。个人与社会的教育需求能否转化为学校教育的功能，或者说学校教育能否满足或实现这些需求，则取决于学校教育的资源输入、学校教育本身的结构等。现代社会中对教育的需求复杂多样，学校教育能够满足什么样的需求、能在多大程度上满足这些需求，这就要求对各种各样的需求作出抉择，而对需求的抉择某种意义上实际也就是在对功能进行抉择。[①] 这种观点虽然谈及的是教育功能问题，实际上也可以看作是学校功能问题。也就是说，学校功能即学校能够发挥的作用，学校功能定位实质上就是学校功能抉择。有学者列举了学校教育的功能多达 11 种，包括：帮助认识自然和改造自然、促进人类与自然和谐共存、经济功能、政治功能、文化功能、控制人口数量和质量、调整社会人才构成与流动的功能、发展人、改造人、完善人、塑造未来等。[②] 可以看出，这 11 种所谓功能既代表学校举办者的美好愿望，也是基于学校组织本身拥有的能力，是主观与客观的融合。

美国社会学家帕森斯在《作为社会系统的学校班级》的论文中赋予了教育两种基本的功能：社会化与选拔。而且认为学校（班级）教育的主要功能是社会化。帕森斯之后有关学校功能的大多研究都可视为"社会化"与"选拔"两大基本功能的具体化或推衍。如美国学者德里本（Dreeben）在其颇具影响力的专著《在学校中学到了什

---

① 唐晓杰：《社会、个人教育需求与学校教育功能》，《华东师范大学学报》（教育科学版）1993 年第 3 期。

② 傅维利：《教育功能论》，辽宁出版社 1990 年版，第 48 页。

么?》集中阐述了学校社会化功能的一个方面:规范的内化问题。他认为,学校教育的主要功能在于使学生内化作为现代社会有效成员所必须遵循的那些规范。① 特纳(Turner, R. H.)则深入分析了学校的选拔功能问题。通过对英美两国教育制度的比较,指出工业化社会中的学校具有同样的主要功能——促成升迁性流动,唯其作用方式因社会而异。在英国表现为保举性流动,在美国则表现为竞争性流动。② 由"社会化"和"选拔"两大功能推论或衍生出来的其他功能就是"推衍"。这些衍生功能包括上面提及的稳定政治、发展经济、传递文化、社会控制以及促进人的发展等。

学校是一种能够满足个人需求和社会需求的社会组织,这种组织具备满足个体和社会需求的潜在能力。学校功能可以从两个层面探讨,即个体需求层面与社会需求层面。对于个体而言,学校组织能够将教师、学生以及教学资源等中介系统成功组织在一起,为学习者提供学习服务,促进学生社会化。社会化的结果虽然使其具备了适应未来社会生活的基本能力,但是,这种能力的发挥还必须依赖外界条件。实际上,社会资源的有限性决定了这种能力的发挥必然具有竞争性。因此,学生个体完成社会化以后,还必须经过一个选拔过程,最后被分配到某个特定岗位。因此,社会化功能应该属于学校组织的个体功能,学校选拔作为检验、促进学生学习手段的时候属于社会化的具体方法范畴,而决定其升学或分配岗位时已经属于学校组织的社会功能了。本书认为,学校功能就是学校组织满足个体与社会需求的潜在能力,分为个体功能和社会功能。学校对个人社会化功能的实现是衍生社会功能的基础。我国农村小学教育早已纳入义务教育范围,选拔性考试已经取消多年,从某种意义上说,农村小学的功能主要是对学生个体的社会化功能,以及以此为基础而衍生的社会功能。

社会功能是本书定位的对象。学校的社会功能包括除了纯个体意

---

① Dreeben, R., On What is learned in School, 1968, pp. 63 – 90.

② Turner, R., "Sponsored and Contest Mobility and the School System", *American Sociological Review*, Vol, 25, October 1960.

义上的功能之外的所有功能。关于学校的社会功能有两个基本问题必须首先予以澄清。其一是学校教育的社会功能与学校教育的功能之间的关系问题。并非所有的"功能"都是"社会功能"。如叶澜教授明确提出学校教育具有影响社会发展与影响个体发展两大基本功能。[①]鲁洁教授在论及德育功能时就提到："德育对每一个个体来说，除了具有发展的功能之外，还具有一种享用的功能，即它可以使个体实现某种需要、愿望，从中体验满足、快乐和幸福，获得一种精神上的享受。"[②] 说明学校教育具有纯个体意义的功能。其二是教育的初级社会功能与次级社会功能的区别问题。所谓初级社会功能是指教育过程首先并直接产生的社会功能，其可观察结果是受教育者的"文化形成"状况及其群层状况。受教育者的"文化形成"状况既是一种"个体结果"，并可能为个体享用，同时也是一种"社会结果"，兼具"社会主体"发展的性质。它也是社会主体的"创造物"（政治、经济、文化等）赖以生存发展的基础。所谓次级社会功能是指通过由教育过程所形成的一定群层的社会成员而产生的社会功能，其可观察结果是社会系统的运作情况。这种运作情况归功于教育，但不完全属于教育，可以视为教育过程的一种"延时性结果"，含有学校教育的社会功能的成分。教育的初级社会功能是"本原性社会功能"，而次级社会功能则是这种"本原性社会功能"的"衍生性社会功能"。若无初级社会功能，次级社会功能便无从谈起。学校教育的次级社会功能是初级社会功能与社会的各种制约因素综合作用的产物。[③] 本书对西部农村寄宿制小学的功能定位是基于初级社会功能对次级社会功能的抉择。

三　寄宿制学校的功能

新中国成立以来，我国在山区、牧区、少数民族地区、贫困地区、偏远地区以及西部广大农村地区举办了寄宿制学校。这种学校除

---

① 叶澜：《教育概论》，人民教育出版社 2006 年版，第 122 页。
② 鲁洁：《试论德育之个体享用性功能》，《教育研究》1994 年第 6 期。
③ 吴康宁：《教育社会学》，人民教育出版社 1997 年版，第 398—399 页。

了提供一般学校所有的教学设施设备以外,还提供简单甚至是简陋的
食宿条件。对于这些类型的学校,国家政策一般以寄宿制民族学校、
寄宿制民族班作为主体,没有量化界定指标。陕西省在一份文件中对
寄宿制学校曾做过量化界定,规定寄宿生达到30%的小学、初中达到
50%才能称为寄宿制学校,也才能够享受寄宿制学校政策待遇。本书
在界定寄宿制小学的时候并没有做指标限制,主要是基于教育公平的
原因。如果没有达到一定的数量标准就不能称为寄宿制学校,对本来
就遭遇上学难的学生制造更多的困难,不利于入学率、巩固率的提
高。实际上,传统意义上的学校只有为学生提供学习场所和条件的功
能,并没有提供食宿的能力。一旦学校提供了食宿条件就称之为寄宿
制学校,也会带来很多政策问题。实践中的寄宿制学校就是"学校+
食宿"模式,把寄宿制学校理解为非寄宿制学校在时间与空间上的延
伸,因而阻碍了寄宿制学校教育的社会化优势。

实际上,寄宿制学校的构成要素与非寄宿制学校有很大的区别。
普通意义上的学校,构成要素包括学生、教师和教学设施设备。寄宿
制学校增加了生活设施设备和生活服务的相关人员。两种学校的社会
化功能仍然是基本功能,对于学生个体影响的主要区别有三个方面:
一是寄宿制学校延长了学校对学生社会化的时间,将原本属于家庭活
动的时间移至学校;二是寄宿制学校增加了学生社会化的内容,将生
活教育纳入了管理范围;三是寄宿制学校改变了原来的社会化方式,
直接将生活场景移植到学校。以上三个改变使寄宿制学校在学生社会
化方面更加深入,寄宿制学校的基本功能的内涵与外延的变化,必然
引起其社会功能的改变。也就是说,寄宿制学校具备了提升农村学生
生活品质与综合素质的能力,只要能够满足寄宿制学校系统的基本投
入,这些功能就会充分发挥,从而提高农村学校的教育教学质量,缩
小城乡教育差距,促进义务教育均衡发展,从而促进教育公平。本书
认为,对学生个体而言,农村寄宿制学校的基本功能是更深层次的社
会化。对整个教育系统而言,是通过提升农村儿童的生活品质和综合
素质,提高教育教学质量,缩小城乡教育差距,促进义务教育均衡发
展。可以说,这种功能定位既是学生及其家庭的需求,也是国家的需

求，标准化农村寄宿制学校应该具备满足个体及国家需求的能力。

第二节　结构功能主义理论

结构功能主义集中研究系统的功能履行和结构实现，强调分析每一特定系统中结构和功能的相互关系。本书将农村寄宿制小学视为一个系统，拟用结构功能主义理论的研究范式定位功能并设计功能实现路径。

一　结构功能主义理论

早期社会学家将生物学中一些概念和原则运用于人文科学研究中，为结构功能理论的出现奠定了基础。从概念来说，"结构功能主义"（Structural functionalism）以系统的结构与功能作为规律研究的主要对象，其中，"结构"指的是特定系统已形成的固定化关系模式，即系统行为所遵从的行为路径；"功能"指的是系统结构的活动后果或影响，有目标性与非目标性之分：目标性功能是合目的可预期的功能实现；非目标性功能则是指系统行为所造成的不可预期或偶然的影响。根据生物学的拟化类比，系统结构与功能的相互关系可以归纳为：系统结构是系统功能的载体，系统功能的发挥是以相应结构为前提的。

（一）结构功能主义的产生

功能主义起源于 19 世纪英国社会理论家斯宾塞学说，他提出：社会很像一个生物有机体。而这个社会已经演化到相当的程度，其组成"器官"每一个都对社会的生存和维持发挥着正面作用。涂尔干重新分析了斯宾塞的观点，认为社会的各个组成部分通过一套共享意识而整合在一起。人们可以通过分析社会行动对于这种宗教性或道德性的共享意识所起到的作用，来对这些行动作出说明。[1] 正式总结归纳"结构功能主义"这一概念的是美国社会学家帕森斯（Talcott Par-

_____

① 马尔科姆·沃特斯：《现代社会学理论》，华夏出版社 2000 年版，第 9 页。

sons)。帕森斯在 20 世纪 40 年代提出结构功能主义概念，并以系统性的理论构建了该理论的主要命题，成为结构功能分析学派的开创者。该理论随即于 50 年代开始在美国社会学中占主导地位，其研究涉及人类学与政治学等社会科学领域，包括社会理论探讨、经验研究和历史研究，对学科理论及研究方式均产生着很大影响。

（二）帕森斯结构功能主义理论及其发展

帕森斯在早期著作中将社会秩序作为社会学理论研究的核心命题，从而确立了结构功能主义的理论前提假设：假定任何社会中都存在着一种大体一致的价值观念和行为准则，社会秩序正好来自人们这种大体一致的价值观念。① 基于这种主流价值观的规范限定，则社会结构如角色、组织和制度等，是为实现这些既有价值判断和目标定位的存在和变化的。

帕森斯在中期著作中提出，如果将社会视为一种具有生存与发展功能的客观存在，那么，它为求满足其基本生存需要必须由四个子系统及其相对应的"功能性必需"（functional requisites）组成：承担环境适应功能的经济子系统、承担目标实现功能的政治子系统、承担社会整合功能的法律子系统、承担模式维持功能的亲属子系统，在具体的运行过程中，这四种子系统功能分别通过经济组织、政治制度、法律制度和家庭与教育制度来执行。以此为基础，"一个系统的运行状态是否稳定，不仅取决于它是否具有满足一般功能需求的子系统，而且还取决于这些系统之间是否存在着跨越边界的对流式交换关系。社会系统与其他系统之间、社会系统内的各亚系统之间，在社会互动中存在输入—输出的交换关系，而金钱、权力、影响和价值承诺则是一些交换媒介。②

帕森斯在晚期著作中继续发展了社会进化论。他主张用进化的观点来看待人类的历史过程，并将其划分为四个过程：一是分化，指一

---

① Talcott Parsons, *The Structure of Social Action*, 2nd Edition. New York：Free Press, 1967：50 – 52.

② Talcott Parsons, *Social System*, London：Routledge, 1991：45 – 138.

个系统或单位分解成两个或两个以上的单位或体系的过程。二是适应能力的提升，它是分化的结果；三是容纳，指一个社会单位容纳新因素的能力；四是价值的通用化，指社会对新分化出来的单位的承认。这个过程同样还表明了这样一种价值判断，即社会的均衡和稳定依赖于社会体系承认和容纳新单位的程度。[①]

默顿在继承导师帕森斯创立的结构功能理论的同时，指出了功能主义理论中的不足并予以相应的纠偏与修正：一是系统功能的针对性：默顿认为帕森斯的结构功能理论秉持着功能同一性观点，即子系统作为母系统的构成部分，一定具有某种有用的功能，这种设定过于绝对。二是系统功能的差异性：默顿主张根据具体效应来判定系统功能的价值，即子系统的功能发挥不一定对社会母系统是有益的。而且，一些子系统的活动对母系统或是母系统的某部分具有功能，对其他系统或是母系统有可能无效或是具有负功能（dysfunctional）。默顿据此提出了显功能（manifest function）和潜功能（latent function）两个重要概念。显功能是指那些人们可以预料到的和容易为大多数人所认识的功能；而潜功能则是指那些不明显、不为人们所预料的和不易为大多数人所认识的那些功能。三是功能可替代性观点；默顿引入了功能选择概念，认为子系统及其功能是可替代的，某个子系统及其功能可以被其他能满足同样的功能需求的一系列相似或相近功能的子系统所替代，母系统根据需要而进行选择。[②]

二　"AGIL"模型与学校教育的功能交换

结构功能主义理论始终坚持系统是一个由不同功能部分有机整合构成的结构，结构中的各个子系统相互依赖，以此为前提，它关注的是系统整合以及系统控制的变异及过程，认为系统中各部分相互作用的结果，应该是获得和谐均衡的状态，实现系统秩序的稳定整合。帕森斯将韦伯关于社会结构不过是个人社会行动之集合的思想，与传统

---

① 董向芸：《结构功能主义与内卷化理论视阈下云南农垦组织改革研究》，博士学位论文，南开大学，2012 年，第37—38 页。

② 同上。

功能主义关于社会结构是一个具有相对独立特性之有机体的思想结合起来，确立了结构功能理论的核心：系统是一个功能协调的合意结构，行动必然受制于系统结构，社会系统的应然状态是整合与均衡。对此，帕森斯首先将"行动"与"系统"联结起来形成"行动系统"的概念，即被一定的情境、结构和规范所制约的，具有自己行动目标、方式以及价值理念的行为者互动体系。继而，构建出"AGIL"四功能模式作为行动体系结构功能分析的基本工具。

（一）"AGIL"四功能模型

1953 年，帕森斯正式提出"四功能模型"，该模型由适应功能（Adaption）、实现目标功能（Goal attainment）、整合功能（Integration）、潜在模式维持功能（Latency pattern maintenance）组成。帕森斯的学生以这四种功能的打头字母组成的缩写"AGIL"命名这一模型，所以该模型也被称为"AGIL"模型。帕森斯 AGIL 模型的提出，是结构功能主义成熟的重要标志。尤其是理论核心"AGIL"模型由于具有高度的抽象性和概括性，更成为人们研究社会系统的重要工具。

帕森斯认为，任何社会都可以被看作是由一个或多个系统组成的，而这些系统又是由各自的子系统组成的，每个社会系统及其子系统都能够执行上述四种功能。帕森斯深入分析了社会系统为了维持生存发展是如何发挥这四种功能的作用以及如何通过不断改进实现功能推动系统发展的。适应功能（A）是指社会系统必然与环境发生一定的联系。不断适应环境提出的要求，是社会系统与周围环境之间的互动，通过互动，社会系统获得维持自身发展的能量，即社会系统必须适应外部环境并从环境中取得可支配的资源，使自身得以发展。实现目标功能（G）：其表现为一种过程，包括明确目标和实现目标两个方面，要求系统在确立目标的基础上努力实现这一目标。系统的目标是指系统的某种期望状态，系统先确定总目标，然后指引系统内部各力量导向这一目标。整合功能（I）：任何社会系统都是由不同部分、不同资源构成的，为了使系统有效运作，必须协调系统内部各构成要素的关系，整合资源，使各个要素协调一致并开展有效的合作，形成合力。潜在模式维持功能（L）：其要求系统必须使各部分按照一定秩序运行，"在系统运行过程暂时中断即互动中止时期，原有的运行模式必须完整地保存下来，以保证系统重新开始运行时能照常恢复互动关系"。① 潜在模式维持功能主要强调文化在维持中的重要性，突出精神、理念与制度等文化因素的作用。

为了满足这四种基本功能的要求，行动体系层层分化为四个相应的子系统，以分别执行四种系统功能。首先，行动系统分化为行为有机体系统（行动者生理组成）、人格系统（行动者的动机和利益组成）、社会系统（行动者之间的角色和关联）和文化系统（行动者受教与学习）四个子系统，每个子系统又进一步分化为四个子系统，如社会系统又进一步分化为经济、政治、社会文化和社区四个子系统，如此一级一级分化下去；其次，行动系统各层次的四个功能子系统之间又不仅是一种相互区别、相互联系的关系，而且还是一种控制等级关系，如在行动体系的四个子系统中，社会系统处于控制其他三个子系统的最高层：就社会系统对人格系统的整合而言，以控制和模式化的方式对个人或群体进行价值认同的渗透，同时建构了制度、规范、人际交往、习惯习俗和宗教仪式等系统来界定个人或群体的社会角色和资源拥有，从而达成消减系统分化危险的目的，获得行动系统整体的合意性；就社会系统对文化系统的整合而言，以结构主流文化和观念教育的形式对个人或群体进行价值取向的控制，并据此控制行为者的越轨倾向，从而达成社会与文化系统之间的均衡，获得行动系统整体的秩序性。根据这种描述，社会系统既是一个由内部各部分之间相互联系、相互制约而构成的一个具有相对独立特性的有机体系，又从属于整个行动系统的一部分，共同形塑了社会行动的过程与体系。②

"AGIL" 模型的四种功能是任何社会系统发展都必不可少的要素，"任何社会系统过程都服从于四个功能的必要条件。如果要取得

---

① 郑杭生：《社会学概论新修》，中国人民大学出版社 2003 年版，第 231 页。
② ［美］约翰逊：《社会学理论》，华夏出版社 1997 年版，第 243 页。

均衡和维持这个系统继续存在，它们必须得到充分满足"①。同时，这四种基本功能又不是孤立存在的，而是彼此紧密联系、互相包容的。一种功能可以蕴藏于多个子系统中，而一个系统又可以包括多种功能。帕森斯认为，社会系统的各个子系统也可以看作是一个独立系统，其内部也会包括相对更低层次的子系统，这些子系统也同样要满足四项功能要求，越是复杂的社会，分化的层次就越细。

（二）"AGIL"模型与学校教育的功能交换

根据帕森斯的 AGIL 模型，教育可以看作是来自"L"向"A"和"G"的输出。在学校中，学生被教授符合社会要求的价值观，在进入劳动力市场后被分配到不同的社会位置中，并最终接受成人的组织责任角色。② 由此我们可以进一步推论，教育的存在和发展受到社会适应系统和政治目标系统的影响和限制。这主要是因为教育系统同社会其他子系统一样，也必须具有四个结构：教育的存在与发展必须通过一定的资源投入——物质资源、文化资源与动机资源——从社会环境中获得（A）；它们必须在教育系统运作中对各种资源进行加工（G）；它们必须保证活动得到组织和协调（I）；它们还必须保证参与者始终保持积极性（L）。③ 作为社会子系统的经济系统在为教育输出的同时，也带来了对教育系统为经济系统输出的要求，特别是要满足经济系统对人才规格的不同要求和相应的意识形态；而政治系统通常是以政府的权力向教育系统输出的，给予教育系统一定的政策、意识形态、法律法规等，以此培养合格的公民。这就是帕森斯所称的教育为什么属于模式维持系统，因为它的最大功能就是将社会文化价值系统内化，即人的社会化。农村寄宿制小学教育属于社会系统当中的子系统，可运用帕森斯的"AGIL"模型对其系统的适应功能、实现目标功能、整合功能与潜在模式维持功能的情况进行分析，针对其中存在的问题，提出优化改善建议。

---

① ［美］帕森斯：《经济与社会》，刘进等译，华夏出版社 1989 年版，第 16 页。

② 杰弗里·亚历山大：《社会学二十讲：二战以来的理论发展》，华夏出版社 2000 年版，第 70—71 页。

③ 马尔科姆·沃特斯：《现代社会学理论》，华夏出版社 2000 年版，第 122 页。

第三节　教育公平理论

西部农村地区山高路险的自然条件困扰着低龄学生上学，薄弱的经济基础成为农村孩子上学的阻碍，再加上多民族聚居形成的"内卷化"文化影响着现代观念的传播，从区域发展来看，西部农村教育是整个基础教育的短板。相比之下，乡村小学是农村义务教育学校的重要组成部分，又是乡村教育发展的"瓶颈"。西部农村寄宿制小学历来承担着补齐短板的重任，始终作为提升质量、缩小城乡教育差距的特殊措施，为普及民族地区初等教育以及整个西部地区九年义务教育做出巨大贡献。新的历史时期，西部农村寄宿制小学规模不断扩大，逐渐成为西部农村小学教育的主体。提高农村小学教育质量与寄宿制小学息息相关，以办好寄宿小学为突破口，缩小城乡义务教育差距，促进教育均衡发展，从而实现教育公平，具有重要的战略意义。因此，教育公平应当成为我们定位西部农村寄宿制小学功能的基本价值取向。

一　教育公平理论的内容

教育公平是社会公平在教育领域的具体表现，教育公平是一般意义上公平概念的衍生。公平本身是一种社会现象，这种现象并不是关乎生活的方方面面，只有在关涉人们利益方面时才出现公平问题。"可以这样说，各种各样的公平问题，归根结底都是关于人与人之间的利益关系问题"。[1] 对怎样分配才是公平问题的回答形成不同的"公平观"。现实社会中，人们往往会依据不同的社会准则对涉及人与人之间的利益问题进行判断。公平是一种关于调节人与人之间利益关系合理性的规范、原则。而实际操作中，国家总是以社会整体利益代表者的名义出现，涉及利益分配时也就自然而然地成为原则的制定者，从这个意义上理解，公平就是指国家对社会资源进行配置时所依

---

① 戴文礼：《公平论》，中国社会科学出版社1997年版，第9页。

据的合理性规范及原则。① 据此，教育公平就是指国家对教育资源进行配置时所依据的合理性的规范、原则。合理性原则主要是指教育资源配置要符合社会整体发展和稳定，符合社会成员个体发展和需要。教育公平主要是指对教育资源分配方式合理性的一种价值判断，因而教育公平理论就是关于社会成员对教育资源的享有权问题的理论。而教育资源配置过程中又必然涉及自由与平等、平等与效率、传统与理性等关系问题的判断。针对这些问题的看法大概分为两类，从而形成关于教育公平的两大流派：新自由主义的教育公平理论和新保守主义的教育公平理论。

（一）新自由主义的教育公平理论

社会哲学意义上的自由主义分为古典自由主义和新自由主义，古典自由主义强调自由甚至自由放任，反对政府干预，新自由主义主张自由但反对放任自流，主张政府进行适当干预和调节。面对自由和平等之间的抉择，新自由主义更强调自由的重要性。对于自由与平等的关系，新自由主义认为人的本性就是平等，人生而平等，如果社会分配制度破坏了平等，就是不公平的。相应地，教育资源的配置就必须根据每个人在社会中处于平等地位的角度，强调教育资源分配的起点、过程和结果的平等，尤其强调分配结果的平等，甚至为了平等可以牺牲一些自由。在平等与效率关系问题上，新自由主义主张平等优先，强调平等对社会个体和社会整体发展的重要性。

美国学者罗尔斯《正义论》（*A Theory of Justice*）中的教育哲学思想是新自由主义教育公平理论的经典。罗尔斯独特的教育公平观主要有两个基本原则：平等原则与差异原则。所谓平等原则，就是指每个人都有接受各种教育的自由权利和机会。这个原则包含两层意思，即教育面前人人平等和每个公民都具有平等的受教育机会。对于教育面前人人平等的理解，罗尔斯认为，受教育权利是合作社会中协商分配的结果，它不应受人们的出身和天赋条件的制约。在社会的所有部

_____

① 郭彩琴：《教育公平论——西方教育公平理论的哲学考察》，中国矿业大学出版社2004年版，第34页。

分，对每个具有相似动机和禀赋的人来说，都应当有大致平等的教育成就前景。那些具有同样能力和志向的人的期望，不应当受到他们的社会出身的影响。同样，机会也是社会资源之一，是社会合作的产物，各种教育机会必须向所有人敞开。一个人获得文化知识和技艺的机会不应当依赖于其阶层地位，所以，学校制度设计应当有助于填平阶层之间的鸿沟。① 所谓差异原则就是指确保社会成员中处于不利地位的人受教育的机会。面对人与人之间的自然差别和社会差别所造成的各种不同的社会成员，社会必须依据差别对待的原则，对差者进行补偿。罗尔斯认为，机会均等表示每个人都有获得教育权的资格，这种权利用法律形式表现出来，只是形式上的平等，由于社会成员的天赋、才能是不一样的，所以形式上的平等与事实上的平等相去甚远。一个人的先天优势和社会优势一样，是偶然和武断的结论，不是公平的机会。任何一个人的应得都不能依靠他的偶然条件，都只能在从合作体系中通过社会协商的方法进行平等分配的同时，给予处境不利者进行补偿。差异原则对于社会政策也有两层含义。第一层含义是个人补偿原则，这一原则就是纠正不公平的不平等原则。为了平等地对待所有人，社会应该更重视那些出生于地位较低家庭而天赋较少的人。为了实现这个目的，必须付出更大的代价教育那些天赋较少的人，至少在一段时间要如此，比如入学初期阶段。第二层含义是把天赋视为社会财富，它的果实应为全社会享用，尤其是那些不幸者。差异原则将自然才能的分配看作一种共同的资产，一种共享的分配利益。那些有先天优势的人，不论他们是谁，只能在改善那些不利者的状况条件下从他们的幸运中获利。由此可见，罗尔斯的教育公平观并不只是强调平等，只要有利于不利者利益，社会资源的分配不管平等与否都是公平的。差异原则表达了一种互惠互利的观念，教育不仅具有经济功能，而且具有文化功能，即对社会成员进行文化熏陶，让社会成员在享受社会创造文化的过程中提高自己的文化品位和素质，对社会成员提供平等的教育机会不仅对社会成员有利，对这个社会的发展也有着

---

① John Rawls, *A Theory of Justice*, Revised Edition, Oxford University Press, 1999, p. 63.

不可估量的作用。由此看来，给社会成员中的不利者提供平等教育机会实际上就是为了人类社会的可持续发展。

(二) 新保守主义的教育公平理论

从社会哲学意义考察，保守主义也分为古典保守主义和新保守主义。前者主张守旧，反对革新。后者实际上是由古典自由主义演变而来的，强调资本主义自由传统，反对政府的限制与制约。从对自由与平等之间关系的角度来看，新保守主义教育公平理论认为，教育资源的分配过程中必须从人的本性出发，教育资源的配置原则必须符合人的本性，人的本性就是自由，自由是绝对的，任何教育资源配置方式违背自由都是不公平不合理的。最初的自由理论强调资产阶级在社会中的地位，尤其突出资产阶级个人财富神圣不可侵犯。至于社会成员由于自身和社会因素的影响而形成的实际财富的差异，保守主义并不关心，他们认为人与人之间的差异是由人自身先天素质所造成的，社会财富分配不能因为存在差异就把富人的财富无偿地送给穷人，否则就是对人性的反叛，就是对富人的剥夺，这是不公平的。新保守主义强调的是社会优势地位的自由权，其中就包括教育权。新保守主义在平等与效率的关系问题上更关注效率，认为从社会整体出发，应该把有限的资源配置得更加合理，尽量做到使有限的投入得到最大的回报；从个人角度出发，也应强调投入与产出的关系，做到低投入高产出。就教育资源配置而言，新保守主义主张在对社会成员分类的基础上，有选择地、符合社会成员智力情况的合理配置，强调对天才进行特殊教育。为了教育效率不可能也没有必要让每个人都接受完全相同的教育，更不可能获得相同的教育效果。

新保守主义教育理论主张根据人的智力状况来分配教育资源，人与人之间在智力上存在差异，社会必须根据人们的智力差异进行分类教育，不同智力的人接受不同的教育。这样不仅有利于社会教育效率的提高，而且也有利于每个社会成员的生存发展。新保守主义教育公平理论关于基础教育方面主要包括三条基本原则：

第一，机会面前人人平等。新保守主义对机会和平等的理解不同于新自由主义，该理论认为，社会为其成员提供相同的机会，每个人都有权利接受各种教育。但是，就像面对体育比赛一样，每个人都有参赛的权利，运动员最后的比赛成绩取决于其自身的身体素质和运动水平。同样的道理，每个人虽然都有受教育的权利，但是个体的条件不同、可教育性也不一样，所以，每个人接受教育的年限、等级等方面就会出现差异。这种差异就意味着社会成员不可能完全平等地享有社会提供的各种教育资源，机会均等主要是指每个人在法律上所拥有的平等地位，是形式上的平等，也是起点上的平等。①

第二，根据学生智力水平公平分配教育资源。由于学生个体在智力上存在差别，所以，社会应对不同学生区别对待，即天赋高的学生应从社会中获得更多的教育资源，天赋差的学生就要相应少获得教育资源。如当代美国教育学家贝斯特（Arthur Eugene Bestor）认为，教育公平包括平等性原则和机会均等原则，前者是指对每个公民都一致的原则，后者则指对天赋高和勤奋的学生提供高质量教育资源的原则。在主张平等对待每个人受教育权利的同时，更多地主张重点培养有天赋的学生。

第三，对英才进行特殊教育是教育机会均等原则的真正体现。贝斯特等教育家坚持认为，教育公平包括两方面的内容：给所有学生提供平等的受教育权利，给每个人提供平等的受教育机会。教育中的"民主"只意味着一种责任和积极参与，但并不意味着每个人都享有完全平等的权利和自由；"平等"则意味着任何人都是自己的主人，而不应成为他人达到目的的手段。教育中只关心普通学生的学习状况，对那些智商高、天赋好的学生就是不公平的，这样对社会的整体发展也是不利的。

二　新自由主义的公平理论与义务教育均衡发展

以罗尔斯为代表新自由主义公平理论主张机会均等和弱势补偿原则，这是我们对西部农村寄宿制小学在教育系统中发挥作用的基点。20 世纪 80 年代中期以前，国家一直执行着弱势补偿的原则普及初等

---

① 单中惠、杨汉麟主编：《西方教育学名著提要》，江西人民出版社 2000 年版，第504 页。

教育。针对西部地区自然条件恶劣、少数民族聚居等特点，实施了差异化发展策略。1985 年中央将基础教育发展的责任交给了地方政府，其间走过近 10 年的"梯度推进"的非均衡发展阶段。从 20 世纪 90 年代中期以后，整个义务教育的发展又开始回归到推进均衡发展的战略，国家教育资源大量向西部地区倾斜，有力地缩小了区域差距。2005 年以来，国家层面正式提出了义务教育均衡发展的战略，总体思路仍然是"弱势补偿"，保障适龄儿童入学机会均等。西部地区特殊的地理、经济和文化背景使得农村小学教育走过了一条不同于东中部的道路，举办寄宿制小学为突破点提升小学教育水平，缩小城乡教育差距是一贯的政策路线。我们探索西部农村寄宿制小学功能定位的问题，其实仍然是这一转型过程的延续和深入。功能定位实际上是对寄宿制小学存在的多种社会价值的抉择，实际上就是对其工具价值的取舍问题。检视教育公平思想在各项政策中的体现情况，有利于指导西部农村寄宿制小学功能的合理定位。

（一）"梯度推进"非均衡发展战略检视

1985 年 5 月 27 日，中共中央出台的《关于教育体制改革的决定》中提出："把发展基础教育的责任交给地方，有步骤地实行九年义务教育。"中央认为，不仅要承认全国各省市区之间经济文化发展的不平衡性，而且要承认在一个省、一个市、一个县范围内的发展也是不平衡的，所以必须鼓励一部分地区先发展起来，同时鼓励先发展起来的地区帮助后进地区，达到共同的提高。这是经济非均衡发展思想在教育领域的延伸，也是效率优先思想在教育领域的表现，为义务教育非均衡发展埋下了伏笔。

1986 年 4 月 2 日出台的《关于中华人民共和国义务教育草案的说明》中提出："关于实行九年制义务教育的步骤，全国大致可以分为三类地区，第一类是经济、文化比较发达的地区，要求在 1990 年左右基本实现九年制义务教育；第二类是经济、文化中等发展程度的地区，要求在 1990 年左右普及初等义务教育，在 1995 年左右实现九年制义务教育；第三类是不发达地区，争取在 20 世纪末普及初等教育。"4 月 12 日颁布的《义务教育法》规定："国家实行九年制义务教育，省、自治区、直辖市根据本地区的经济、文化发展状况，确定推行义务教育的步骤。"义务教育非均衡发展思路通过国家意志的形式表现出来，与我国经济建设以同样的改革路径扬帆起航。

（二）非均衡发展向均衡发展的转型

1994 年，国家教委出台的《关于九十年代基本普及九年义务教育和基本扫除青壮年文盲的实施意见》中明确提出："为保证边远、贫困和民族地区实施义务教育，中央、省、地（市）、县四级政府要设立专项经费。中央财政现有的扶助贫困地区义务教育专项经费，从 1994 年起逐年提高，省、地（市）、县也应作出相应安排。"设置专项资金扶持边远、贫困及民族地区，又体现了"弱势补偿，注重均衡"思想的萌芽。1995 年颁布的《中华人民共和国教育法》规定："国家根据少数民族地区的特点和需要，帮助各少数民族地区发展教育事业；国家扶持边远贫困地区发展教育事业。"这些法律规定蕴含了均衡地发展义务教育的旨趣。这是对近 10 年发展城市教育、重点学校等带来教育失衡的纠偏。

1995 年，国家组织实施"贫困地区义务教育工程"，面向少数民族地区和边远贫困地区提供帮助，发展这些地区的教育事业，为青少年儿童提供更多的教育机会，减缓教育机会的差异，重点用于改善小学和初中办学条件。1995—2000 年，一期工程投资 39 亿元，涉及全国 22 个省和自治区的 568 个国家级贫困县和 284 个省级贫困县，受益人口约 2.5 亿。1997 年，国家教委印发的《关于当前义务教育阶段办学行为的若干原则意见》提出："要大力加强基础薄弱学校建设，在经费投入、师资配备、干部充实、招生办法改革等方面采取倾斜政策，加强指导，使其尽快改变面貌；坚持义务教育免收学费、就近入学及平等受教育的原则，不得人为地加大校际间在办学条件、生源上的差距。义务教育阶段公办学校不得招收'择校生'和变相'择校生'；义务教育阶段不设重点校、重点班、快慢班，公办中小学不得举办'校中的民办校'或'校内的民办班'。"1998 年 6 月 25 日，国务院办公厅转发《教育部关于义务教育阶段办学体制改革试验工作的若干意见》，提出："加强薄弱学校建设，努力办好每一所学校。"并强调这是解决"择校生"和"乱收费"的关键所在，加强薄弱学校建设的关键是领导班子和教师队伍，应当从较好的学校中抽调校长、教师和管理人员到薄弱学校去工作，实行行政领导干部和教师的轮岗、交流制度。要求："各级政府和教育行政部门要把加强大中城市薄弱学校建设作为义务教育巩固提高的紧迫任务，下大决心，力争在尽可能短的时间内缩小义务教育阶段内公办学校间过大的差距。"2000年4月，教育部等六部委联合下发《关于东西部地区对口支援工作的指导意见》，正式启动"东部地区学校对口支援西部贫困地区学校工程"和"西部大中城市学校对口支援本省（市、区）贫困地区学校工程"。

自20世纪90年代以来，中央对义务教育发出了一个强烈的政策信号，即从差别发展及时转向均衡发展，而政策焦点则始终体现为要求各地特别是大中城市采取措施，缩小义务教育阶段公办学校间过大的差距，推进义务教育阶段学校均衡发展。这一段时间出台的相关政策虽然也提及少数民族地区、贫困地区、西部地区，但是政策的指向性不明确，针对西部地区的专项工程很少。也就是说，教育均衡发展的思想已经萌芽，但是关注对象主要是城市中的薄弱学校，城市中择校等不公平现象。可以看出，教育均衡发展的关注点并没有集中于农村地区和西部地区。

（三）"弱势补偿"原则的实施阶段

2000年，全国绝大部分地区如期完成了"普九"任务，西部仍有部分地区还没有实现普及初等教育的目标，义务教育发展区域差距明显。从2001年开始，义务教育发展战略转向重点扶持西部地区及农村义务教育，均衡发展战略全面推开。

从2001年起，各地将农村中小学教师工资的管理权限上收到县，有力地保障农村地区教育的秩序稳定。同时，以"西部大开发"为契机，推动贫困地区和少数民族地区义务教育发展，继续实施了第二期"国家贫困地区义务教育工程"。2001—2005年，中央财政投入50亿元，扶持内容增加了免费为家庭经济困难的学生发放教科书以及在贫困地区实施信息技术教育等新内容。免费提供教科书的对象为国家扶贫开发工作重点县中，到 2000 年年底未普及初等教育县的全部农村小学生和未通过国家基本普及九年义务教育和基本扫除青壮年文盲验收县农村初中学生中家庭经济困难的学生，以及特教班的学生。2001—2005 年共计投入专项资金 46.5 亿元。2001 年 9 月 24 日，教育部、财政部和国务院扶贫开发办印发的《关于落实和完善中小学贫困学生助学金制度的通知》中提出：中央财政设立"国家义务教育贫困学生助学金"专款，重点支持西部贫困的革命老区、少数民族聚居的地区和边境地区，同时适当兼顾其他特别贫困地区。另外，从 2001 年起，为解决中西部贫困地区农村中小学教职工工资，由中央财政每年投入 50 亿元，重点用于国家扶贫开发重点县和民族、边疆地区的省级贫困县。

2003 年 9 月 17 日《国务院关于进一步加强农村教育工作的决定》中提出：加快推进"两基"攻坚，巩固提高普及义务教育的成果和质量，力争用 5 年时间完成西部地区"两基"攻坚任务；重点加强农村初中和边远山区、少数民族地区寄宿制学校建设，改善学校卫生设施和学生食宿条件，提高实验仪器设备和图书装备水平；建立和完善教育对口支援制度；加大城市对农村教育的支持和服务，促进城市和农村教育协调发展；保障进城务工就业农民工子女接受义务教育；落实农村义务教育"以县为主"管理体制的要求，加大投入，完善经费保障机制；积极鼓励教师和其他具备教师资格的人员到乡村小学任教，建立城镇中小学教师到乡村服务期制度；实施农村中小学现代远程教育工程，促进城乡优质教育资源共享，提高农村教育质量和效益。

2003 年 9 月 29 日，教育部、国家发改委和财政部联合实施了"农村中小学危房改造工程"。2003 年，国家发展改革委安排 20 亿元，2004—2005 年财政部和教育部共同承担 40 亿元，三年共计 60 亿元补助地方实施工程，加上 2001—2003 年投入的 30 亿元，共计投入 90 亿元，旨在消除现存的中小学危房，此项工程覆盖了中西部 25 个省（市、区）的农村，受益师生达 3400 万人，有力地改善了西部地区的办学条件，缩小了城乡教育差距。2003—2007 年，国家还实施了

"农村中小学现代远程教育工程"，中央财政投入 90 亿元，为西部农村地区约 11 万个农村小学教学点配备光盘播放设备和成套教学光盘；使全国 38.4 万所农村小学初步建成卫星教学收视点；使全国 3.75 万所农村初中基本具备计算机教室。

2004 年 2 月 6 日，《西部地区"两基"攻坚计划（2004—2007年)》中提出："加快农村寄宿制学校建设；扶持西部农村地区家庭经济困难学生就学；实施农村中小学现代远程教育；大力加强西部农村地区教师队伍建设；加大教育对口支援力度。" 2 月 19 日，《西部地区农村寄宿制学校建设工程实施方案》中提出："从 2004 年起，用 4 年左右的时间，中央投入 100 亿元，用于新建、改建和扩建一批以农村初中为主的寄宿制学校，解决西部未普九地区新增 130 万初中学生和 20 万小学生最基本的学习生活条件。" 3 月 3 日，国务院批转的《2003—2007 年教育振兴行动计划》中重申了以上措施，并提出努力提高普及九年义务教育的水平和质量，为 2010 年全面普及九年义务教育和全面提高义务教育质量打好基础。

2005 年 3 月，温家宝总理郑重宣布："从 2006 年起，免除国家扶贫开发工作重点县农村义务教育阶段贫困家庭学生的书本费、杂费，补助寄宿学生生活费（即两免一补）；到 2007 年在全国农村普遍实行这一政策，使贫困家庭的孩子能上学读书，完成义务教育。" 2005 年 5 月，教育部出台的《关于进一步推进义务教育均衡发展的若干意见》，强调各级教育行政部门要把推进义务教育均衡发展作为今后制定各项教育政策的出发点和落脚点。同时提出："统筹教师资源，加强农村学校和城镇薄弱学校师资队伍建设。" 这是对一段时间以来社会各界和广大人民群众高度关注的教育公平问题的积极回应。2005 年 12 月，国务院发布的《关于深化农村义务教育经费保障机制改革的通知》，将农村义务教育全面纳入公共财政保障范围，建立中央和地方分项目、按比例分担农村义务教育经费保障机制，使义务教育均衡发展有了制度保障。

（四）全面推进义务教育均衡发展阶段

2006 年 6 月 29 日，新修订的《义务教育法》首次以法律的形式作出了"促进义务教育均衡发展"的规定。该法第六条规定："国务院和县级以上人民政府应当合理配置教育资源，促进义务教育均衡发展，改善薄弱学校办学条件，并采取措施，保障农村地区、民族地区实施义务教育，保障家庭经济困难的和残疾的适龄儿童、少年接受义务教育。"第二十二条规定："县级以上人民政府及其教育行政部门应当促进学校均衡发展，缩小学校之间办学条件的差距，不得将学校分为重点和非重点学校。学校不得分设重点班和非重点班。"第三十二条规定："县级人民政府教育行政部门应当均衡配置本行政区域内学校师资力量，组织校长、教师的培训和流动，加强对薄弱学校的建设。"第四十四条规定："县级人民政府编制预算，除向农村地区学校和薄弱学校倾斜外，应当均衡安排义务教育经费。"

2006 年 11 月 14 日，教育部下发《关于进一步加强中小学校校舍建设与管理工作的通知》，要求把中小学校校舍工作提升到义务教育均衡的高度，完善中小学校舍建设机制，积极推进区域内义务教育均衡发展，逐步缩小学校之间办学条件的差距。2006 年，为进一步加强农村教师队伍建设，促进义务教育均衡发展，教育部、财政部、人事部、中央编办下发《关于实施农村义务教育阶段学校教师特设岗位计划的通知》（教师［2006］2 号），联合启动实施"特岗计划"，公开招聘高校毕业生到"两基"攻坚县农村义务教育阶段学校任教。至 2009 年，共招聘特岗教师 13 万人，覆盖 500 多个县，6400 多所学校。

2007 年 4 月 18 日，国家发展改革委、教育部关于印发《中西部农村校舍改造工程总体方案》的通知中提出："推动未纳入'两基'攻坚计划实施范围的中西部地区农村初中进行校舍改造，重点加强农村薄弱学校初中生活设施建设，改善食宿条件，提高农村初中巩固率和寄宿率；重点支持大约 7000 所独立设置的农村初中学校新建或改造校舍。"截至 2010 年，"中西部农村初中校舍改造工程"累计安排投资 140 亿元，在 7700 多所农村初中新建了 1500 多万平方米的学生宿舍、食堂和厕所等生活设施，缩小了中西部贫困地区农村学校与东部地区农村学校的差距。2007 年 5 月，国务院转发了教育部等部门关于《教育部直属师范大学师范生免费教育实施办法（试行）》的通知，决定从当年秋季入学的新生起，在北师大、华中师大等六所教育部直属师范大学试行师范生免费教育，引导毕业生到农村任教。2007年教育部组织实施"援藏"、"援疆"培训、"西部农村中小学国家级远程培训计划"等项目。

2008年，国家相继实施"中小学教师国家级培训计划"、"中西部农村义务教育学校远程培训计划"、"中小学班主任专项培训计划"、"中西部地区中小学骨干教师培训项目"等。

2008年，《中共中央关于推进农村改革发展若干重大问题的决定》明确指出："巩固农村义务教育普及成果，提高义务教育质量，完善义务教育免费政策和经费保障机制，保障经济困难家庭儿童、留守儿童特别是女童平等就学、完成学业，改善农村学生营养状况，促进城乡义务教育均衡发展。"2008年12月，国务院办公厅发布的《关于义务教育学校实施绩效工资的指导意见》，强调依法保障和改善义务教育教师，特别是中西部地区农村义务教育教师的工资待遇，提高教师地位，吸引和鼓励各类优秀人才长期从教、终生从教。

2009年国家启动"全国中小学校舍安全工程"，计划用三年时间对所有地处地震高烈度地区和存在安全隐患的校舍进行加固改造或重建，截至2010年，国家发展改革委已安排资金90亿元，优先改造了一批办学条件差的薄弱学校。2009年4月，教育部下发的《关于进一步做好中小学教师补充工作的通知》明确指出，参照县镇标准核定农村中小学教职工编制，对农村寄宿制学校及山区、湖区、海岛、牧区、教学点较多地区的中学，适当增加编制。为加强中西部农村教师培训，提高农村教师队伍素质，促进义务教育均衡发展，2009年教育部办公厅印发的《关于组织实施2009年中西部农村义务教育学校教师远程培训计划的通知》，组织实施"中西部农村义务教育学校教师远程培训计划"。2010年教育部《关于贯彻落实科学发展观进一步推进义务教育均衡发展的意见》中明确提出："将义务教育作为教育改革的重中之重，把均衡发展作为义务教育的重中之重。"同年，《国家中长期教育改革和发展规划纲要（2010—2020）》把推进义务教育均衡发展提升到义务教育战略性任务的高度，要求建立健全义务教育均衡发展保障机制，均衡配置教师、设备、图书、校舍等各项资源，切实缩小校际差距，加快缩小城乡差距，努力缩小区域差距，到2020年基本实现区域内义务教育均衡发展。

本书认同新自由主义关于教育公平的观点：同一层次教育中，向任何受教育者提供的基本教育条件和教育资源应基本相同。对于具有相似动机和禀赋的人来说，都应有大致平等的教育和成就前景。由于"最初地位"会给具有相似禀赋的人取得相似成就产生阻碍，所以必须对弱势群体执行"补偿原则"。通过教育来补偿弱势群体，有利于提升他们在社会体系中的地位，弥合社会阶层之间的鸿沟。西部农村小学教育中有两类处境不利人群：一是上学难的学生；二是留守儿童。上学困难缘于上学距离太远，上学路途艰险；留守儿童问题缘于家庭抚育功能弱化或缺失。解决西部农村小学目前面临的困境，缩小城乡教育资源供给差距，保障这两类人群获得公平的教育机会，就是实现教育公平的举措。

第四节　教育社会化理论

社会化是指个体在社会影响下，通过社会知识的学习和社会经验的获得，形成一定社会认可的行为模式，成为合格社会成员的过程。教育在现代化社会里成为人社会化过程中的首要因素，教育的功能在于培养出维护社会稳定与发展所需要的成员。[①] 20 世纪 70 年代关于教育功能的研究形成了"教育社会化理论"，一个人的教育社会化程度既取决于家庭的教育环境，也取决于学校教育环境。在现代信息社会中，学校教育的意义更大，个人未来的就业与生活能力主要取决于学校教育水平与质量。寄宿制学校存在的合理与否，实际上就是比较

① 刘成斌、吴新慧：《留守与流动：农民工子女的教育选择》，上海交通大学出版社2008 年版，第 29 页。

家庭教育和学校教育在不同时期对个人社会化的影响力。功能主义学派和新马克思主义学派解释了农村寄宿制学校促进学生现代化的功用。

一 功能主义学派社会化理论的主要内容

功能主义又称功利主义，功能主义认为，人们行为的道德标准是"最大多数人的最大幸福"，其创始人是英国经济学家耶利米·边沁。利用功能主义理论对教育问题进行深入研究的有法国社会学家杜尔克姆（Durkeim）、美国社会学家塔尔科特·帕森斯（Talcatt Parsons）和英克莱斯（Ingkeles）。

（一）杜尔克姆：教育通过统一"集团意识"使社会形成有机整体

最先比较系统地用该理论研究教育问题的是杜尔克姆，他从现代社会的演进出发探讨教育的社会化功能。在杜尔克姆看来，教育本质上是一种创造社会继续存在和发展所必需的条件和手段。当人类社会从传统的农业社会转变为现代工业社会时，社会组合形式就从"机械团结"（Mechanic Solidarity）转变为"有机团结"（Organic Solidarity），也就是说，随着社会结构和社会分工的发展，整个社会不再可能像机械团结的社会那样存在统一的集团意识（Collective Consciousness），"有机团结"的社会内存在多元、异质而又密切联系的道德体系。在这种情况之下，社会要组合成一个整体，一条途径就是教育，教育是现代社会继续存在的必要条件之一。"因为通过教育，在孩子幼年的时候就已经把集体生活所需的主要共通性在他们中间树立起来。"[①] 概括地说，教育的社会化功能，就是使下一代内化那些社会继续存在和发展所必不可少的行为规范、价值准则，它既包括共通的、普遍的，也包括各式各类的、特定的行为规范和价值准则。

（二）帕森斯：学校内化正规组织所需要的参与意识与能力

帕森斯是结构功能分析和行动理论学派创始人之一。进入 20 世纪五六十年代后，帕森斯对教育社会化功能有了更完整和深入的认

---

① 曾荣光：《教育制度的社会化功能》，《香港中文大学教育学报》1988 年第 5 期。

识。帕森斯在《作为一种社会系统的学校班级》一文中指出，学校班级具有两种主要功能，即社会化功能与选拔功能。所谓社会化功能指学校班级具有培养儿童个体人格、使其在动机和技能方面都胜任成人角色的作用，具体来说，包括义务感与能力的培养两部分。义务感本身包括两个层面，即履行广泛的社会价值的义务感与在社会结构中承担特定角色的义务感。能力也包含两个层面，即承担个人角色所需技能或能力及同他人交往和相处的能力。所谓选拔功能意为学校班级同时也是人力分配机构。学校不仅应当成为儿童社会化的机构，而且也应当日益成为选拔的主要渠道，因为这是与日益分化和进步的社会中人们的期望相一致的。[①] 帕森斯认为，教育社会化的功能包括两个环节：一是使儿童从家庭的原始感情联系中解脱出来；二是使儿童内化那些比在家庭中所学到的价值和规则层次更高的社会价值和规范。社会化功能可概括为发展个人参与意识和参与能力，这些参与意识和参与能力在未来角色系统中承担任务时是必不可少的。[②]

帕森斯认为，宗教、家庭、学校等作为社会教育机构和场所，担负起树立共同的基本价值和规范之任务，因此起着模式维持功能。学校和家庭在儿童社会化过程及内容上存在差异，家庭注重原始和非正规的行为价值取向，学校则强调继发和正规的行为价值取向，强调成就，重视普遍主义、集体的和感情中性的行为取向。在低分化的社会，家庭承担着生产功能、生殖功能、情感功能、政治功能以及教育功能等。而在高度分化的现代工业社会里，家庭的这些功能逐渐被分离出来：生产功能由社会提供的职业场所来承担，教育功能主要由学校等正式教育机构来实施，政治功能也可以直接到相对专门的机构或场所中进行。而家庭主要承担情感功能以及建立在情感基础之上的生殖功能，成了抚慰心灵的港湾以及"无情世界的天堂"。概括地说，学校是家庭这个原始社群与社会上各种继发群体和正规群体之间的一

---

① Parsons, T., "The School Class as a Social System", *Harward Educational Review*, Vol. 29, Fall 1959, pp. 199－218.

② 曲恒昌、曾晓东：《西方教育经济学研究》，北京师范大学出版社 2000 年版，第 274—275 页。

个中介性社会化机构，孩子们通过学校各种正规机构和程序的作用，内化了社会上各种正规组织所需要的参与意识与参与能力。

（三）英克莱斯：学校教育就是促进学生现代化的过程

随着科学技术的进步和社会生活日益现代化，20世纪60年代后期的研究者认为，学校的主要功能是使学生现代化。英克莱斯就是这种观点的代表，他指出，学校不仅仅是进行教学的地方，它也是对孩子进行一般性社会化的场所，除学术科目的正规教育外，学校也通过一系列的程序使学生现代化。这种现代化主要是现代企业高效率运作时对雇员必备素质的要求，包括对职业的激情、对外部世界的信赖和信心、高效率等。教育的过程就是培养青少年进入高度等级化、现代化和世俗化的社会和组织的过程。

综上所述，杜尔克姆、帕森斯和英克莱斯的观点虽各有侧重点，但是他们都强调了学校的社会化功能。这种社会化是人类社会化在发展过程中的社会遗传，是社会正常运转所必须遵循的基本准则。教育起初的作用就是传递携带社会公认价值的文化，使人们在公认准则范围内行事，以维持社会的和谐运转。随着生产力的不断发展，社会内容也不断丰富，社会规则也在不断变化，此时，教育才逐渐增加了职业训练的内容。但是，这种改变依然没有脱离其社会化的功能，只是社会化的内容在不断丰富而已。三者所强调的社会化的内容是：学校传递给下一代一套普遍的行为规范和价值取向；就社会化的方法而言，学校和课堂的结构、程序及规则都自觉地共同地规范着下一代，使他们必须遵从进而内化特定的行为规范；社会化的目的是创造社会继续存在的条件，维持社会体系的稳定与平衡。

二　新马克思主义学派关于社会化的主张

新马克思主义学派把教育制度的社会化作用与阶级关系和生产关系的再生产过程联系起来，创立了"再生产论"。首先将教育社会化作用引入再生产过程的是法国马克思主义的代表人物路易斯·阿尔都塞（Louis Althusser，1918—1990），最后经过美国社会学家鲍尔斯（S. Bowles）和金梯斯（H. Gintis）的发展而完善。

（一）阿尔都塞：教育通过传播国家意识形态为生产关系再生产
创造条件

阿尔都塞在《列宁与哲学》一书中指出，再生产包括生产力再生
产和生产关系再生产两个过程，教育在这两个生产过程中担当着重要
角色。就生产力再生产而言，学校已为资本主义制度创造了它所需要
的生产力再生产的两个基本条件——技能与态度。学生在学校学习
读、写、算，掌握了一些技巧及科学文化知识，具备了在不同生产岗
位任职时所需要的技能，学生们在学校学习到了行为规范、道德规
范、公民性及专业良知。这就是学生应当尊重的先行社会——技术分
工的规则和统治阶级所确立的规则与秩序。就生产关系再生产而言，
主要通过"国家的镇压机器"和"国家的意识形态机器"得以实现，
而国家的意识形态机器就是指通过教育等途径传播统治阶级的意识形
态，为特定生产关系再生产创造必要的文化与意识条件。阿尔都塞认
为，教育之所以能担当起这个责任主要有三个方面的原因：第一，在
资本主义社会中，没有任何其他国家意识机器可以使全体孩子，每周
5 天或 6 天，每天 8 小时，成为其义务的"观众"或工作对象；第
二，学校学习阶段恰恰是孩子最易塑造或受到扭曲的年龄；第三，教
育机器的意识形态传递和再生产功能可以最好地被隐蔽起来，因为社
会上往往认为它是一个"中性的、不受意识形态影响的场所"。

（二）鲍尔斯和金梯斯：教育是内化统治阶级特定行为规范的手段

鲍尔斯和金梯斯从理论和实践的结合上，全面系统地论证了教育
制度在资本主义再生产过程中的功能，构建了一个较为完整的教育社
会化理论体系。以鲍尔斯和金梯斯的理论为代表的再生产理论，认为
教育的社会化功能主要是作为文化关系和生产关系再生产的手段，其
社会化内容是统治阶级的文化资本和等级制度在生产中不同层次岗位
的特定行为规范。

鲍尔斯和金梯斯认为，因为教育体系内部的社会关系与生产制度
内的生产关系之间存在一致性原则，教育在美国资本主义再生产中可
以承担四个方面的职责：

第一，学校教育生产出不同层次和类型劳动所需要的专门技能和

认知技能；

第二，通过所谓的客观与英才教育，减轻人们对等级性分工制度和不平等的个人地位形成过程的不满，促使经济不平等合法化；

第三，学校教育将培育和鼓励那些与等级分工相适应的个性特征；

第四，教育体系内部强调的等级制观念，助长了人们的分层意识，由此在经济上造成被统治阶级的分化或分裂。

鲍尔斯和金梯斯还认为，学校教育制度与生产制度的一致性并不全都停留在一个层面上。在企业内部，不同层次的职位对雇员的个性特征要求是不同的，与此相适应，不同层次和程度的教育机构将为职业等级中不同级别的职位提供不同个性的雇员，从而形成了教育制度与生产制度在多层次上的一致性。鲍尔斯和金梯斯所提出的一致性原则包括两层意思：一是儿童在家庭中内化的行为规范与他们父母在等级分工中所处职业岗位强调的行为规范相一致；二是儿童在学校中所内化的行为规范和他们未来进入等级阶梯中的职业所强调的行为规范一致。通过这种一致性，使下一代具备了社会经济发展所需的不同社会性格，从而使隔代的生产关系再生产得以实现。在此基础上，鲍尔斯和金梯斯进一步分析认为，教育使下一代性格社会化的过程是一个差异化的过程，也就是说，在资本主义条件下，通过教育结构的分轨、教育决策下移、地方分权以及教育多样化，不同阶级和不同家庭社会经济背景的学生将接受不同层次和类型的教育。教育制度在"再生产"过程中的功能主要在于为不同阶级的人培养出不同层次岗位所需的不同个性特征，从而使资本主义经济体能不断地运转下去；由于教育制度是被动的、从属的和服务于生产制度的，因而单方面的教育改革和教育扩展无法改变不平等的资本主义经济结构，当然也就无法改变人们收入不平等的现象；要想实现收入均等，只能从改变不合理的经济结构入手。

通过对西方社会化理论的简要回顾发现，它们都认同教育的社会化功能，社会化的主要内容就是传递文化、价值和规范，以使社会能继续下去。只是各派所认为的社会化的具体内涵和途径不尽相同。虽然西方社会化理论针对的是资本主义制度，但是我国现行经济体制也采用了资本主义的市场经济模式，这些理论对解释我国学校教育制度的功能具备可借鉴性。同时，我国实行的是社会主义制度，在意识形态领域有很多特殊性，用社会化理论解释社会主义制度下的教育制度时要灵活运用。另外，农村教育理论中描述的学校教育制度既具有共通性，也具有特殊性，用社会化理论解释农村寄宿制学校更要注意理论和实践的谨慎结合。

第五节　公共产品理论

寄宿制小学在普及西部民族地区初等教育，保障农村学校布局调整顺利实施过程中发挥了重要作用，举办寄宿制小学解决农村低龄留守儿童监护问题正在西部各省推广。然而，寄宿制学校本身的成本要远远高于非寄宿制学校，为了让孩子接受义务教育，西部农村家庭和留守儿童家庭要支付更多成本。西部地区农村儿童和留守儿童又恰恰是农村地区的弱势群体，寄宿制学校教育也是这些家庭的一种被动选择而不是个人偏好。由这些家庭分担寄宿制学校成本有失公允，有损教育公平。因此，确定农村寄宿制学校教育产品的属性，可以明确各方的投入责任，确保教育公平。公共产品的性质，可以解释某些产品或服务为什么必须通过公共部门来提供。公共产品理论是公共财政理论的核心内容，政府参与各种经济活动的行为都可以在公共产品理论中寻找并获得理论指导。同样，公共产品理论也可以给农村寄宿制学校教育产品的供给提供理论支持。

一　公共产品理论的内容

公共产品理论是新政治经济学的一项基本理论，也是正确处理政府与市场关系、政府职能转变、构建公共财政收支、公共服务市场化的基础理论。该理论可以追溯到英国政治学家托马斯·霍布斯（Thomas Hobbes，1588—1679），1651 年，霍布斯在《利维坦》一书中关于国家的论述，体现了公共产品思想的萌芽。霍布斯认为，公共产品的利益和效用是由个人享有，但个人本身难以提供，而只能由政府或集体来提供。① 其后，大卫·休谟（David Hume，1711—1776）发现并提出了"搭便车"的问题，试图以此说明某些事情的完成对个人来说并无多少好处，但对于集体或整个社会却极有好处，因而这类事情只能由政府参与来完成。直到保罗·萨缪尔森（Paul A. Samuelson，1915—2009）在 1954 年和 1955 年相继发表了《公共支出的纯理论》和《公共支出理论图解》两篇著名论文后，理论界对"什么是公共产品"才达成了共识。随后，乔治·恩德勒（Georges Enderle）基于经济伦理视角的补充使该理论更趋完善。

（一）萨缪尔森对公共产品的表述

萨缪尔森把公共产品定义为："将该商品的效用扩展于他人的成本为零，无法排除他人参与分享。"② 可见，非排他性和非竞争性是公共产品的特征。所谓消费的排他性，是指在技术上没有办法将拒绝付款的个人或厂商排除在公共物品或服务的受益范围之外。非排他性有三个方面的含义：一是公共产品在技术上难以排除众多的受益者；二是公共产品还具有不可拒绝性（无论愿意与否，其外溢效应都是存在的）；三是虽然在技术上可以实现排他性，但是排他的成本极高。所谓消费的非竞争性，指一个人的消费不会减少其他人的消费数量，或许多人可以同时消费同一种物品。非竞争性包含两个方面的含义：一是边际生产成本为零，消费者的增加并不需要追加任何生产成本；二是边际拥挤成本为零，每个消费者的消费都不影响其他消费者的消费数量和质量，公共产品不但能够共同消费，也不存在消费中的拥挤现象。③ 这两个特征基本上都是从公共产品具有的经济技术特点的角度来界定社会公共产品，已经成为人们判断什么是公共产品的主要标准。此外，萨缪尔森还用数学公式对纯粹私人物品和纯公共物品加以

---

① ［英］托马斯·霍布斯：《利维坦》，黎思复、黎廷弼译，商务印书馆 1985 年版，第 132 页。

② ［美］保罗·A. 萨缪尔森、威廉·D. 诺德豪斯：《经济学》，萧琛主译，人民邮电出版社 2004 年版，第 29 页。

③ 郑文范：《公共经济学》，东北大学出版社 2002 年版，第 33 页。

严格区分。纯公共物品，可以用公式 $X = X_i$ 表示，即对于任何一个消费者来说，他人所消费的公共物品数量（X_i）实际上是该公共物品的总体数量（X）。纯私人物品，可以用公式 $X = \sum X_i$ 表示，即某一商品总量（X）等于每一个消费者所拥有或消费的该商品数量（X_i）的总和。萨缪尔森关于公共物品的完整定义实际上包括三个特点，即就技术而言，公共物品具有效用的不可分割性、受益的非排他性和消费的非竞争性。

（二）乔治·恩德勒基于经济伦理视角的观点

任何理论的提出都有着深刻的社会背景，因此，其解释现实的力度也会受到历史的局限。萨缪尔森的公共产品理论是 20 世纪中叶凯恩斯主义时代的产物，以萨缪尔森为首的"新古典综合派"为了维护凯恩斯的国家干预主义理论，认为在市场经济条件下，没有政府的介入，至少公共产品的供给就会不足。在萨缪尔森的理论体系中，非排他性和非竞争性主要是就技术而言的，并没有任何的思想意识、伦理、阶级立场等主观认识上的不同。时代突飞猛进，在萨缪尔森时代许多"在技术上难以排除众多的受益人"的公共产品，实际上已经——或从科技发展的趋势上可预见到能够从技术手段上以较低的成本来实现消费的排他性和竞争性。公共产品本质上是满足社会共同需要的产物，其决定性因素是基于一定价值判断之后的社会共同需要，社会公平性构成了目前条件下社会共同需要的核心。[①] 美国经济伦理学家乔治·恩德勒从经济伦理的角度提出定义公共物品的两条原则：第一，非排斥原则。与私人物品相比较，对受公共物品影响的和受个人或集团权力限定的"消费"不排斥其他人的消费。可以从三个方面去理解：一是出于技术原因，物品的性质不允许排斥其他人消费；二是出于效率的原因，通过价格负担的排斥会使物品变得不恰当的昂贵，排他成本极高；三是出于法律或伦理的原因，其他人不应当被排斥在外。第二，非敌对原则。它假定与其他消费者的关系（即不止一

---

① 秦颖：《论公共产品的本质——兼论公共产品理论的局限性》，《经济学家》2006 年第 3 期。

个消费者对这物品感兴趣）缺乏敌对性或竞争性。乔治·恩德勒的阐述使人们能够更加全面、清晰和深刻地从技术、效率、伦理等原因来分析公共产品的内涵与外延，有助于更好地理解公共产品和公共经济。恩德勒最重要的贡献在于指出非排他性产生的原因包含了法律上和伦理上的因素，以及非竞争性也可能是因为与其他消费者缺乏敌对性。① 社会公众的共同需要决定了最初的公共产品的出现，从本质上公共产品是满足社会共同需要的产物。基于此可以得出三个结论：

第一，就非排他性而言，因为人们主观上首先不想排他，所以在公共产品的提供和设计上才避开了排他这一原则。

第二，就非竞争性而言，因为政府大量地提供，使很多公共产品存量规模巨大，所以增加一名消费者其边际成本增加才显得很小甚至可以忽略不计。

第三，从与"市场失灵"理论的关系上来看，这里有一个价值判断问题：如果人们的价值判断或道德体系认为市场失灵所造成的结果是合理的、有效率的、正当公平的，那么就没有必要以公共产品的方式来弥补这种失灵，正是人们"认识到"市场失灵将带来一系列严重的后果，进而决定提供公共产品以弥补市场失灵现象。

（三）公共产品的判别及供给

基于公共产品"效用的不可分割性、受益的非排他性、消费的非竞争性"可以对社会产品属性做出判定，据此便可确定产品的供给主体。

1. 公共物品的判别及分类

要判断某种物品或服务是否为公共产品，首先看该产品在消费中是否具有竞争性，如果有竞争性，那么该物品或服务肯定不是纯公共产品。进一步分析，若该物品具有非排他性，则可能是某种需要限制的公共资源。如果某种物品或服务既具有非竞争性，又具有非排他性，则该物品必然是公共产品。如果深入分析排他性可以发现，从技

---

① ［美］乔治·恩德勒：《面向行动的经济伦理学》，高国希、吴新文等译，上海社会科学院出版社 2002 年版，第 85 页。

术角度存在两种情况：一种情况是技术上可以实现排他，但是排他成本和代价很高，则该物品仍然可以视作公共产品；另一种情况是虽然可以从技术上实现排他，但是由于法律或伦理的原因不能排他，这类服务或产品仍然属于公共产品，如义务教育等服务产品。

根据物品与公共产品特征符合程度的不同，可以分为以下两种类型，即纯公共产品和准公共产品。纯公共产品同时具有非排他性和非竞争性，如国防、外交、公共安全、罪犯改造、法律法规、宏观经济政策与信息、货币发行、环境保护与生态平衡、传染病防治、消防服务、基础科学研究、意识形态传播等。准公共物品是具有非排他性与竞争性或者具有排他性与非竞争性的产品，道路就是一个典型的准公共物品，道路一旦铺就，在没有达到设计通行能力之前，增加通行车辆数量并不影响车速和安全，增加车辆通行的边际成本为零，此时道路的消费没有竞争性和排他性；但是，一旦通行量达到设计指标，增加通行车辆就会形成社会成本，此时道路消费就具有了竞争性，设卡收费以限制车流量就是可行和经济的选择，类似的产品还有能源、通信、城市公共服务、广播、电视、非义务教育、社会保障、产品质量认证和地质勘探等。

2. 公共产品的供给

显然，由于公共物品具有非排他性和非竞争性，市场机制不能导致这些物品或服务的供给和需求达到有效率的水平。公共物品的非竞争性消费，意味着增加一个消费者的边际成本为零，根据价格等于边际成本的资源有效利用原则，对这一物品实行收费是不合理的。然而，新增消费者边际成本为零并不代表该项产品的提供不需要成本，如果由市场提供公共产品，厂商必然收取费用以补偿初期成本。另外，在具有消费竞争性且排他不可行的情况下，消费者会"搭便车"，这样，由市场提供公共物品将引致效率损失，从而导致公共物品供给不足。在公共物品领域，实行市场资源配置是失灵的，然而公共物品与私人物品一样在人们生活中必不可少，因此，市场经济条件下，公共产品的供给有以下四个特点：

第一，政府是公共产品的供给主体。一般而言，政府是公共产品的最大投资人。政府部门提供公共产品的方式一般是通过税收、财政预算的途径筹集资金，然后投入公共部门形成供给能力。

第二，公共产品供给的规模性。公共产品或服务由大众需求和消费，任何一个公共部门都不会为单个消费者提供特殊服务。因而公共产品是一种规模供给，没有规模就不能形成公共经济，也就没有公共经济效益。公共产品的规模供给决定了资本投入的规模性，一般单个资本进入公共经济领域会显得无能为力，所以，政府在公共产品领域作为不仅是义务，而且具有无可比拟的优势。

第三，公共产品供给的无差异性。政府经济行为一般以大多数人利益为价值取向，公共部门大规模、标准化地生产公共产品，很难考虑消费者的个性特点。所以，公共物品基本上都是单一结构，一种产品或服务只有一种比较固定的消费模式。公共部门不会考虑消费者对同一公共产品不同的消费要求，只能实行无差异供给。

第四，公共产品供给的非均衡性。按照法国经济学家莱昂·瓦尔拉斯（Leon Walras，1834—1910）的完全竞争条件下的一般均衡理论，价格具有完全弹性，价格调节具有完全有效性，通过价格机制的作用，市场可以实现供求均衡。但是，公共物品的价格只能调节需求，不能调节供给，也就是说，公共产品的供给不能满足价值规律的基本要求。因此，对于公共产品而言，供求均衡点几乎难以找到，公共物品的供给均衡是一种偶然，而不均衡则是一种必然。[①]

二　农村寄宿制学校教育的公共产品属性

农村寄宿制学校教育从属于义务教育，农村义务教育的公共产品属性决定了寄宿制教育的公共产品属性。

（一）义务教育的制度性公共产品属性

任何事物的属性可以分为自然属性和社会属性，自然属性与生俱来，不因时空变化而变化，如教育具有商品性就属于自然属性；不同的社会制度安排，使教育具有阶级性，这又属于社会属性。任何产品作为公共产品提供，并不是产品的自然属性决定的，公共产品实际上

---

① 黎民：《公共管理学》，高等教育出版社 2009 年版，第 277—278 页。

是一种制度安排，人们通过特定历史条件下对该产品的限制，决定了它的私人产品或公共产品属性。[①] 作为一种制度安排，义务教育具有很强的公共产品特征。

1. 义务教育具有效用的不可分割性

作为一种以法律形式规定的制度安排，义务教育是向整个社会提供的，全社会成员有平等权利享用其效用，不能按照"谁付款、谁受益"的原则排他。义务教育具有提升国民素质、增强综合国力、弘扬本民族文化、传播人类科技和文化基础知识、提高大众的民主意识等作用，其外溢效应被全社会成员共同、平等地享用，而不能将其分割后分别为某些集团或个人拥有。尽管目前我国义务教育实行"省级统筹，以县为主"的管理体制，但是，接受义务教育的学生一部分通过升学考试进入高一级学校，其就业范围涵盖全国，义务教育阶段积累的人力资本也会在全国范围内发生作用；还有一部分学生接受义务教育之后直接进入就业市场，也可以在全国范围内流动。因此，接受义务教育以后，学生综合素质的提高对整个国家的进步具有不可估量的作用。从这种意义上说，义务教育是全国的义务教育，是一个不可分割的整体。

2. 义务教育具有消费的非排他性

就教育服务产品本身而言，可以从技术上实现排他，无论是幼儿教育、初等教育还是中等教育皆是如此。义务教育之所以成为公共产品，是人们主观上设计的结果，也是社会发展到一定阶段人们的共同需要。纵观世界各国推行义务教育的历史，可以清晰地看到，是人们的共同需要促使国家以法律的形式规定了人们接受义务教育的权利和义务。

欧美各国义务教育发展的历史表明：人们的共同需要催生了义务教育，义务教育法令规定了义务教育的非排他性。欧美国家义务教育的产生缘于三种社会需要：第一，宗教改革的需要。德国是最早提出

---

① 顾笑然：《教育产品属性发凡——基于公共产品理论的批判与思考》，《中国成人教育》2007 年第 24 期。

实行义务教育的国家，其直接原因是新教同天主教争夺教育权的斗争，教育成为宣传新教反对天主教的工具，这最终促使欧洲教育出现世俗化、地方化的倾向，形成了国民教育制度。第二，政治的需要。世界各国为了国家的统一，认识到了教育在统一人们意志中的重要作用，先后颁布了义务教育法令。第三，经济发展的需要。工业革命以后，各国对工人的素质要求不断提高，而提高工人素质的主要途径就是发展学校教育。19世纪70年代后，各主要资本主义国家相继推行了初等义务教育。

我国义务教育发展的历史也证明了义务教育的排他性来源于制度安排。我国古代社会没有近代大工业生产，没有产生近代性质的国家政治生活，这一时期人们也没有享受平等教育的需要，中国义务教育的推行是西学东渐的结果。从"义务教育""强迫教育"在官方文件中出现到南京政府倒台，大约40年时间，其间改朝换代、战乱不止，义务教育推行也是时断时续，之所以没有成为国家提供的公共产品，是因为此时的教育不是人们的共同需要。新中国成立以后，为了经济发展和民主政治推进的需要，政府在各个不同时期相继推行不同程度的义务教育，首先是初等义务教育，而后普及了九年义务教育。1986年《中华人民共和国义务教育法》出台，以法律的形式表达了人们的共同需要。在义务教育法颁布后的近20年间，由于经济原因，还有很大一部分适龄儿童被排斥在学校之外。因为从缴费上学到免费上学有一个历史过程，国家的经济实力难以支撑所有儿童免费接受义务教育，实际上，义务教育此时仍具有价格排他性。直到2006年义务教育经费保障机制实施，义务教育才基本具备非排他性特征。由此可见，我国义务教育的非排他性实质是一种制度安排。

综上所述，义务教育的非排他性符合乔治·恩德勒提出的"出于法律或伦理的原因，其他人不应当被排斥在外"的原则。义务教育的非排他性是一个历史发展的过程，教育本身是具有排他性的，只有教育成为社会共同需要之后，国家才通过法律的形式规定其强制性和国民性，这种法律规定使义务教育具备了非排他性的特征。从这个意义上说，义务教育符合公共产品的"非排他性"特征。

3. 义务教育具有非竞争性

如前所述，义务教育作为一种教育形式，本身是具有竞争性的。义务教育学校数量在一定范围内可以满足适龄儿童入学的需求，但是，随着学生数量的不断增加，现有学校的接纳能力有限，就会出现拥挤的现象。此时，新增学生就会影响学校教学质量，从而影响了其他人接受教育的质量。由于义务教育的重要性，人们通过制度设计，确保其公共产品的特性。《义务教育法》第二条规定："实施义务教育，不收学费、杂费；国家建立义务教育经费保障机制，保证义务教育制度实施。"正是因为政府大量地提供，使得义务教育产品存量规模巨大，所以增加一名消费者其边际成本增加才会很小甚至可以忽略不计。

义务教育具备非竞争性也有一个历史发展的过程。新中国成立之初，我国初等教育入学并无条件限制，学生只要愿意上学，各级政府都会最大限度予以保证，因此，此时的小学教育具有非竞争性。但是，小学毕业生进入初中必须经过升学考试，因为初中规模不大，难以接纳所有适龄儿童就学，一部分人的教育消费就会使另一部分人失去机会，因而初中教育具有竞争性。1986 年《义务教育法》的颁布实施，使得九年义务教育成了权利和义务，国家也最大限度地创造条件以保证所有适龄儿童入学，2006 年新修订的《义务教育法》将义务教育经费保障新机制写进法律，免费教育为适龄儿童接受九年教育提供了坚实的物质基础，此时九年义务教育才真正具有了非竞争性。

总之，尽管义务教育作为一种教育形式本身并不具备非排他性和非竞争性的特征，但作为一种制度安排，国家通过法律的形式使其具备了非排他性和非竞争性，符合了公共产品的共同特征，是一种纯公共产品。基于此，义务教育公共产品的供给主体必然是政府。

（二）农村寄宿制学校教育的公共产品属性

农村寄宿制学校教育是国家提供义务教育的一种特殊形式，其目的是解决农村孩子上学远的问题，促进农村地区更好地普及九年义务教育。保证每一个适龄儿童平等接受义务教育是国家的责任。因此，农村寄宿制学校教育是义务教育整体不可分割的部分，义务教育公共产品的属性决定其公共产品属性。具体可以从以下几个方面理解：

1. 义务教育的非排他性决定了农村寄宿制学校教育的非排他性

公民接受义务教育既是一种权利，也是一种义务，国家必须最大限度地创造条件，保证所有适龄儿童接受九年义务教育。农村地区一般地处偏远，人口稀少，居住分散，原来一村一校的格局已不复存在，集中办学已成为一种必然趋势。然而，学校集中，服务半径扩大，造成的直接结果就是学生上学远。由于我国农村地区绝大部分在山区和牧区，保留太多的教学点和实行校车系统并不现实，让学生寄宿在校是解决学生上学远难题的最佳选择。如果不实行寄宿制，很多学生就会把大量时间浪费在上学途中，从而影响教学质量，不少学生可能会因为路途遥远而辍学，所以，农村地区特别是山区农村实行寄宿制是完成义务教育的必要举措。从这个意义上说，农村寄宿制学校要保证所有有需要的儿童寄宿。我国寄宿制办学形式肇始于民族地区初等教育，国家对于民族地区学生接受义务教育投入大量的资金和政策，其目的就是保证寄宿制学校的非排他性。

前已述及，1980 年 10 月 9 日，教育部、国家民委在《关于加强民族教育工作的意见》中重新提出："特别要大力办好一批寄宿制学校，采取由国家管住、管吃、管穿的办法。对这些民族中小学，在经费上要给予必要的照顾，调配较好的教师，校舍和教学设备也要好一些。"[①] 随着形势的不断变化，原来民族地区的特殊办学形式在全国农村普遍推广，2001 年 5 月 29 日国务院颁布的《关于基础教育改革与发展的决定》中提出："在有需要又有条件的地方，可举办寄宿制学校。"这些文件表明要最大限度地满足有寄宿需要的学生到学校寄宿，并没有附加限制条件，体现了农村寄宿制学校教育的非排他性。也就是说，国家必须保证每一名有寄宿需要的学生完成义务教育。按照恩德勒的观点，就是根据《义务教育法》的规定，寄宿制学校必须满足有寄宿需要的学生就读。《国家中长期教育改革和发展规划纲要（2010—2020 年）》（以下简称《规划纲要》）提出："加快农村寄宿

---

① 金东海：《少数民族教育政策研究》，甘肃教育出版社 2002 年版，第 69 页。

制学校建设，优先满足留守儿童住宿需要。"① 这表明，今后相当长的时期，农村寄宿制学校将作为解决留守儿童问题的重要手段。农村留守儿童问题成为新时期阻碍义务教育成果巩固的主要因素之一。除了上学路途遥远的学生外，农村留守儿童是寄宿制学校教育的最大需求者，作为完成义务教育的一种特殊形式，国家必须无条件地为这些孩子创造寄宿条件，保证他们接受有质量的义务教育。

综上所述，根据《义务教育法》的规定，农村寄宿制学校不能将任何有寄宿需要的适龄儿童排斥在外。因此，法律赋予农村寄宿制教育产品以非排他性。从伦理学的角度来看，接受义务教育是公民人权的基本保证，把弱势群体排斥在义务教育之外也是一种不人道的表现。义务教育的非排他性决定了农村寄宿制学校教育的非排他性。

2. 义务教育的非竞争性决定了农村寄宿制学校教育的非竞争性

所谓寄宿制学校的非竞争性，是指每增加一个寄宿学生并不影响其他学生享受寄宿教育服务的质量，或者说这种影响是具有非敌对性的。就寄宿制学校教育本身而言，在一定的范围内，新增寄宿生的边际成本为零，拥挤成本也为零。但是，一旦超过某一限度，必然会影响服务质量。换句话说，寄宿制教育的自然属性具有竞争性。但是，寄宿制学校是实现农村义务教育的手段，国家必须根据寄宿学生情况的变化而适时调整学校规模，增加设备，保证寄宿制学校不因学生数量增加而降低教学服务质量。义务教育公共产品的属性决定了农村寄宿制学校教育的非竞争性，这种非竞争性是社会共同需要的体现，是产品的社会属性，是义务教育法的规定。随着农村中小学布局调整工作的不断推进以及农村留守儿童问题的不断凸显，农村义务教育阶段学生寄宿需求会越来越大，各级政府必将会通过各种形式满足这种需求，以确保义务教育在农村地区的真正实现。因此，农村寄宿制学校教育具有非竞争性的属性。

各级政府近年来的一系列举措也印证了农村寄宿制学校教育的非

① 《教育规划纲要》工作小组办公室：《全国教育工作会议文件汇编》，教育科学出版社 2010 年版。

竞争性特征。20 世纪 90 年代中西部农村学生因为上学远而产生了对寄宿制学校的更大需求，而这些地区经济基础薄弱，财政难以支撑寄宿制学校建设的巨大支出。因此，学生要么没有机会寄宿，要么勉为其难，在极其艰苦的条件下实行寄宿，由于超负荷接纳学生，每增加一名寄宿生都会对现有学生产生影响。为了配合西部大开发和"两基攻坚"，教育部、财政部、国家发展改革委联合实施了"西部农村寄宿制学校建设工程"，2004—2007 年四年间投资 100 亿元，新增寄宿容量 200 多万人，极大地缓解了农村学生寄宿的需求。与此同时，"工程"还对原来部分寄宿制学校进行改造，新增寄宿学生没有影响原来寄宿学生享受到的服务质量；相反，这项工程使得整个西部农村地区寄宿制学校面貌焕然一新。近年来，各级政府为了满足留守儿童寄宿的需要，不断出台新政策扩大农村中小学寄宿容量。从中央层面来看，《规划纲要》把解决农村留守儿童问题列为重大项目和改革试点，提出："改扩建劳务输出大省和特殊困难地区农村学校寄宿设施，改善农村学生特别是留守儿童寄宿条件，基本满足需要。"各地为解决留守儿童寄宿问题不断加大投入，新建扩建寄宿制学校，配备生活指导教师，在满足数量需求的同时，不断提高寄宿制学校服务水平。基于义务教育公共产品的属性，公共财政是农村寄宿制学校非竞争性的保障。

总之，作为农村完成义务教育的一种特殊形式，农村寄宿制学校教育因为制度安排而具有了非排他性和非竞争性的特征，因而也就具备了公共产品的基本属性，是一种制度性公共产品。农村寄宿制教育的这一属性是寄宿制学校人力、财力、物力投入的根本依据。

三 西部农村寄宿制小学的财政支持路径

判断一种产品或服务成本分担机制是否合理的根本依据是产品或服务的属性。明确农村寄宿制学校教育的属性，对于合理地划分成本分担主体意义重大。农村寄宿制中小学是我国农村普及义务教育的一种特殊形式，因此讨论其属性的逻辑起点应该是义务教育。义务教育的公共产品属性决定农村寄宿制学校教育的公共产品属性。以此为出发点，各级政府是举办寄宿制学校新增成本的主要承担者。在国家财力不足的情况下，可以采取从部分分担新增运行成本到全额承担的灵活实施路径。

农村寄宿制学校教育的公共产品属性决定其成本的分担主体必然是各级政府，必须把寄宿制学校建设和日常运转全额纳入公共财政的保障范围。一方面，政府是农村寄宿制学校基础建设成本的主要分担主体，要通过标准化寄宿制学校建设不断完善基础条件，要把因布局调整而形成的规模效益转化为学校建设的强大后盾，绝不能出现"挤出效应"，将节约资金挪作他用，这样就有违布局调整提高农村教育质量的本意。另一方面，针对寄宿制学校新增运行成本，要在公共产品的大前提下设计成本分担机制。实现义务教育是国家、社会、学校、家庭的共同义务，而国家、学校和家庭又是直接的利益相关者，农村寄宿制学校的运行机制正在探索之中，各方采取非货币化形式分担一部分成本的实际做法是允许的。但是必须明确，政府是农村寄宿制学校新增运行成本的承担主体，由于寄宿制学校运行机制的特殊性，其所需要的人员编制、额外管理成本必须由政府全额承担，如生活指导老师、医务人员和保卫人员等的工资必须由财政负担。在此基础上，学校教师可以根据寄宿制学校特点设计教师工作量，同时提高超课时补助，以此分担因学生在校时间增加而带来的成本；对于学生因寄宿而产生的生活成本，严格意义上的承担主体也必须是国家，否则就会使接受寄宿制学校义务教育的学生产生与非寄宿学生不同的求学成本，从而影响义务教育公平。但是，为了体现家庭履行义务教育的职责，这一部分成本在一定时期内可以由国家与家庭分担。另外，新增成本分担既体现在国家、学校和家庭之间，也反映在各级政府之间，"省级统筹，以县为主"的管理体制，使更多投入责任落到了县级政府，而采取寄宿制学校完成义务教育的地区多属于偏远落后的农村地区，县级财政能力有限，因此，省级及以上政府应承担主要的财政责任。

毋庸置疑，农村寄宿制学校教育公共产品的属性决定了其成本承担主体是各级政府。但是，责任和能力并不对等，在国家财政不足的情况下，灵活选择一条成本分担实施路径更能够解决当前的实际问题。各级政府是农村寄宿制学校成本的主要承担主体的实现有一个历史过程，这一点可以从免费义务教育目标的达成中得到启示：1986 年《义务教育法》颁布实施，直到 2006 年新修订的《义务教育法》的颁布，义务教育才真正实现免费，其间经过了 20 年。这一方面是由于国家财力不足，难以承担重负；另一方面也缘于人们对义务教育免费意义的认识不足。同样，对于农村寄宿制学校运行成本的承担也将经历一个认识过程和财力积累过程。基于此，农村寄宿制学校成本分担的路径可以灵活设计：各级政府要不断加大投入力度，加强农村标准化寄宿制学校建设，全额承担基础建设成本；对于运行成本，可以首先采取国家、学校及学生家庭分担的模式，待时机成熟后全额纳入公共财政承担范围。总之，各方分担是暂时的，公共财政全额承担农村寄宿制学校成本才是回归义务教育的本真。

第四章 西部农村寄宿制小学
功能发挥的时代诉求

改革开放以来，我国进入了一个追求效率的时代，这种发展模式在带来经济社会的空前大发展的同时，也带来了经济的非均衡发展，造成贫富悬殊，阻碍了经济社会的深度发展。教育领域在效率时代划过了同样的痕迹，教育发展在区域之间、城乡之间、群体之间以及学校之间出现严重失衡，影响了教育公平。随着经济发展方式向均衡发展转型，教育均衡发展也逐渐成为时代主题。进入21世纪以来，教育领域率先从义务教育均衡发展着手，迈进了追求公平的新时代。西部农村小学教育是全国义务教育链上的最薄弱环节，补齐这块"短板"成为实现义务教育均衡发展的重要抓手。新中国成立以来的实践证明，农村寄宿制小学在普及民族地区初等教育、保障农村学校布局调整顺利进行以及解决留守儿童问题等方面做出了重要贡献，充分发挥了寄宿制小学教育的社会功能。新的历史时期，西部农村寄宿制小学教育应该向内涵发展转型，充分挖掘个体功能，以此实现促进城乡教育均衡发展的社会功能。换句话说，西部农村寄宿制小学功能定位涉及社会功能和个体功能的抉择。

第一节 西部农村寄宿制小学的社会功能定位

西部农村寄宿制小学是社会系统的一个子系统，通过从社会经济系统获取资源以维持其各项功能的正常发挥。在获取社会资源的同时，经济系统也必然会从寄宿制小学子系统中获取支持，唯有如此，整个社会才能维持一种平衡状态。从微观层面考察，农村寄宿制小学不仅是社会的子系统，而且还是整个教育系统的子系统，同样也会与教育系统之间发生资源交换，从而维持教育系统的平衡状态。当前，社会系统中经济发展对农村剩余劳动力需求旺盛，需要寄宿制小学发挥对外出务工人员家庭留守儿童抚育缺失的补偿功能。西部农村寄宿制小学从教育大系统中获取资源维持正常运转，教育系统自身存在城乡教育差距过大的现实问题，需要寄宿制小学发挥缩小城乡教育差距，促进义务教育均衡发展的功能。因此，当前及未来，西部农村寄宿制小学需要重点发挥两大社会功能：继续保障农村剩余劳动力顺利转移与促进西部地区城乡义务教育均衡发展。

一 解除农民工后顾之忧，保障农村剩余劳力顺利转移

定位农村寄宿制小学的经济功能，可以从寄宿制小学教育对社会"应该做什么、能够做什么、做了什么、还有哪些做得不够"四个方面考察。

（一）为什么给西部农村寄宿制小学赋予直接的经济功能

依据帕森斯结构功能理论，任何社会都可以被看作是由一个或多个系统组成的，而这些系统又是由各自的子系统组成的，每个社会系统及其子系统都能够执行适应功能、实现目标功能、整合功能、潜在模式维持功能四项功能。其中，适应功能（A）是指社会系统必然与环境发生一定的联系，不断适应环境提出的要求，是社会系统与周围环境之间的互动。通过互动，社会系统获得维持自身发展的能量，即社会系统必须适应外部环境并从环境中取得可支配的资源，使自身得以发展。

农村寄宿制小学作为社会教育系统的子系统，其存在与发展必须通过社会对其一定的资源投入，包括物质资源、文化资源与动机资源等，也就是从社会环境中获得，以维持自身的生存与发展。寄宿制办学是一种高成本办学模式，对社会资源的需求更多。这种形式除了具备一般办学条件外，还要修建学生宿舍、伙房、餐厅、库房，配备炊事员、管理员、保育员、放牧员、挤奶员、卫生员等，还要解决学生的生活补贴，其用于每个学生的费用相当于东部农业区的3—4倍。

据 1991 年全国人大义务教育执法检查组调查测算，像青海省果洛藏族州这样的地区，培养 1 名寄宿制小学毕业生的费用相当于北京、上海培养 1 名硕士研究生的费用。寄宿制民族小学自身面临着规模小，成本高的困难，集中办寄宿制民族小学成为政策的选择。[①] 课题组对贵州省的研究也表明，农村寄宿制小学的办学成本是非寄宿制学校的 1.5—1.7 倍。作为社会子系统的经济系统在为农村寄宿制小学输出的同时，也带来了对学校系统为经济系统输出的要求，这种要求既包括直接满足经济系统对人才规格的不同要求和相应的意识形态，也包括通过教育活动作为经济活动的一部分而产生的直接作用。例如，学校教育以消费活动直接参与经济，影响物质资料的供需平衡；1999 年我国高等学校扩招的其中一个动因就是刺激居民将存款投入到经济领域，以缓解金融危机对我国经济的冲击。西部农村寄宿制小学的发展已经得到了社会系统特殊的资源输入，赋予其力所能及的经济责任符合系统平衡的基本要求。农村寄宿制小学提供食宿的基本能力正好能够规模解决留守儿童生活与监管缺乏的问题，解除农民的后顾之忧就是解放农村生产力。农村寄宿制小学这种外溢效应其实可以归结为直接参与了经济活动，是对社会经济系统提供资源的一种直接回应。

农村留守儿童问题本身并不是教育问题，只是由于这一群体大多正处于接受义务教育的年龄，因而与学校教育产生了千丝万缕的联系。非寄宿制小学无力监管学生放学回家后的行为，解决留守儿童的能力受限。寄宿制小学由于具备提供食宿的条件，因而具备了替代留守儿童家庭教育缺失的能力。其实，除了举办寄宿制学校解决留守儿童家庭监管缺失的问题外，还有诸如留守儿童托管中心、留守儿童之家、聘请代理妈妈等解决办法，但是，由于农村留守儿童是一个庞大的群体，这些措施成本高昂，仅能作为辅助措施，解决农村留守儿童群体中最为特殊的少部分人群，其余大部分留守儿童还得依靠学校解决。前已述及，2014 年我国西部 12 省（市、区）农村小学阶段约有

---

① 马依沙：《适当集中，扩大规模，优化布局，提高效益——对牧区寄宿制中小学教育的调查与思考》，《中国民族教育》1997 年第 1 期。

留守儿童 493.3 万人，占西部农村小学在校生总数的 44.4% 左右。如此庞大的群体既面临着生活的困难，又遭遇家庭教育缺失之殇，远远超出了第三方力量可以解决的范围，必须以政府为主体，利用公共财政之力才能应付。依据结构功能理论，农村小学作为社会的子系统，从经济领域获得了物质资源，回应经济社会需求亦属职责所系。

另外，解决农村留守儿童问题也是寄宿制小学提高自身教育教学质量的要求。农村留守儿童是个庞大的社会处境不利群体，由于家庭看护不力甚至缺乏，很多孩子实际处于一种放任自流的状态。生活条件不佳、生活习惯不良、生活没有规律等都会影响学生的身心健康，从而影响学生的学校学习状态，进而影响其品德的形成与学习成绩的提高。学生放学回家后缺乏应有的学习辅导和监督，对于学校当天所学内容得不到及时巩固，直接影响到学习效果。由于父母不在身边，学校教育与家庭教育的结合也难以实现，学校与家长处于一种信息不对称的状态，孩子可能左右敷衍，教师对学生回家后的活动几乎一无所知，家长对学生在校的表现也无从知晓。虽然，非留守儿童也可能会出现类似情况，但概率要小得多。因此，发挥农村小学的最大潜能，利用一切可资利用的形式，解决留守儿童的问题，也是保证学校自身教育教学质量提升的重要措施。

（二）赋予农村寄宿制小学直接经济功能的实践佐证

早在"大跃进"时期，我国就有利用农村寄宿制小学解放妇女劳动力的先例。1958 年，湖南省洞庭围人民公社乘公社化的东风，大力举办寄宿制幼儿园以解放妇女劳动力。全社共办了 45 所寄宿制幼儿园，239 所托儿所，入园入所的儿童 3500 人，约占应受托儿童的 80%。全乡有 2984 名妇女从子女拖累家务琐事中解放出来。"双抢"时全社妇女最高出工人数由 4823 人提高到 6550 人。妇女参加劳动的热情空前高涨，一致认为寄宿制是最好的托儿形式。① 四川省南川县也创办幼儿园 714 个，托儿所 2034 个，共收托婴幼儿 50679 人，幼

① 湘阴县妇联、教育科：《走全托制的道路　洞庭围人民公社幼儿教育办得好》，《湖南教育》1958 年第 13 期。

儿园大都采取了寄宿制办学形式，解放妇女劳动力 41258 人。① 1959年，安徽省芜湖市鸠江人民公社渔业大队在党的领导下创办了一所寄宿制渔民小学，开办后短短三个月时间里，就有学生两个班共 76 人全部寄宿在校，同吃、同住、同劳动、同学习、同活动。寄宿制上学既解决了渔民子弟无法上岸学习的困难，又彻底解放妇女劳动力，推动了生产。孩子们在学校寄宿，老人充当保育员无微不至地照顾饮食起居，也是节约劳动力的一种表现。② 河北省徐水县徐水人民公社针对全面大跃进和劳动力匮乏的现状，也曾大力举办过寄宿制幼儿园，把妇女劳动力全部由家务劳动中解放出来，实现家务劳动集体化社会化。幼儿园收 3—7 岁的孩子，全部实行寄宿制。绝大部分孩子是每周回家一次，吃饭、穿衣和住宿都由社内包干。学生每三个月在卫生所检查一次身体，有病上医院。全部生活不用母亲管，妇女的劳动强度降低了，黑夜也不用管孩子，小孩子在幼儿园吃得好，穿得整齐、干净，又学了很多知识，妈妈们都特别满意。③

　　从 1985 年中共中央 1 号文件鼓励农民进城创收以来，数以亿计的农民抛家舍子，进城务工，推动了中国经济持续、快速发展。但是，由于诸多配套措施不完善，农民进城务工存在很多后顾之忧，子女随迁还是留守成为农民的两难选择便是"后顾"之一。迫于子女随迁成本太高的压力，大多数外出农民工选择让子女留守农村，采取隔代抚养或托管等方式安置留守子女，留守儿童生活、学习处境不利现象逐步凸显，使农民外出务工难以安心。农村留守儿童问题从个别家庭的特殊困难一步步演变成了普遍的社会问题，阻碍了农村剩余劳动力的顺利转移，危及我国经济发展。农民工是我国改革开放和工业化、城镇化进程中涌现的一支新型劳动大军，已成为我国产业工人的

---

　　①　南川县妇联：《南川县保教事业发展、巩固和提高的经验》，《人民教育》1960 年第5 期。

　　②　芜湖市教育局：《共产党领导好，渔民也能办学校——一所渔民子弟小学的创办经过》，《安徽教育》1959 年第 3 期。

　　③　祝士媛：《徐水人民公社幼儿园考察报告》，《北京师大学报》（社会科学版）1959年第 1 期。

重要组成部分,对我国现代化建设做出了重大贡献。农民工工作直接
关系农村经济发展和农民增收,关系经济社会发展全局,必须予以高
度重视。2006 年 3 月 27 日,国务院发布的《关于解决农民工问题的
若干意见》指出:"农民工是我国改革开放和工业化、城镇化进程中
涌现的一支新型劳动大军。他们长期在城市就业,已经成为产业工人
的重要组成部分。要切实为农民工提供相关的公共服务,保障农民工
子女平等接受义务教育。劳务输出地政府要解决好农民工托留在农村
子女的教育问题。"这一政策文件直接表明了农村留守儿童与经济发
展之间的关系,明确提出了劳务输出地政府要解决留守儿童教育问题
的任务。2014 年 9 月 30 日,国务院公布的《关于进一步做好为农民
工服务工作的意见》(国发〔2014〕40 号)提出:"农村富余劳动力
逐步转变为二三产业工人、转变为城镇市民,是世界各国工业化、城
镇化、农业现代化发展进程中的客观规律。2013 年农民工总量达
2.69 亿人,其中外出就业农民工 1.66 亿人。但目前农民工就业稳定
性不强,享受基本公共服务项目少。"《意见》进一步提出:"在伴随
工业化、城镇化、农业现代化而出现的农业人口大转移潮流中,既涌
现出千百万'弄潮儿',也有部分群体承受着发展的代价,尤其是因
青壮年农民工进城就业但将孩子、妻子、父母留守在农村从而出现的
'三留守'群体。很多留守儿童面临着学业失教、生活失助、情感失
落、心理失衡、安全失保等问题。要继续实施学前教育行动计划,加
快发展农村学前教育,着力解决留守儿童入园需求。全面改善贫困地
区薄弱学校基本办学条件,加快农村寄宿制学校建设,优先满足留守
儿童寄宿需求,落实农村义务教育阶段家庭经济困难寄宿生生活补助
政策。"这是继国发〔2006〕5 号文件实施以来,国务院印发的第二
个全面系统地指导做好农民工工作,旨在解除农民工后顾之忧的综合
性文件。这一政策从国家经济发展的高度赋予了农村寄宿制学校解决
留守儿童问题的功能,涵盖了学前教育和义务教育阶段的所有农村留
守儿童。2016 年 2 月 4 日,国务院发布的《关于加强农村留守儿童关
爱保护工作的意见》(国发〔2016〕13 号)提出:"加大教育部门和
学校对农村留守儿童关爱保护力度。寄宿制学校要完善教职工值班制

度，落实学生宿舍安全管理责任，丰富校园文化生活，引导寄宿学生积极参与体育、艺术、社会实践等活动，增强学校教育吸引力。"这是专门对寄宿制学校提出的具体要求，旨在增强寄宿制学校吸引力，鼓励寄宿制学校承担更多的留守儿童关爱责任。《意见》还提出："加强农村寄宿制学校建设，促进寄宿制学校合理分布，满足农村留守儿童入学需求。"这一条是在强化农村留守儿童关爱保护工作保障措施中作为"加强关爱能力建设"提出的，体现了国家层面赋予农村寄宿制学校对留守儿童的责任，也是承认农村寄宿制学校具备更强的关爱能力的表述。如果说国发〔2014〕40号文件和国发〔2006〕5号文件阐明了教育行政部门和寄宿制学校解决留守儿童问题的社会责任，那么国发〔2016〕13号就是进一步回答了寄宿制学校怎么关爱的问题，是对寄宿制学校解决留守儿童问题、保障劳动力顺利转移的作用机制的进一步明晰。

西部地区资源贫乏，经济发展相对滞后，农民通过土地增收的能力受限，外出务工是绝大多数省份农民创收的第一选择。西部大部分省份历来都是劳务输出大省，农村留守儿童比例较大，而且还呈逐年上升趋势。2010年，西部地区农村小学招收留守儿童83.8万人，比2009年增长了1.13%，在校学生中留守儿童总数为537.6万人，占西部农村在校小学生总数的20.2%，占全国农村留守小学生的36.8%。2011年，在校学生中留守儿童数量为500.3万人，占全国农村留守小学生的34.8%；占西部农村在校小学生总数的20.6%，比例略有上升。2013年，西部地区小学留守儿童在校生数为498.1万人，占全国农村留守小学生的34.6%；占西部农村小学在校生总数的比例达到22.8%，比2011年上升了两个百分点。2014年，整个农村小学在校生中留守儿童数量1409.53万人，根据2010—2013年数据判断，西部农村留守小学生的数量大约占35%，可以推算出2014年西部农村小学生中留守儿童约为493.3万人，2014年西部农村共有小学生1110.1万人，由此得到西部农村留守小学生占在校生总数的比例约为44.4%，较2013年上升了近10个百分点。农村义务教育阶段小学留守儿童分布呈非均衡状态，西部也表现出同样特征。以2013

年为例，全国农村小学留守儿童占农村小学在校生的比例为21.9%，西部地区为22.8%，东部地区只有11.9%。西部地区农村小学留守儿童比例高于全国平均水平，远远高于东部地区。由于中部地区安徽、江西、湖南、湖北和河南系劳务输出大省，人口基数大，因此中部地区农村小学留守儿童比例最高，达到了29.91%。西部地区的西藏、宁夏、青海和新疆等，由于受传统文化等因素影响，留守儿童比例特别低。2013年全国31个省（市、区）农村小学留守儿童情况见图4-1。留守儿童占比最高的省份除中部地区5个省外，西部地区有7个省超过了15%。西部地区除了农村留守小学生比例较高的特点外，还因为山高路险、沟壑纵横、交通不畅等原因，使留守儿童面临更多困难。

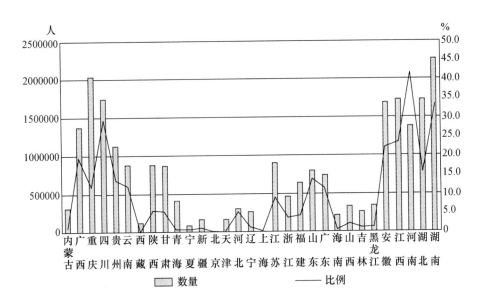

图4-1 2013年全国31省（市、区）农村留守小学生数及比例情况

2011年11月18日，广西壮族自治区政府出台的《关于进一步加强农村留守儿童关爱保护工作的意见》（桂政发〔2011〕55号）提出："农村留守儿童是我国经济社会转型期出现并长期存在的社会群体，是最需要全社会关注的特殊儿童群体之一，农村留守儿童关爱保

护问题也是推进城镇化过程中亟待破解的难题。实施农村寄宿制学校建设工程，优先满足农村留守儿童寄宿需要。"国发〔2014〕40 号文件出台之后，西部各省纷纷响应。2015 年 4 月 10 日，四川省人民政府出台的《关于进一步做好为农民工服务工作的实施意见》（川府发〔2015〕21 号）规定："科学规划建设农村寄宿制学校，优先满足留守儿童寄宿需求，落实农村义务教育阶段家庭经济困难寄宿生生活补助政策。"2015 年 4 月 27 日和 6 月 18 日，云南和甘肃两省政府分别发布的《关于进一步做好为农民工服务工作的实施意见》提出："加快农村寄宿制学校和幼儿园建设，优先满足留守儿童入托和寄宿需求，落实农村义务教育阶段家庭经济困难寄宿生生活补助政策。实施农村义务教育学生营养改善计划，开展心理关怀活动。"2015 年 7 月 10 日，陕西省人民政府发布的《关于做好为农民工服务工作的实施意见》（陕政发〔2015〕29 号）提出："加快建设农村寄宿制学校和幼儿园，优先满足留守儿童寄宿和入园需求，落实农村义务教育阶段家庭经济困难寄宿生及学前一年教育阶段家庭经济困难幼儿生活费补助政策。"各地文件虽然侧重点不同，但都将寄宿制学校建设作为关爱留守儿童的具体措施。有的甚至对学前留守儿童寄宿也做了安排。2016 年 7 月 5 日，重庆市人民政府发布的《关于加强农村留守儿童关爱保护工作的实施意见》（渝府发〔2016〕27 号）提出："中小学校、幼儿园是农村留守儿童关爱保护的主阵地。加强农村幼儿园、寄宿制学校建设和薄弱学校改造，完善农村留守儿童服务功能，满足农村留守儿童入学入园需求。"其中，要求寄宿制学校完善留守儿童服务功能，进一步明确了农村寄宿制学校关爱留守儿童的作用机制。

　　总之，农村留守儿童问题是我国经济发展转型期出现的一个普遍的社会问题，中央政府及地方政府都已经充分认识到这一问题的严重性，站在保障农村剩余劳动力转移和维护社会稳定的高度出台相关政策。梳理近年来中央及地方政府的政策走向，不难看出，各地都把建设寄宿制学校解决留守儿童问题作为主要措施。同时，中央政府及西部各省（市、区）政府都将关爱的重点指向低龄留守儿童。因此，西部几个劳务输出大省，如四川、重庆、云南、广西、甘肃等都提出了建设公立幼儿园的意见，有的甚至还提及了幼儿园寄宿的方案。

二 解决小学生上学之难，促进西部义务教育均衡发展

义务教育均衡发展的"短板"在农村，西部农村义务教育又是全国义务教育的"瓶颈"，西部农村小学教育具有更强的特殊性，因而成为我国农村义务教育发展的最薄弱环节。目前，西部农村小学生面临的最大问题仍然是"上学难"。造成上学困难的主要原因之一就是乡村学校布局分散，学生上学路程太远。因此，突破小学生上学远的困境就是促进补齐义务教育"短板"的着力点。西部地区实践证明，集中举办寄宿制小学可以解决学生上学远的问题，从而达成提高乡村小学教育教学质量、促进义务教育均衡发展的目标。

（一）西部农村小学生上学难，难在路程远

西部地区多处在山区和牧区，地理条件复杂，又是少数民族聚居之地，文化背景复杂。西部国土面积约 687 万平方公里，占全国总面积的 71.5% 左右，2014 年，西部 12 省人口仅占全国人口的 27%，人口居住极为分散，农村地区人口分布密度更小。不仅如此，西部各省经济基础普遍薄弱，农民创收能力十分有限。这样的背景对发展义务教育十分不利。近年来，农村初中基本形成了一乡一校的格局，有的县甚至将初中集中到了县城，农村初中格局在未来一段时间内将基本维持。西部地区义务教育阶段的"瓶颈"在农村小学，这一点与全国农村一样，只不过西部地区情况更为特殊。基于以上对其地理条件、经济基础和文化背景的分析，西部农村小学生上学之难主要表现在四个方面：一是不想上学；二是上不起学；三是上学远；四是上学险。新中国成立初期至 20 世纪 90 年代，家庭及儿童"不想上学"多受到民族文化的影响；"上不起学"一方面是因为没钱，另一方面是因为机会成本太高，很多家庭还指望着孩子帮着做家务；"上学远"与"上学险"源自地理条件恶劣。改革开放以来，西部地区经济发展较快，西部大开发战略有力地推进了经济发展进程。20 世纪 90 年代以后，随着各民族之间的频繁交往，西部地区人民开始走出大山，观念发生了改变，"不想读书"的问题没有了民族文化阻碍，基本得以解决。如果仍有部分儿童不想入学，其原因与全国其他地方并无二致。

"上不起学"的问题从新中国成立之初就受到国家关注，对西藏、新疆等地实行的学生上学"三包"政策曾经效果显著。发展到现在，如果还有因为家庭经济困难而不上学的学生，与全国其他地方也无多大差异；但是，小学生上学负担加重的问题凸显，实际上是"上不起学"矛盾在新时代的转型，其原因主要是因为很多小学生已经无法实现"就近入学"。"上学险"主要是因为交通不畅，山路难行，甚至有遭遇野兽毒虫之类危险，新中国成立至今，西部地区通村公路大为改观，大多数地方可以说"无险可言"。但是，西部地区农村小学生"上学远"的问题似乎愈演愈烈，成为当下西部农村小学生上学难的最主要原因。

（二）生源危机是西部农村小学生上学远的根源

西部地理条件决定了上学路途艰险的问题，由于近年乡村交通条件的改善有所缓解。然而，由于人口锐减、居住分散以及撤点并校造成的学校服务半径过大的局面已经形成，学生上学远的矛盾更加突出。西部农村寄宿制小学发展壮大的根本原因是生源危机。乡村小学生源危机主要表现在生源数量、生源分布和生源稳定程度三个方面。生育率下降和向城性单向迁移使乡村小学生数量持续减少，引致乡村小学适龄人口分布日渐稀疏，分布密度逐年减小，再加上农民工外出务工行为的不确定性导致的学生数量不稳定进一步加剧了生源危机。

1. 西部农村小学适龄儿童数量持续减少

农村小学适龄儿童数量减少主要缘于出生人口逐年下降引致的自然减员和农村人口向城性流动数量的逐年增加。农村小学适龄儿童向城性流动又主要受城镇化、农民工子女随迁和农村家庭择校行为等因素影响。在城乡教育一体化发展的背景下，西部农村小学生数量还将持续减少。2000—2014 年，西部农村小学在校生总数从 2883.89 万人降至 1110.06 万人，减少了 61.51%。

尽管我国绝大部分地区在 2016 年全面放开了二孩政策，但是这一政策早已在农村地区推行，未来只会影响到城市人口，对农村不会有太大冲击。伴随着农民进城壁垒的拆除，进城务工人员随迁子女数量短期内还将继续增加。教育事业发展统计公报数据显示，2009 年至

2014 年，进城务工人员随迁小学生数量从 750.8 万人增加到 955.6 万人。进城务工人员随迁子女实际包括农村户籍（农民工随迁子女）和城市户籍两类，根据 2010 年第六次人口普查结果推算，农村户籍迁移人口约占整个进城务工人员的比例为 74% 左右，据此剥离出 2014 年农民工随迁小学生人数大约为 707.1 万人。① 2009—2014 年，农民工随迁小学生数占乡村小学适龄儿童的比例从 8.9% 上升到 18.8%（见表 4-1）。西部劳务输出大省农民工随迁比例更高，以贵州省为例，2010 年六普统计数据显示，乡村 6—11 岁小学适龄人口总数为 26.3 万人，户口迁移到外乡镇的就有 6.4 万人，占比达到 24.4%。

表 4-1   2009—2014 年农民工随迁子女小学生占比情况统计

年份	乡村小学适龄儿童总数（万人）	乡村小学就读学生数（万人）	农民工随迁小学生数（万人）	随迁小学生占乡村适龄儿童比例（%）
2009	6211.1	5655.5	555.6	8.9
2010	5989.8	5350.2	639.6	10.7
2011	4755.4	4065.2	690.2	14.5
2012	4418.8	3652.5	766.3	17.3
2013	3906.0	3217.1	688.9	17.6
2014	3757.0	3049.9	707.1	18.8

注：表中数据来源于《中国农村统计年鉴》和《全国教育事业发展统计公报》，乡村小学适龄儿童总数 = 乡村小学就读学生数 + 随迁小学生数。

另外，政策导向刺激西部农村小学生源向城性流动。2014 年 6 月，国家发改委出台的《国家新型城镇化规划（2014—2020 年）》提出："保障随迁子女平等享有受教育权利，将农民工随迁子女义务教育纳入各级政府教育发展规划和财政保障范畴，保障农民工随迁子女以公办学校为主接受义务教育。对未能在公办学校就学的，采取政府购买服务等方式，保障农民工随迁子女在普惠性民办学校接受义务教

---

① 吴霓：《进城务工人员随迁子女在流入地参加中高考的现实困境及政策取向》，《清华大学教育研究》2012 年第 4 期。

育的权利。"《规划》还提出："到 2020 年，常住人口城镇化率要达到 60% 左右，农民工随迁子女接受义务教育的比例达到 99%。"2014年，全国有 2.34 亿农民工及其随迁家属被统计为城镇人口，实际上真正落户在城镇，与城镇人口同等享受基本公共服务的人口远低于这个数。新型城镇化政策将会吸引游离于城乡之间的农民工子女落户城镇，从而进一步波及乡村小学生源的稳定。2014 年 7 月，国务院印发的《关于进一步推进户籍制度改革的意见》（国发［2014］25 号）进一步调整户口迁移政策，全面放开建制镇和小城市落户限制，有序放开中等城市落户限制，合理确定大城市落户条件，建立城乡统一的户口登记制度。并提出"不得以退出土地承包经营权、宅基地使用权、集体收益分配权作为农民进城落户的条件"。解除了农民工进城落户的后顾之忧。可以说，新户籍制度进一步拆除了农民工随迁子女进城就读的壁垒，直接危及乡村小学生源。2015 年 11 月，国务院发布的《进一步完善城乡义务教育经费保障机制的通知》提出："统一城乡义务教育经费保障机制，实现'两免一补'和生均公用经费基准定额资金随学生流动可携带。"这一旨在保障农民工随迁子女平等接受义务教育权利的政策，在降低乡村学生进城就读的成本的同时，客观上也减轻了城市接纳随迁子女学校的经济负担，从而刺激城市学校主动吸纳乡村学生，进一步加深西部农村小学生源危机。

2. 西部农村小学生源分布密度远远低于全国平均水平

西部地区历来地广人稀，人口分布密度远远低于中东部。2000年，西部 12 省（市、区）总人口 35531 万人，总面积 686.7 万平方公里，人口密度 52 人/平方公里，而全国平均水平为 132 人/平方公里。2013 年，西部人口密度基本与 2000 年持平，约为 53 人/平方公里，全国的平均水平已经增加到 142 人/平方公里。农村地区人口密度更低，2014 年，西部地区农村人口密度仅为 28 人/平方公里。不仅如此，西部 12 省（市、区）农村省际人口分布极为不平衡（见图 4-2）。人口居住分散给农村小学布局带来很大的困难。2014 年，全国乡村小学生总数为 3049.9 万人，其中，西部 12 省（市、区）乡村小学生为 1110.1 万人，中部地区为 1079.4 万人，东部地区为 860.4

万人。① 西部12个省（市、区）土地面积686.7万平方公里，占全国总面积的71.5%（西部共有县城1085个，地级以上城市119个，城市建成区面积普遍较东中部小，在计算乡村面积时可以忽略不计）。② 东部地区国土面积约107.3万平方公里；中部地区国土面积约为171.7万平方公里。以此推算，2014年全国乡村小学生源分布密度约为3.2人/平方公里，西部地区为1.6人/平方公里，中部地区为6.3人/平方公里，东部地区为8.0人/平方公里。东部地区小学生分布密度是西部的4.9倍，中部地区是西部地区的3.9倍。

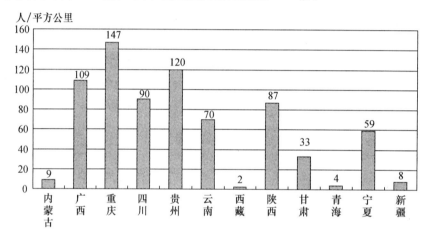

图4-2 2014年西部12省（市、区）乡村人口分布密度统计

3. 西部乡村地区小学适龄儿童数量不稳定

西部乡村小学适龄儿童总体不仅呈持续、快速减少的趋势，而且存在明显的波动现象。生源数量波动并非来自乡村人口出生率的影响，而是缘于人口的机械迁移。在所有影响乡村小学适龄儿童迁出的因素中，外出农民工子女随迁的影响最大，外出农民工是否选择子女随迁受主观和客观因素制约，主观的随意性与客观的不确定性使部分

---

① 《中国农村统计年鉴》（2015），中国经济与社会发展统计数据库，http：//tongji. Cnki. net/kns55/Navi/YearBook. aspx？ id＝N2016010146&floor＝1###。

② 《中国城市统计年鉴》（2014），中国经济与社会发展统计数据库，http：//tongji. cnki. net/kns55/Navi/result. aspx？ id＝N2015040001&file＝N2015040001000017&floor＝1。

农民工子女常处于"去留不定"状态。

　　首先，农民工子女随迁行为的主观随意性强。农民工选择子女随迁的主观随意性使乡村小学生源处于一种波动状态。一般来说，农民工外出随迁子女增减应该与农民工的数量增减趋势一致，如果农民工普遍认可带孩子进城务工行为，则随迁小学生增长率应该与外出农民工增长率趋势基本一致。实际上，很多农民工对是否选择孩子随迁具有很大偶然性，外出农民工与随迁小学生增长速度并不一致，有时甚至出现负相关的关系。统计显示，2009 年至 2014 年随迁小学生增长速度大大超过了外出农民工，进一步分析发现，2013 年在外出农民工持续增长的情况下，随迁小学生却大幅下降（见图 4 - 3）。

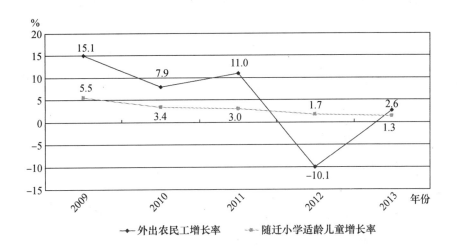

图 4 - 3　2009—2013 年外出农民工与随迁小学适龄儿童增长趋势比较

　　其次，人口生育新政策执行效果的不确定。"全面放开二胎"政策实施效果的不确定性可能导致乡村小学适龄儿童的不稳定，这种不确定性主要表现在两个方面：人口回升趋势的不确定性和城市接纳随迁子女政策的不确定性。我国农村地区一直实行"二孩"政策，受"单独二孩"与"全面放开二胎"政策影响最大的是城镇人口。城镇人口二胎生育意愿的不确定性决定了城市适龄小学儿童数量的不确定性，乡村地区是否受城市人口生育行为示范效应的影响也处于不确定状态。虽然"全面放开二胎"政策可以使小学适龄儿童人数增加,但增加的速度却难以预测。如果确定城镇居民响应政策,城镇小学适龄儿童从 2022 年开始将会逐年回升,农民工随迁子女与新增学龄人口叠加将会对城镇教育带来很大压力。一旦城镇义务教育阶段学位增加速度低于学龄人口增长速度,危及城镇教育本身质量时,各地政府很可能出台紧缩政策,倒逼部分学生回到乡村或城乡结合部的学校接受教育,乡村小学生源又可能出现反弹。

(三)破解乡村小学布局困境需要寄宿制办学

生源数量与分布密度是学校布局设点的基本依据,生源数量决定学校的数量与规模,生源分布决定学校服务范围与选址,生源的稳定程度决定学校规模的弹性系数。西部农村小学面临生源不足、生源分散及生源不稳定的危机,导致学校布局陷入困境。恢复教学点及小规模学校并不符合农村家庭及教师的基本需求,一时难以奏效。如果要保障就近入学,势必受制于地方财力,集中举办寄宿制小学才能真正保证教育公平。传承历史,规范既有寄宿制小学办学,适度扩大规模,满足民众对寄宿制教育的需求是未来西部小学教育较为理性的选择。寄宿制小学是解决学生上学远的问题而发展起来的,并非发展寄宿制小学引起各地撤点并校而造成学生上学远,这个逻辑关系不能颠倒。

1987 年国家教委发布《关于制定义务教育办学条件标准、义务教育实施步骤和规划统计指标问题的几点意见》,规定"学生居住地与学校距离原则上应在 3 公里以内,走读生小学低年级上学途中最多不超过三十分钟;小学高年级上学途中最多不超过四十五分钟。"2012 年 7 月,教育部在《规范农村义务教育学校布局调整的意见(征求意见稿)》中曾提出:"各地要根据实际条件合理确定学校覆盖范围,一般应使学生每天上学单程步行时间不超过 40 分钟;具备公共交通或校车服务条件的,学生每天上学单程乘车时间应不超过 40 分钟。"如果界定小学生单程时间在 30—45 分钟为就近入学,则走读学校的服务半径就不能超过 2.25 公里。据此计算,西部地区农村小学的覆盖范围约为 5.2 平方公里,辖区内适龄儿童数仅为 8 人。以

2014 年计算，西部农村小学生为 1110.1 万人，需要学校 1387625 所，理论上讲，这些学校的规模均小于 100 人。《关于规范农村义务教育学校布局调整的意见》规定："提高村小学和教学点的生均公用经费标准，对学生规模不足 100 人的村小学和教学点按 100 人核定公用经费，保证其正常运转。"假定规模小于 100 人的学校教师配备也按照 100 人规模执行，则所有乡村小学生均公共财政预算教育事业费可以统一计算。2014 年全国农村小学生均公共财政预算教育事业费为 7403.91 元，如果不足 100 人的学校全部按 100 人规模计算，西部地区全年共需教育事业费 10273.9 亿元，校均教育事业费达到 74 万元，这显然已经远远超出西部地区财政的承受能力。因此，西部地区集中办学是生源严重不足的客观要求，集中举办寄宿制小学也是一种明智之举。换句话说，集中举办农村寄宿制小学才是保障教育公平的现实举措。

第二节　西部农村寄宿制小学的个体功能定位

西部农村寄宿制小学的个体功能定位必须关照处境不利儿童的需求。西部地区儿童在接受义务教育活动中存在两类处境不利人群：上学困难人群与家庭抚育缺失人群，前者主要关涉上学距离太远的小学生，后者主要是农村低龄留守儿童。寄宿制小学通过延长学校社会化功能发挥的时间、增加学校社会化的内容以及改变学校社会化的方式，提升农村处境不利儿童生活品质，提高其综合素质，缩小城乡儿童成长条件的差距及教育水平差距，成功解决农村留守儿童问题，提高农村小学教育质量。

一　西部农村寄宿制小学的家庭抚育补偿性功能

家庭是社会的最基本单位，家庭的功能随着社会的发展而不断变化。按照结构功能主义的观点，家庭作为社会最基本的单位结构，它必须对满足社会需求具有某种功能，是社会需求满足的一种必要条件，如家庭能促进社会的整合，能满足人类生存的各种需求，或者能使人类和社会适应不断变化着的外在环境等。这样，随着社会的不断发展，人类生存的物理和社会环境不断变化，而家庭为保持人类对环境的适应性和维持社会的稳定，也必须做出一定的变化和调整。家庭具有多重功能，其中，抚育功能具有重要作用。改革开放以来，经济领域中大量农村剩余劳动力进城务工造成家庭中父母与孩子分离。20世纪90年代以来，农村学校以"撤点并校"为特征的布局调整使很多学生被迫住校读书，客观上也造成了父母与孩子空间的分离。父母与孩子的分居生活，家庭抚育功能出现缺失或缺位的状态，影响了儿童发育成长。基于提供食宿和安全看护等功能的农村寄宿制小学，在补偿农村家庭抚育功能缺失方面具有很强的适切性。

（一）家庭及其一般功能

一般来说，专偶制家庭分为两个阶段：早期形式和成熟形式。早期阶段的专偶制家庭中，除社会规范以外，家庭成员之间的关系更多的是靠情感联系和习惯传统来维持。一个比较典型的特征是家庭成员会束缚在同一个地域空间，从而也为加强成员间的互动和交流提供了客观上的基础和机会，这种家庭形式普遍地存在于农村地区和边远乡村。专偶制家庭的成熟形式中，家庭成员流动性的范围大，强度剧烈，他们不再被地域空间所限制和约束，而是更多地进入社会，在广阔的社会中寻找机会并满足他们各自的需要和愿望，这种家庭形式中成员间的关系主要由社会规范和法律来确定，这种形式可以在城市中找到影子。[1] 未来家庭将是以性与爱情一体、爱情与婚姻一体、婚姻与家庭一体、家庭与社会一体的核心家庭为主体。当然，家庭功能会有一些新的变化，且这种变化也是朝着稳定核心家庭形式的方向发展的。现在和未来核心家庭对大多数人来说仍然是性关系、孩子养育的主要场所和亲密关系的主要来源。[2]

前已述及，功能是指系统与环境相互联系和作用中所表现的适应

---

[1] 戴利弘：《家庭的功能及其变迁：一种社会学的反思》，《鸡西大学学报》2014年第10期。

[2] ［英］F. R. 艾略特：《家庭：变革还是继续》，中国人民大学出版社1992年版，第215页。

环境、改变环境的功用和效能。据此，家庭功能就是在家庭与社会的联系和作用中，所具有的满足人类生存的各种需要，以及适应和改变社会环境的功用和效能。① 家庭功能可划分为三类：第一类是家庭的本原功能，也就是人类自身的生产功能，包括四项主要内容：一是生育功能，即担负人口的生殖繁衍、绵延种族、延续人类社会；二是养育和教育功能，即上代人对下代未成年人的抚养教育作用，使新一代人口生命成长为合格的社会成员；三是扶养和赡养功能，对未成年人的扶养和对老年人的赡养作用，以实现对原有人口生命的保全和延续；四是人的社会化功能，就是使人的生理和心理适应社会生活，不断学习和掌握基本的生活技能和各种社会规范，实现由"生物人"向"社会人"的转变。第二类是家庭的经济功能，即物质生产和消费功能。由人的生产所引申出来，又转而为人的生产服务。在人类社会，家庭在进行人的生产过程中，即对人的生育养育、教育、扶养、赡养，都离不开对物质生活资料的生产和消费，要以衣、食、住、行、用为基石。第三类是家庭的衍生功能，也就是组织人们社会生活的功能或者简称生活功能，是由家庭的经济功能派生出来的。衍生功能包括管理功能、权力功能、文娱功能、信仰功能和情感功能。②

（二）家庭的抚育功能及其变迁

费孝通先生认为，家庭作为担负抚育最基本的团体，抚育作用可以分成两部分：一部分是能给孩子们生活上的需要，称为生活抚育；另一部分是给孩子自己在社会上独立谋生时所必需的一套基本技术、知识、态度和道德，以及开始独立生活时的社会地位和物质凭借，称为社会抚育。③ 只有父母双方分工协作才能负起全部抚育的责任，因之抚育为双系。传统农村家庭的抚育是以父母双方共同协作的双系抚育为主导，虽然也伴随有其他家庭成员及亲属的协作，但那只起辅助作用。④

---

① 丁文：《家庭学》，山东人民出版社1997年版，第327页。
② 刘茂松：《论家庭功能及其变迁》，《湖南社会科学》2001年第2期。
③ 费孝通：《生育制度》，北京大学出版社1998年版，第192页。
④ 同上书，第123页。

家庭及家庭功能变迁的趋势包括外化、回归、提升、调整四个方面。所谓功能外化是指原来一些由家庭承担的功能，在工业化和现代化的过程中发生外移由社会承担，如家庭的物质生产功能、教育功能（传统家庭承担着对子女进行职业培训和生活知识传授的功能）。但进入现代工业社会后，社会化大生产所需要的文化技术知识越来越复杂，层次也越来越高，于是，知识教育和职业教育的绝大部分转移到学校来承担，家庭还承担着生活知识、伦理道德等人生的教育。所谓功能回归，是指一些已经外化的功能，随着现代生产技术的发展和经济体制的改革又重新回到了家庭中。所谓功能提升是指家庭功能由以往的传统功能向现代功能升华，以适应现代工业社会和信息社会的要求。例如生育功能和养育功能在传统家庭是为了传宗接代、养儿防老以及增加劳动力等；而在现代家庭则已实行计划生育，多数人已把生养孩子看作是对社会尽义务，认为是一种"感情"的追求、"爱情的果实"和"夫妻关系的纽带"等。所谓功能调整是指家庭功能系统中排列位置发生变换，导致总体功能的重心转移，弱化了生育功能。为适应复杂多变的社会环境，家庭对子女的培养教育和社会化功能上升为主要功能，家庭也从"生育合作社"转变为"社会人的摇篮"。[①]

（三）农民工家庭及其抚育特征

家庭结构是指家庭成员之间关系的组合形式与性质。社会学家将家庭区分为不同的模式或类型，如核心家庭、主干家庭、联合家庭等。自 20 世纪 80 年代末以来，伴随着我国工业化和城市化步伐的明显加快，"民工潮"开始一边在现代化宏大叙事的画卷上描绘着人口迁移史上最为波澜壮阔的景象，一边与"工业化和城市化的铁律"一起，"打破着原有的平衡，震撼和改变着整个社会结构"（李培林，1991）。而乡土社会和其最基层的细胞——家庭，在这次社会变迁的洗礼中都不免首当其冲：一方面，"民工潮"催使乡土社会结构衍生出一个庞大的新弱势群体——农村留守儿童群体（以下简称留守儿童）；另一方面，汹涌的"民工潮"也在冲击着费孝通先生所描述的

---

① 丁文：《家庭学》，山东人民出版社 1997 年版，第 364—366 页。

传统农村家庭的"双系抚育"结构（费孝通，1998）：由于父母双方
或一方外出，留守儿童的监护、教育便落在了父母其中一方或亲属身
上，这使传统家庭的"双系抚育"结构在表象上出现瓦解的趋势。[①]
农民是现实地思考和面对生活世界的，农民工从家庭农业生产中分离
出来，是家庭实际生产和生活状态所决定的。家庭中固定农业人口的
存在状态，是农民工产生的基础。由于中国人均耕地占有量较少且有
继续减少的趋势，外出打工成为许多农民家庭追求利益扩大化的必然
选择。农民工是社会转型的产物，农民工的常态化导致其家庭结构功
能的改变。我国数以亿计的农民工的家庭是现代社会特殊的家庭类
型，它最突出的特征就是家庭成员长期分居，这种家庭状况也是他们
自己的主动选择。[②]

　　家庭功能模式理论认为，家庭的基本功能是为家庭成员的生理、
心理和社会性等方面的健康发展提供一定的环境条件。为实现这些基
本功能，家庭系统必须完成一系列任务以促进家庭及其成员的发展。
实现家庭基本功能和完成基本任务的能力主要表现在问题解决、沟
通、角色、情感介入、情感反应、行为控制等方面。[③] 就留守儿童而
言，由于父母双方或一方外出务工、经商，导致了农村留守儿童家庭
教育基本的环境和条件发生了巨大改变，他们基本缺失了父母亲对其
在衣、食、住、行、安全、能力、爱好、审美、人格、品格及情感等
方面的教育，特别是基本缺失了对父母亲的心理归属和依恋，所以相
对于有父母亲在家的儿童而言，农村留守儿童家庭教育基本缺失了。[④]
留守儿童家庭教育缺失模式："单亲"家庭型，即由父母的一方留在
家里照顾和抚养孩子；隔代抚养型，即由爷爷、奶奶或外公、外婆承
担照管和教育职责；亲友代管型，即由父母的亲人、朋友代理照管和

　　① 杨汇泉：《农村留守儿童家庭抚育策略的社会学思考——一项生命历程理论视角的
个案考察》，《人口与发展》2011 年第 2 期。
　　② 汪远忠：《农民工留守家庭的结构变迁及其功能分析——以河北赵村为对象》，《学
习与实践》2013 年第 3 期。
　　③ 方晓义：《家庭功能：理论、影响因素及其与青少年社会适应的关系》，《心理科学
进展》2004 年第 4 期。
　　④ 杨素苹：《关注农村留守儿童》，《基础教育参考》2004 年第 7 期。

教育职责；自我管理型，即由孩子自己担负自我监护和教育责任。家庭教育时间严重不足，教育管理方式异变，教育过程重智轻德，重身轻心，教育上过分依赖学校。① 他们的生活相对缺少父母的亲情关爱，家庭成员之间的亲密度低，家庭应对突发事件的能力差，祖孙间缺少沟通、祖辈监管不力，单亲监护人对儿童教育缺乏耐心、严厉惩罚较多等。② 留守儿童家庭抚育功能的缺失或缺位主要表现在以下四个方面：一是亲情缺失的严重。没有亲情的教育是一种残缺的教育。家庭生活教育就是建立在亲情基础上的潜移默化的教育，家庭生活教育中父母的温暖和关爱是任何其他亲情都无法代替的，父母对子女有一定的权威性。缺少父母的关爱、缺少家庭的温暖、缺少与父母间真诚的交流和沟通、缺少对父母时时事事的学习、模仿，致使他们变得内向、孤僻、自卑、沉默、悲观、不合群、不善于与人交流、神经敏感，有的甚至在与父母相处时感到生疏、冷漠、交流困难。二是父母对孩子学习指导的缺失。正常的农村家庭，不管父母文化程度如何，至少具备监督学生学习的功能。父母对孩子进行经常性学习指导的时间，造成教育管理时间的严重不足。由于父母没有足够的时间待在子女身边，一旦遇到学习上的困难，在学校还可以向老师或同学请教，在家只能独自思考，又由于监护人受教育程度较低难以帮助他们解决学习上的难题，使他们感到无助。三是有效监护的缺失。监护者要么年纪大、身体虚弱，无力监管；要么文化素质低、思想观念陈旧、意识形态落后，监管方法不当；要么整天忙于农业生产而无暇顾及留守儿童的教育；要么对待孩子过于溺爱和放纵。③ 四是生活照顾不当。农民工家庭的经济状况较好，孩子在家的零花钱等相对比较充足。问题在于孩子花钱意识和习惯培养不良，很多孩子因此"大手大脚"，

① 黄晓慧：《关于农村留守儿童家庭教育缺失的思考》，《当代教育论坛》2006 年第 5 期（下半月刊）。

② 范兴华：《家庭处境不利对农村留守儿童心理适应的影响》，湖南师范大学出版社 2012 年版，第 117—121 页。

③ 李晓玲：《农村留守儿童家庭生活教育缺失现状及对策》，《甘肃政法成人教育学院学报》2008 年第 1 期。

甚至进网吧、玩游戏等。爷爷、奶奶或外公、外婆一般难以控制孩子的零花钱，因为钱是孩子的爸爸、妈妈挣的，管多了会招致埋怨。

（四）留守儿童家庭抚育策略的调整

留守儿童家庭（主要指核心家庭）面对"双系抚育"结构受损时会采取的一些抚育应对措施，主要表现为家庭抚育的决策过程和决策时机。主要体现在夫妻之间、亲子之间的关系互动中，如夫妻之间在家庭抚育中性别分工如何、夫妻关系和亲子关系在子女入学前后的家庭抚育中是如何进行互动的、家庭抚育策略作出的时机又如何等。

大多数留守儿童的家庭抚育策略可划分为两个阶段，即学龄前的"重生活抚育、轻社会抚育"和学龄期的"双系生活抚育，单系社会抚育"。在留守儿童学龄前期，父母往往双方或一方外出务工，将留守儿童的生活抚育作为家庭双系抚育的主要职能，并由祖辈监护、单亲监护、亲属监护等形式担负留守儿童的社会抚育责任。在留守儿童学龄期，大多数留守儿童父母都主动回应户籍制度等社会结构和历史力量的制约、改变抚育策略，采取了"双系生活抚育，单系社会抚育"的家庭抚育策略，即留守儿童的父亲和母亲虽继续共同承担孩子的生活抚育，但大多数母亲这时则作出牺牲，选择与子女一起留守，以承担起留守儿童的生活抚育和社会抚育责任。留守儿童的家庭抚育策略一方面是我国社会结构转型和"民工潮"等历史力量作用下的产物，但另一方面留守儿童的家庭抚育策略不是被动地受社会变迁的冲击和影响，而是在留守儿童不同阶段的生命历程中利用各种抚育资源，主动对社会变迁做出回应。[①]

（五）寄宿制教育的补偿功能

前已述及，留守儿童家庭生活抚育不足包括亲情缺失的严重、父母对孩子学习指导的缺失、有效监护的缺失和生活照顾不当四个方面。尽管家庭也在不断调整自己的行为以适应社会变化，但是外出务工获取更多收入是既定的策略，留守儿童的问题最后不得不丢给家中

---

① 杨汇泉：《农村留守儿童家庭抚育策略的社会学思考——一项生命历程理论视角的个案考察》，《人口与发展》2011 年第 2 期。

其他成员，甚至是丢给社会。近年来，留守儿童家庭的抚育问题已经演变为社会问题，除了家庭自身在不断努力调整外，各级政府、社会团体都采取很多办法。但是，庞大的留守儿童规模已经超出了一般组织解决的能力范围。相比之下，拓展学校功能补偿留守儿童生活抚育的缺失具有规模效益，能产生范围经济效益。农村寄宿制小学具备弥补留守儿童生活抚育四种缺失的功能的基础条件。

第一，寄宿制小学具备弥补家庭亲情缺失的功能。留守小学生一般都比较依恋父母，一旦与父母分开时间过长，就会出现情绪低落等情况。白天在学校上学不会有太多表现，只有放学回家之后才会显现。无论是隔代抚育还是亲戚朋友代管，小学生与他们的交流都不会太多，因而很容易产生孤独感。放学回家的小孩也不可能与更多同村的小朋友一起玩耍，这一点主要缘于乡村人口的自然减少和机械流动。如果学生寄宿在学校，放学后的时间既有很多同学陪伴，又有学校组织的大量课余活动，一切烦恼都会烟消云散。同时，寄宿制学校配备的专职生活指导教师也会时时关注学生心理动态，化解不良情绪。

第二，寄宿制小学具备有效辅导学生功课的功能。学生课后的复习巩固对于提高教学质量至关重要。农村家庭孩子的监护人文化水平一般都低于城市居民，城乡儿童家庭辅导存在明显差距，城乡教育悬殊多与此有很大关系。学生寄宿在校，既可以保证上学时间，也可以利用晚上的时间适当安排作业辅导。教师不用讲课，学生有疑问可以随时解答。既克服了学生父母辅导能力弱的弊端，又具有规模效益，一个教师可以同时辅导很多学生。如果发现共性问题，还可以适当集体解答，效果更佳。就这一点而言，农村寄宿制教育可以缩小城乡学生家庭背景引致的学习差距，促进义务教育均衡发展。

第三，寄宿制小学可以弥补留守儿童家庭监护不力的弱点。标准化的寄宿制小学都配备了专职保安人员，负责学生放学后的安全问题。业余活动的开展也有值日教师或专职生活指导教师负责组织，因此，课余活动不仅内容丰富，而且安全有保障。丰富多彩的课余活动是学生幸福童年生活的保障。学生寄宿在校节约了每天往返的时间，围绕儿童生活科学分配新增时间是劳逸结合的基本要求。学校结合自己的特色和传统，构建家校一体化的学习和娱乐体系，组织学生开展丰富多彩的课外活动，有利于培养学生广泛的兴趣和爱好，丰富生活，健全人格，陶冶情操，从而缩小城乡学生因家庭经济和文化等背景不同而引致的差异。相比之下，小学生回到家中，少了邻居伙伴的参与，活动内容单调不说，还具有危险性，一旦出现安全问题，抢救很难及时到位。

第四，寄宿制学校具备规范学生食宿的功能。规范食宿主要是注重科学的营养搭配与饮食习惯的培养，以及按时就寝和起床，保证一定时间的锻炼等方面。生活方面，大多数留守儿童并不缺钱，关键问题是怎么花钱。如果管理不当，过多的零花钱不仅会让孩子养成吃零食的习惯，还会影响身体发育。从睡眠管理来看，留守儿童回家容易出现失控的状况，很多孩子看电视到很晚，爷爷奶奶控制能力很弱，有时只好放任自流。学校寄宿，集体行动可以保证学生按时就寝和起床，早上一般都有做操训练。宿舍具有培养学生适应集体生活品性功能。宿舍集体生活的严格纪律可以使学生养成遵守公共秩序的习惯。宿舍的交往空间在培养学生对待生活、集体、与他人协作和处理人际关系方面十分重要。寄宿生集体生活的经历对其性格的培养起着重要的作用，有时甚至影响到学生成年后的生活。现代意义上的学生宿舍不仅仅是一个休息睡觉的场所，更是学生们进行感情宣泄的场所。亲密的同学之间心心相印的交谈、良好的室内环境会使学生们产生归属感和居家感，使他们在繁重的学习之余消除心灵上的孤单和寂寞。

当然，要使农村寄宿制小学具备补偿家庭抚育不足的功能，必须满足一定的条件。从人力资源的配置看，需要设置专职素质较高的生活指导教师，负责学生课余时间的娱乐活动及就寝等事宜。从硬件设施来看，必须加强标准化寄宿制学校建设，要充分满足留守儿童的寄宿需求，不能因陋就简。寄宿制民族学校的经验告诉我们：提供优于家庭的生活条件是吸引学生寄宿的有效手段。因此，要让留守儿童及其家庭接受寄宿制学校教育，就必须提供优于家庭的生活、娱乐环境以及最大限度地弥补学生的情感缺失。

二 西部农村寄宿制小学弱势儿童的社会化功能

所谓社会化是一个人从"生物人"转变为"社会人"所必须经过的途径，即个体学习生活技能和行为规范，适应社会，并吸收社会文化，成为社会一分子的过程。同时，它也是社会维持代际关系，延续文化遗产，继续进行社会创造的过程。家庭是个体接受社会化的最早和最重要的社会主体。家庭教育和家庭环境的影响是一个社会化的开端，它为一个人一生的社会化奠定了基础，家庭社会化的结果对人的一生发生影响。家庭环境对个体社会化的意义在于对儿童感情和爱的培养。家庭给予个人感情和爱的体验是最多的。一个人感情能否正常发展，他能否理解爱，既懂得接受别人的爱，也能给予别人爱，这种感情方面的社会化在很大程度上取决于他所处的家庭环境条件。家庭中父母的权威对儿童社会化具有重大影响。一家庭环境中权威形象和亲子之间的感情交流，使家庭对个体的心理与观念具有强大的渗透力和塑造力。① 西部地区农村，无论是留守儿童家庭还是传统意义上的完整家庭，促进儿童社会化的能力都有减弱的趋势。

（一）农村地区特殊的自然条件使家庭教育具有先天的弱点

农村地区，特别是山区农村，一般地处偏远，山大人稀，居住分散，交通不便，信息闭塞、观念落后、生产和生活方式带有较强的原始性。尽管科技的发展已经改变了农村地区最初的原始状态，通村公路、电视广播的普及已经使农村具有了现代社会所具备的物质基础。但是，人们观念的转变远没有物质变化快捷。家庭教育在儿童社会化过程中传递的正是这种落后时代的落后文化，所以，农村家庭教育一开始就处于弱势。除此之外，农村世代形成的自然经济运行模式对人们的行为习惯的影响也是根深蒂固的，而这种建立在以个体家庭分散经营基础上的行为方式与社会化大生产是格格不入的。虽然农村地区的自然性保留了人性中的美与善，但是那种传统美德只能在理想的自然经济社会才能发挥作用。市场经济鼓励人们在竞争中求发展，在

---

① 莫艳清:《家庭缺失对农村留守儿童社会化的影响及其对策》，《内蒙古农业大学学报》（社会科学版）2006 年第 1 期。

"利己"行为中达到"利他"的目的，这都是与农村古老文化相抵触的。城市的壮大缘于农村的分化，城市是农村精华的聚集，聚居是人类生存的方式。在农村文化与城市文化的较量中，农村代表保守与惰性，而城市文化才是先进文化的引领者。人类社会发展到后工业时代，即将进入信息化时代，农村自然悠闲的景致只能是想象中的"世外桃源"。作为农村文化承载者和传播者的家庭，其功能随自然经济的解体而不断弱化，随着市场经济的发展而逐渐被赋予时代内容。随着农业生产的工业化，乡村文明必将被打上工业化的烙印，农村文化的弱势决定了农村家庭教育的弱势地位。

（二）农民阶级的群体特征使家庭教育的内容具有落后性

鲍尔斯和金梯斯所提出的一致性原则，其中有一条就是儿童在家庭中内化的行为规范与他们父母在等级分工中所处职业岗位强调的行为规范相一致。显然，农民阶级在社会分工中处于不利的等级地位，因而也就形成了循规蹈矩、因循守旧的品质。农村在改革中失却了方向，计划经济时代农民对社队的归属感随着家庭联产承包责任制的实行而荡然无存，因打破旧格局而出现的碎片向何方聚集？毫无疑问，这个方向就是城市。当无数农村人口通过合法方式成为城市居民的时候，任何人也不能设置障碍阻止后续者以合理的手段进入城市，如果说加以限制，那就是最大的不平等。而我国现行政策是在鼓励农民安于现状，追求一种和谐的社会愿景。这种强化会抑制农民意识的觉醒，使之固化自己的阶级特征。很难想象，这种环境下的家庭教育和潜移默化的影响能促成儿童现代化。所以，要激发孩子积极向上进取的潜能，就要及早让孩子脱离这种社会化的环境，融入现代文明的氛围中。

城镇化是农村发展的必然趋势，是缩小城乡差距的最有效的办法。要克服农村教育的弱势，希望也在农村教育城市化。建立农村寄宿制学校，模拟城市学生学习和生活的环境，以便将来学生进入城市之后能够迅速适应新环境，这才是公平竞争的规则。农村孩子以进城为目标也是合理的。他们学习的目的不一定非得是为农村服务，其服务对象应该是社会主义现代化建设。陶行知先生曾经批评农村教育

"教人离农"，那是时代所致。历史已经进入市场经济时代，供需矛盾调节着人们的去留，只要城市建设还需要劳动力，农村人口就会因其劳动力廉价的特征而流向城市。直到有一天，农村建设出现了极大的劳动力需求，这种需求会使劳动力价格攀升，劳动力又会自然回流到农村地区，这时回来的也许不仅仅是原来的农村人口，也会有在城市中的竞争不利者以及大量原来选择了城市的农村人口。政府无须为农民离开自己的土地而担心农村的前景，农民也是理性的经济人，现代农村松散的特点使其具备了流动的条件，这正是市场规律在我国的体现。所以，不要批评我们的"离农教育"，其实，千百年来农民所追求的就是离农教育，正是由于这种理想才促使他们不顾一切地支持教育。当今的政策制定者一方面惊呼城乡二元结构对农村的制约，另一方面又不断制造城乡二元体制。为什么一定要有农村教育？为什么在没有考试区别的前提下要执行城乡二元结构的教材？现代城市文明有哪些东西不适合农村孩子？在教育结果评价体系没有改变的时候，人为划定农村教育和城市教育的界限，只会进一步拉大城乡差距。现在城市的居民很久以前不就是农民吗？凭什么允许他们变成城市人口之后封闭后来者效仿之路呢？殊不知，正是由于有一条晋升之路才激发农民奋发向上，不断追求的过程才是一个和谐的过程，一味地扶持和强化其弱势特点只是一种愚弄。大胆地以寄宿制学校为突破口，尽早地让农村孩子接触现代文明和先进的城市理念，才能完成儿童的社会化、现代化。只有这样，才会避免孩子被父辈农民阶级的特征同化。也只有这样，才能真正消除城乡差距，达成城乡一体化的目标。观念差距消除之后，城市与农村的距离就不能阻碍城乡的融合了。其实，用寄宿制学校的方式促使儿童现代化在美国和加拿大都出现过，两个国家在对印第安人进行社会同化的时候都采用了寄宿制学校这种方式，虽然这种殖民教育招致非议和反对，但寄宿制学校在对儿童社会化和现代化中的功用不可否认。

（三）家庭对孩子的影响力随年龄的增长而逐渐减弱

研究表明，随着孩子年龄的增加，家庭的影响有逐渐减弱的趋势。在人生的不同阶段，家庭、学校和社会对学生发展的影响是不同的。在童年时期，家庭的作用是很大的，儿童从其他方面获得的生活经验较少。义务教育前期阶段，家庭的影响作用开始下降，学校的作用明显突出。义务教育阶段的后期，家庭的影响进一步减弱，学校保持着突出的地位。到了成年期，家庭、学校影响作用大幅度下降，此时，社会教育开始发挥重要作用。[①] 小学高年级学生、初中生已经有脱离家庭管理的倾向，随着知识的增长，农村孩子与父母的现代知识拥有量的悬殊越来越大，由于父母文化水平普遍较低，随着孩子自身的成熟，他们对父母话语的信任度逐渐降低，这个过程也就是家庭教育影响力减弱的过程。此时学生学习和生活时间在家庭和学校之间的分配直接影响到教育的效率，家庭教育时间分配越多，学生社会化的速度就越慢，社会化的效果就越差。相比之下，学校教师在学生眼中就是知识的化身，更多的时候学生选择相信老师的话，并将教师作为楷模。所以，选择将日常生活交由学校管理是一种最有效率的教育方式。这也就意味着选择寄宿制学校会让学生早日从家庭原始的情感中摆脱出来。同时，除了低龄学生以外，孩子和父母的情感联系也遵循"距离产生美"的基本规律，适当分离不但不会影响亲情，反而，会因为一周5天左右的分离而更加亲近。或许离家之初会有一段时间思家的情绪，但是，习惯之后就会消除这种情绪，融入学校这个大家庭之中。

（四）寄宿制学校教育在农村学生现代社会性格形成中的优势

寄宿实质是学校与家庭对农村学生社会化时间与空间的争夺，寄宿制教育通过学校控制更多时间和改变农村学生生活空间而发挥育人优势。我国城乡政治、经济呈非均衡状态，尤以农村人口价值观念落后和社会个性缺失最为突出。马克思在分析东方古代社会时曾指出："政治自我孤立封闭状态下的村社组织，构成了国家上层变动，基层社会却停滞不前的重要原因。"城乡隔离和农村人口现代化进程缓慢是我国现阶段城乡关系的显著特点，农村儿童现代化进程受家庭教育方式和学校环境的影响，随着学生年龄的增长，学校对学生社会化的

---

① 金一鸣：《教育原理》，安徽教育出版社1995年版，第192页。

影响力逐渐增强。从某种意义上说，学生未来的生存适应能力更多取决于学校。寄宿制学校教育帮助农村儿童避开了农民和农村两大弱势因素对其社会性格形成的影响，增加了与教师和同辈群体接触的机会，更有利于儿童现代社会性格的形成。就社会化空间来看，寄宿制教育模式使农村学生生活场域更多地转移到学校。这种转移使学生的生活和娱乐环境发生了改变。非寄宿制教育模式下学生放学回家后的活动空间交予学校，学校实际上承担起了家庭抚养功能。就社会化时间而言，学校通过寄宿制教育可以获得更多的影响机会。时空的转移有利于弥补家庭社会化功能的缺失，更好地促进学生现代化。

第一，学校是现代社会的模拟，通过寄宿制教育延长学生在校时间有利于促进学生现代化。学校教育具有培养专门技能和认知技能的功能，同时还鼓励和培养人们的等级分层意识，且具备把这种分层合理化的功能。学校与生产制度具有四个方面的一致性，正是这些一致性对学生产生潜移默化的影响，最后使学生具备了进入社会生活的基础。教育内部的社会关系，如行政人员与教师、教师与学生、学生与学生之间的关系，完全复制了生产制度内的等级制分工；教育制度内的权力结构，也同生产制度内一样，是由上而下的垂直权威关系；生产制度内劳动的异化在学校内则反映为学生对自己所受教育失去控制、学生的学习动力不是来自内部的需要而是来自对成绩和其他外部报偿的追求，学习本身也是毫无乐趣和意义的；资本主义生产制度中，劳动者的被分裂，在学校中则表现为学生为了那些表面成绩和评价而不断进行的破坏性的竞争。学校中所提倡和奖励的学生个性特征，恰恰是企业和用人单位所欢迎和要求的；学校中反对和经常加以惩罚的个性特征，也正是企业和用人单位所不喜欢和反对的。学校具有学生同辈群体的真实环境，学生如何在遵循学校规章制度的前提下，在同龄人中处理关系，获得自身的发展，本身就是对现实社会的模拟。而学校的规章制度往往又是随着社会的变化而不断变化的，所以，学校所反映的社会生活结构也是动态的和真实的。学校是学生社会化的最好场所，这点是毋庸置疑的。通过寄宿制学校而延长在校时间，可以消除农村学生家庭在其社会化过程中的不利影响，强化集体生活和未来生活世界规则。

第二，寄宿制学校增加了学生生活管理，是一种更真实的社会生活场景。学校结构和运行机制与社会生产制度同构，但是一般的走读学校缺少了学生生活的融入，缺乏场景的完整性。寄宿制学校融入了家庭的功能，使得这种学校生活更完整，同时也变得更复杂。学生寄宿学习更有利于社会化的实现。学生寄宿在校，学校接管了原来属于家庭教育的时间。这种安排的直接结果就是将有限影响学生成长的时间更多地分配给学校，弱化了家庭对学生社会化的负面影响。学生食宿在校，为构建一个完整的生活场景创造了条件，这样就能做到屏蔽社会不良影响和农村家庭自然经济观念的渗透，使学生更早地接近现代社会。学习和生活的有机结合实际上就是家庭教育和学校教育的融合。集体的规范生活可以使学生养成良好的生活行为习惯，在集体生活中检验自身行为的正误。适应集体生活的过程就是社会化的过程，渗透社会化大生产所需要的品质和文明行为习惯的过程就是促进学生现代化的过程。

第三，寄宿制学校教育增加了教师以及学生同辈群体的互动机率，有利于农村儿童现代社会性格的形成。寄宿制教育形式通过改变农村儿童成长的互动群体促进其完成现代社会性格形成。在农村寄宿制学校中，学生住校往往使得教师也得住校，许多农村地区建立了周转房以保证这种格局的形成。这就意味着晚饭后至学生就寝之前的时段都是由学校教职工管理的，农民家长和教师代理家长权责的转移改变了学生社会化的环境，有力地促进了学生的养成教育。另外，原来偏僻山村的孤独环境由于同伴的加入而热闹起来，集体生活的氛围为儿童未来社会交往奠定了良好的基础。总之，学校是个体社会化的最佳场所，农村学生融入学校的时间越长，教师的引领和同伴群体潜移默化的影响就越深，其社会化的效果就会越好。因此，当儿童具备了基本独立生活能力以后，延长他们学校生活的时间，将学生的生活全方位纳入学校集体生活中，更有利于孩子的社会化与现代化。

总之，中小学教育更多的是基础教育，与专业教育不同的是，学生的价值观、人生观、世界观都处于一种懵懂状态，需要在师生互动、同辈交往中逐渐形成。中小学阶段形成的个性品格会影响其今后的人生道路。同时，这个阶段也是学生开始脱离对家庭教育依赖的阶段，家庭教育力量和学校教育力量之间不断争夺着对学生产生影响的时间。从帕森斯的分析可以看出，家庭教育总是不断弱化的，随着孩子年龄增长，家庭的教育功能最终必将让渡给学校和社会，而首先争得教育主导权的必然是学校。显然，学校是一个社会化的场所，学生在学校的时间越长，融入学校的集体生活越深，其社会化的效果就会越好。我国已进入"后工业化"时代，学校应该传递后工业化时代的文明，农村学校教育必须承担起消除学生因居住分散而形成的思维模式的任务。这些功能的完成一方面需要延长学校教育的时间，另一方面需要减少家庭教育的负面影响。而要完成这两项任务，农村学校就必须实行寄宿制，以此来保证学校教育的时间，削弱家庭教育的影响，通过学校模拟真实社会场景，以便更有效地促进学生的社会化。这种需求不仅仅针对留守儿童，也针对全部农村孩子。随着城镇化的进一步推进和大量农村人口的进城，农村生活会更加远离现代化大生产，更有必要通过寄宿制学校来弥补这种社会化场景的缺失，这是一段时期内农村教育服务社会的重要内容之一。

三 西部农村寄宿制小学优质教育的供给功能

对于没有升学压力的农村小学，为提升学生的综合素质创造了条件。针对小学生进入初中以后仍然要面临激烈的竞争考试，学生的课业成绩仍然要作为判断质量的标准之一。所以，农村寄宿制小学优质教育的供给主要表现在高品质的生活与高水准的综合素质两方面。就生活品质而言，寄宿制小学可以为农村低龄儿童在吃得好、睡得好、科学营养、生活习惯、体育锻炼及丰富的课余活动等方面提供优于家庭的环境。在提高学生综合素质方面，农村寄宿制小学可以更好地促进个体社会化，提供更高水平的课堂教学质量。在既定条件下提供相对充足的人力、物力和时间，保障优质师资、管理制度科学、共享信息物质载体和提供丰富的娱乐活动设施设备，所有这些都是提供优质教育的保障。提升学生生活品质的问题已经在前面谈了，本部分主要介绍农村寄宿制小学提升学生综合素质的有利条件。具体地讲，农村寄宿制小学通过缩小城乡学生家庭教育的差距、强化学生的养成教育、整合乡村教师资源以及整合农村学生时间资源提升学生的综合素质。

（一）农村寄宿制小学教育能更好地促进儿童社会化

城乡隔离和农村人口现代化进程缓慢是我国现阶段城乡关系的显著特点。农村儿童现代化进程受家庭教育方式和学校环境的影响，随着学生年龄的增长，学校对学生社会化的影响力逐渐增强。从某种意义上说，学生未来的生存适应能力更多地取决于学校对其施加的影响。

集中举办寄宿制学校对农村儿童现代社会性格的形成具有重要作用。寄宿与否实质是学校与家庭关于农村学生社会化时间与空间的争夺，寄宿制教育通过学校控制更多时间和改变农村学生生活空间而发挥育人优势。就社会化空间来看，寄宿制教育模式使农村学生生活场域更多地转移到学校，这种转移使学生的生活和娱乐环境发生了改变。寄宿制教育模式下学生放学回家后的活动空间交予学校，学校实际上要承担家庭抚养功能。就社会化时间而言，学校通过寄宿制教育可以获得更多的影响机会。时空的转移有利于弥补家庭社会化功能的缺失，更好地促进学生现代化。寄宿制教育形式还通过改变农村儿童成长的互动群体促进其完成现代社会性格形成。农村寄宿制学校中，学生住校往往使得教师也得住校，许多农村地区建立了周转房以保证这种格局的形成。这就意味着晚饭后至学生就寝之间的时段交由学校教职工管理，农民家长和教师代理家长权责的转移改变了学生社会化的环境，有力地促进了学生的养成教育。另外，原来偏僻山村的孤独环境由于同伴的加入恢复了往日的兴旺，集体生活的氛围为儿童未来社会交往奠定了良好的基础。

集中举办寄宿制学校对农村儿童文明行为的养成具有重要作用。养成教育是对学生行为指导与良好习惯养成的一种教育模式，其主要包括生活自理能力、文明生活习惯及综合素质等方面的培养。家庭教育与学生文明行为习惯的形成息息相关，偏远山区农村家长由于自身行为习惯和观念限制，要么忽略孩子养成行为习惯方面的教育，要么将不良行为传递给下一代，这对农村学生今后融入现代城市生活负面影响极大。按理说，非寄宿制学校也可以对学生进行养成教育。但是，没有真实场景和充足时间，往往只是"纸上谈兵"，效果不佳。学校是个体社会化的最佳场所，农村学生融入学校的时间越长，教师的引领和同伴群体潜移默化的影响就越深，其社会化的效果就会越好。因此，当儿童具备基本独立生活能力以后，延长他们学校生活的时间，将学生的生活全方位纳入学校集体生活中，更有利于孩子的现代文明行为的养成。

（二）农村寄宿制小学能更有效地提高学生学业成绩

农村家庭对优质教育资源的需求是寄宿制办学模式得以快速发展的重要原因。随着农村城镇化进程的不断加快，人口和资源向城镇聚集的趋势明显。教育领域也不例外，大批经济条件较好的家庭及学生逐渐转向城镇，优质教师资源也不断向城镇聚集，小生产经济背景下的"小而全"的办学模式逐渐衰弱。与此同时，教育日渐成为资源分配的手段，其竞争从高端逐渐下移至义务教育阶段，甚至是幼儿教育。农民子女改变社会地位的主要途径依然是教育，农村对优质教育资源的渴求胜于以往任何时候。显然，传统的走读学校难以担当重任，农民将孩子的教育权最大限度地转让给学校已经是一种难以扭转的趋势，农村寄宿制学校教育以其特殊的功能迎合了农村学生家长的需要。提高农村寄宿制学校教育质量，真正满足农村家庭对优质教育的需求。不断提高教育教学质量是农村寄宿制学校持续发展的动力源泉，提高寄宿制学校教育教学质量，是促进农村义务教育均衡发展的战略选择。

第一，整合教育资源，缩小城乡办学条件差距。教育投入可以积累人力资本，教育投资是一种生产性投资，教育通过提高劳动者的素质来提高生产力水平。作为生产性投资，教育部门必须与其他物质生产部门保持合适的投入比例，无限制的投入不仅会影响整个经济的发展水平，而且还会造成资源的巨大浪费。换句话说，每个国家投入到教育领域内的资源是有限的，无限制地满足教育支出不符合经济社会发展规律。与此同时，追求效率已经成为国际大趋势，任何国家对于低效率的行业都会加以改造。农村义务教育对提高农村劳动力素质的功用毋庸置疑，由于生源稀疏而造成的学校办学效益不高的现象普遍存在也是客观事实。通过布局调整形成规模效益，通过重新组合人力、财力和物力，提高办学效益，是相对增加教育投资的举措。在国家对农村义务教育投入增加的基础之上，举办农村寄宿制学校，可以集中优质教育资源，改善农村义务教育办学条件，提高教育教学质量。

第二，集中举办寄宿制小学可以整合教师资源。农村人口变化趋势决定了义务教育生源特征，经济活动的本质决定了人们节约资源的行为，集中办学是农村初中和小学今后一个相当长时间的必然选择。集中办学可以节约大量人力和财力，学生集中，教师也相对集中，走上讲台的教师都通过竞争上岗，教师自身的素质在竞争中不断提高，教师间的相互观摩、共同切磋为教学管理和提高教学质量提供了极为有利的条件。集中办学还可以产生"范围经济"，学校可以开齐课程，广泛组织各类活动，使学生德、智、体、美、劳等各个方面素质都得到培养，为学生的发展奠定良好的基础。集中办学会扩大学校的服务半径，造成学生上学远的问题，解决这一问题，除了校车接送就是实行寄宿制。校车运行费用昂贵，一般农村学校难以承受。而且，绝大部分山区农村自然条件恶劣，校车事故概率很大，必须尽量避免校车使用频率。山区及边远地区农村历来有实行寄宿制的传统，寄宿制学校教育是解决学生上学远问题的最佳途径。农村寄宿制学校是布局调整的有力配套措施，在推进城乡义务教育均衡发展的背景之下，农村寄宿制学校建设有利于集中优质教育资源，率先实现缩小城乡办学条件差距的目的。

第三，举办农村寄宿制小学可以保障充足的学习时间。充足的学习时间始终是学习成绩提高的保证。要提高农村学校教学质量，首先得确保学生有效的学习时间。人口居住分散是山区农村的特点，随着部分学校的撤并，学生上学路途遥远的矛盾凸显，导致的直接后果就是学生将大量时间耗费在上学的路途中。山区农村学校在教学技术和设备方面本就处于弱势，在适度范围内加大时间投入可以弥补农村学

生基础的弱势。农村寄宿制小学对于提高学生的学习能力具有强劲优
势。学生住宿在校可以省去往返学校的时间，充分保障了有效学习的
时间和精力。根据学习规律，一定范围内，记忆时重复的次数与记忆
效果之间存在着极强的正相关关系，也就是说，时间是保障学生有效
学习的基础。

第四，举办农村寄宿制小学可以缩小城乡学生家庭教育的差距。
城乡学校整体水平的差距既缘于学校办学实力，也与学生的家庭教育
息息相关。学生寄宿与否，实质上是学校和家庭影响学生力量博弈的
结果。家庭主动或是被动地将学生的监护权转移给了学校。学生家庭
背景的影响力直接影响着寄宿制学校的功效，父母的受教育程度和家
庭生活状况是家庭影响力的决定因素。学生家庭背景的差距包括经济
条件、父母的综合素质以及由此而形成的生活方式，家庭显性教育与
隐性教育的潜移默化与学生的成长密不可分，教育结果的城市化判断
标准使得城乡学生从一开始就处于不同的起跑线上。因此，家庭教育
是推进义务教育均衡发展中不可忽视的因素。城市学生父母文化层次
普遍高于农村，学生成绩的差距往往起源于家庭教育的差距。实行寄
宿制教育，由老师负责全体住校生课余时间的课程辅导、娱乐以及文
明生活方式的养成教育，弥补了城乡家庭背景差异造成的家庭教育不
均衡的缺陷，有利于提高农村学生的综合素质。由于实行寄宿制，
人、财、物相对集中，学校除了有充足的资金购置业余活动设施，还
给音、体、美等配备了专业老师。与非寄宿制办学模式相比，学生会
把闲散在山野林间的时间用来学习更多的现代文明，学生在寄宿制学校
的生活比分散在家丰富而且有意义。寄宿制学校管理最重要的一环在于
学生放学至就寝的活动安排，由于寄宿在校，学校实际上已经成为学生
学习和生活的全部场所，学校承担起了绝大部分社会教育和家庭影响的
功能，学校结合自己的特色和传统，构建家校一体化的学习和娱乐体
系，组织学生开展丰富多彩的课外活动，有利于培养学生广泛的兴趣和
爱好，丰富生活，健全人格，陶冶情操，从而缩小城乡学生因家庭经济
和文化等背景不同而引致的差异，促进义务教育均衡发展。

本章小结

西部农村寄宿制小学历史悠久，新中国成立至今，在民族地区、山区、牧区普及初等教育中发挥了巨大作用。也正是如此，这种用于民族地区提高教育教学质量的办学模式才得以在西部乃至全国农村推广。发展至今，西部地区农村寄宿制小学规模空前壮大。2013年，西部地区农村小学寄宿生人数达到4667239人，占当地在校生的比例达到21.34%。少数民族聚居的山区以及牧区，像内蒙古、云南、青海、西藏等省（自治区），寄宿率分别达到了39.55%、45.43%、37.22%、66.68%。然而，对于农村寄宿制学校的战略思考远远滞后于其量的扩张，在"非寄宿制学校+食宿"的理念指导下，现有农村寄宿制小学普遍存在内涵发展不足的现象。寄宿制小学增添了生活服务的基本元素，改变了传统学校的人力、财力、物力和管理的结构，必然会发挥对外部环境的特殊功能。同时，寄宿制小学内部也需要整合资源，使学生的生活管理、生活教育与学习、娱乐等有机结合，以发挥更大的功效。站在促进城乡义务教育均衡发展以达成教育公平的高度，抉择农村寄宿制小学的功能，可以明确寄宿制教育未来的发展目标，可以坚持发展寄宿制学校教育的自信。

历史已经证明，寄宿制小学是适应西部地区特殊的地理条件、人口分布、民族特征等因素的最佳办学模式。20世纪80年代以前的寄宿制小学仍然值得我们今天学习。当时的历史条件下，政府与人民群众一道，多渠道筹措资金，投工投劳，以灵活多样的形式，在艰苦的条件下提供了优于家庭的生活与学习条件，吸引了大批学生进入寄宿制学校学习。学生上寄宿制小学学习从观望到主动，到最终认可这种办学模式，缘于无微不至的生活服务与相对较高的教学质量。当下西部的农村小学教育生态环境发生了变化，留守儿童教育、农村教育衰败凋敝、城市学校对农村生源的汲取、学生上学越来越远等问题给农村小学教育提出了巨大挑战。恢复小规模学校、提高远程教育水平、提供校车、优质教师向下流动、培养一专多能的教师等措施大多带有理想色彩，唯有寄宿制办学长盛不衰，原因何在？只能说明西部农村举办寄宿制小学存在提升教育教学质量的内生机制。在义务教育均衡发展的背景下定位西部农村寄宿制小学的功能，就是要深入分析、挖掘出内生机制，明晰西部农村寄宿制小学未来的发展目标。西部农村地区未来人口仍将呈减少趋势，全面放开二孩政策对农村地区不会有太大影响。因此，农村寄宿制小学存在和发展的外部环境仍将长期存在。农村寄宿制小学具有家庭抚育替代功能、延长学校对学生施加影响的时间、增加了学校影响学生的内容、改变了学校教育影响学生的方式。将小学生的生活服务与生活教育纳入学校管理范围，对于提升农村儿童生活品质，提高综合素质，从而实现为农村提供高质量教育的目标，最终达成缩小城乡教育差距，促进义务教育均衡发展，确保教育公平。从功能定位的角度看，弥补家庭抚养与教育缺失、节约时间提高学业成绩、促进教学与娱乐的有机结合、提供养成教育实践场所以及拓展集体教育的时空等均属于西部农村寄宿制小学的本体功能，或者叫个体功能。发挥这些功能是完成农村寄宿制小学普及初等教育、保障布局调整顺利实施、解决留守儿童问题以及促进义务教育均衡发展等社会功能的基础。一句话，举办农村寄宿制小学战略目标应该定位：提高西部地区农村儿童的生活品质和综合素质，促进城乡义务教育均衡发展。

第五章　功能定位的合理性检视：
以贵州省为例

　　贵州属于西部地区情况最为特殊的省份之一，符合山区、民族地区、贫困地区、连片贫困地区及石漠化地区等一系列标签特征。2010 年以前，该省关于寄宿制学校的发展措施主要是针对民族地区、初中学校，农村寄宿制小学虽有发展，但不是政策关注的重点。近年来，随着乡村小学的不断撤并，小学生上学远的问题逐渐凸显，寄宿制小学教育需求猛增，迫使寄宿制教育重点开始转向农村小学。2011 年 5 月，贵州省提出农村寄宿制学校建设攻坚工程，其重点明显指向了农村寄宿制小学。本章拟从经济、政治、文化、人口、自然环境及教育自身的发展等维度出发，深入分析贵州省农村家庭选择寄宿制小学教育的动力，以此印证西部农村寄宿制小学功能定位的合理性。

第一节　"民工经济" 与农村家庭
小学教育抉择

　　改革开放以来，农村经济发展方式的最大转变就是 "民工经济" 的出现。所谓 "民工经济" 就是以农民进城务工经商、获得城乡差别效益为主要特征的一种经济形态。[①] 这种经济形式改变了农民生存经营方式，改变了农村家庭教育和学校教育的外部环境，必然会带来农

---

① 李克海：《民工经济与农民现代化》，《江苏社会科学》2005 年第 1 期。

民教育决策的变化。

一　传统经济模式下"村村办小学"的教育格局

贵州省全境多山，自然条件恶劣，土地贫瘠，人均耕地少，农业劳动方式原始，农民收入低，传统农业的劣势明显。第二次土壤普查中，全省土地划分为八级，一、二级土地分别仅占参评土地面积的1.25%和5.35%，七、八级土地（基本上为石化半石化土地）共占参评土地面积的23.38%。[①] 即便是如此贫瘠的土地，全省人均耕地面积也仅有0.67亩，只相当于全国平均水平的45%，而且土层薄、多贫瘠，仅靠土地农民增收难。2005年，农民人均收入仅达1877元，只相当于全国平均水平的59.67%。在漫长的历史发展过程中，整个农村经济活动都一直依靠以耕地面积拓展、增加粮食产量这种平面垦殖方式，维系农村物质资料的简单再生产和人口自身的繁衍。因此，传统经济活动方式劳动强度极大、异常艰辛，对劳动力数量有着内在的强烈需求，导致人口不断膨胀，从而为小学教育提供了充足的学龄人口。与此同时，原始的经济活动方式把广大农村的整个经济活动重心紧紧地吸附在极其有限的耕地经营上，从而也将农民活动范围固定在以家为中心的有限地理范围内。充足的生源与相对受限的活动范围保全了家庭的完整性，使得"村村办小学"的格局得以形成。

二　剩余劳动力转移促使"民工经济"形成

由于人多耕地少、农业生产的季节性等原因，全省农村形成大量剩余劳动力。改革开放以后，农村剩余劳动力向城市转移促使"民工经济"形成，从而引发农村经济增长方式的转变。2003年，贵州省有人口3853万人，其中农业人口3309万人，占全省总人口的85.9%。农村劳动力为2145万人。按行业划分，从事第二产业的人员287万人，从事第三产业的人员207万人，含未就业、未充分就业

---

① 胡晓登：《农民工经济：贵州"三农"问题的重大历史性转机》，《理论与当代》2006年第7期。

人员在内，滞留农业内部的劳动力多达 1651 万人。① 全省剩余劳动力转移大致可以分为四个阶段：第一阶段为 1987 年至 1991 年。各级党委、政府陆续建立了劳务输出的领导机制，确立劳动部门牵头、各有关部门通力合作共同做好有组织的劳务输出的工作模式，深入村寨广泛宣传发动，启发和帮助农民转变观念，鼓励农村青年积极外出务工。第二阶段为 1992 年至 1995 年。针对农村劳动力盲目流入城市，全省加强对农村劳动力流动就业的宏观指导，通过宣传组织、春运引导、严格证卡管理等办法，推动劳务输出逐步迈入有序化轨道，全省有组织的劳务输出规模大幅度增长。第三阶段为 1996 年至 2002 年。受东南亚金融危机和我国加大宏观经济调控力度等影响，各地劳动力需求下降，全省劳务输出出现较大波动，此后随着经济发展形势好转，劳务输出恢复活力。第四阶段为 2003 年至今，全省劳务输出工作进入全面发展时期，劳务输出人数一直稳定在每年 800 万人左右。② 2003 年，全省已经形成了近 500 万人剩余劳动力转移规模，占农村劳动力总数的 23% 以上。2006 年，贵州省外出务工人员达到 450 万，呈稳定增长态势，全年创劳动收入 240 亿元。2011 年，贵州在外务工人员达 750 万人，其中仅温州地区就有 80 余万贵州人，是名副其实的人口输出大省。③ 据省人力资源和社会保障厅统计，截至 2012 年年底，全省外出务工人员总计 755.6 万人，其中，跨省输出人员达到 567.3 万人。④ 2013 年全省外出务工人员仍保持在 756 万人左右水平。⑤ 2014 年，全省农业劳动力转移就业 77.23 万人，年末农村劳动力在外就业人数达 829.71 万人，其中省外就业 603.36 万人。2015 年

---

① 罗凌：《加强贵州农民工管理服务研究》，《贵州财经学院学报》2005 年第 1 期。

② 干江东：《千万贵州农民工勇闯劳务大市场》，《贵州日报》2008 年 4 月 7 日第 10 版。

③ 《2012 年贵州外出务工人超 800 万，返乡潮带动置业潮》，《贵州都市报》2013 年 1 月 24 日。

④ 《贵州出台创业优惠政策》，中国创业扶助网（http：//www.zgcyfz.com/cffzzx_ xx-wenzi.php? NewsID = 9&NewsFLNumber = cyzc）。

⑤ 张伟：《贵州政策调整：到 2020 年吸引 50 万人返乡创业、就业》，中国新闻网（http：//www.chinanews.com/df/2013/05 – 06/4790258.shtml）。

全省农业劳动力转移就业 84.63 万人，年末全省农村劳动力在外就业人数达 865.14 万人，同比增长 4.27%，其中省外就业 617.02 万人，同比增长 2.26%。① 总体来看，全省劳务输出从无序到有序，范围由点到面，规模由小到大，由最初的 300 人发展到 800 万人左右规模。大量农村剩余劳动力转移促进"农民工经济"发展模式的形成，改变了山区农民传统的生存方式和贵州农村落后的经济面貌，从而也改变了传统意义上的农村家庭构成。"民工经济"所产生的直接而巨大的经济效益，已经成为贵州农民脱贫致富、增加收入、摆脱"贫困的人"的重要途径。据省委政策研究室统计，2003 年，贵州外出打工农民总收入达 144 亿元，为 2003 年贵州省农林牧渔业总产值 466.7 亿元的 1/3，劳均收入约 3000 元，为 2003 年贵州农村人均纯收入 1564.7 元的近 2 倍，成为贵州农村第二大产业。② 农民工收入意味着全省 3250 万农业人口人均增加收入 221.5 元。2007 年的一项调查显示，贵州省农民工平均收入 9941.5 元，同期农民人均纯收入为 1985 元，外出务工收入是务农收入的 5 倍。③

2013—2014 年，课题组对全省 5 个地区 10 县的调查也反映出全省劳务输出规模较大的状况。在随机发放的 1500 份学生问卷中，父亲外出务工的比例为 46.7%，母亲外出务工比例也达到了 35.8%（详见表 5-1）。另外，通过交叉列表分析，父母都出外务工的家庭比例也达到了 28.1%。由此可见，贵州省农村外出务工人员仍保持强劲势头。

三 "民工经济"对农村教育环境及农民教育决策的影响

农村经济发展方式的转型改变了农民的生存经营方式，同时也改变了农村家庭教育和学校教育的外部环境，教育环境的变化必然会带来农民教育决策的变化。

---

① 资料来源：《贵州省人力资源和社会保障事业统计公报》（2014 年、2015 年）。

② 胡晓登：《农民工经济：贵州"三农"问题的重大历史性转机》，《理论与当代》2006 年第 7 期。

③ 白万平：《农民工流入地劳动市场均衡工资与价格歧视实证研究——基于贵州农民工调查数据》，《贵州财经学院学报》2009 年第 3 期。

表 5 - 1　　　　　　农村小学生父母亲外出务工情况统计

问题 1：你爸爸是干什么的呢?					
		频率	百分比	有效百分比	累积百分比
有效	在家干农活儿	545	36.3	38.3	38.3
	外出打工	701	46.7	49.3	87.7
	在家做生意或办厂	83	5.5	5.8	93.4
	在单位上班	27	1.8	1.9	95.4
	干部或教师	11	0.7	0.8	96.1
	干部	11	0.7	0.8	96.9
	其他	44	2.9	3.1	100.0
	合计	1422	94.8	100.0	
缺失	系统	78	5.2		
合计		1500	100.0		

问题 2：你妈妈是干什么的呢?					
		频率	百分比	有效百分比	累积百分比
有效	在家干农活	698	46.5	50.0	50.0
	外出打工	537	35.8	38.4	88.4
	在家做生意或办厂	74	4.9	5.3	93.7
	在单位上班	27	1.8	2.0	95.7
	干部或教师	6	0.4	0.4	96.1
	干部	8	0.5	0.6	96.7
	其他	47	3.1	3.3	100.0
	合计	1397	93.1	100.0	
缺失	系统	103	6.9		
合计		1500	100.0		

首先，"民工经济"削弱了家庭教育管理功能。农业生产力的提高的推力和工业发展对廉价劳动力的需求刺激农村剩余劳动力进城，改变了传统家庭的生活模式及生存方式，这种改变必然弱化传统家庭教育管理功能，从而使农民让渡一部分义务和权利，选择寄宿制是农村家庭理性决策。家庭教育是学生成长的主要因素之一，在儿童教育体系中占有重要位置。传统农村经济背景下，父母与孩子空间距离较

近，从时间和精力上能完整担当学生放学后的监管责任。"民工经济"条件下，农民要么离开自家土地，就近务工，要么省内远距离或跨省劳务输出。就前者而言，激烈的经济竞争环境大大削弱了农民对孩子教育的能力，为了务工获得更多收入支撑家庭运转，他们倾向于选择让渡一部分义务和权利，其中包括让渡孩子教育权利。课题组对盘县部分学生家长的调查显示，30%左右的农民是迫于生活压力，外出打工，经济条件窘迫，只好选择让孩子寄宿，周末由家中年迈的爷爷奶奶接送。有10%的孩子家长直言自己虽然离家近，但是现代社会经济压力大，外面工作繁重，没有精力照顾孩子，选择寄宿制学校也是无奈之举。对于跨省或省内远距离务工人员，让渡孩子教育权利的必要性不言而喻。

其次，"民工经济"改变了学校生源数量。农民工子女随迁造成了农村学校学龄人口不足，直接使原来村办学校规模不足，难以为继。在教育资源有限的情况下，撤点并校也就成了各级政府的现实选择，从而产生学生上学远的矛盾，直接刺激了寄宿教育需求。从2009年至2013年统计数据来看，贵州农村小学生数量从4189679人减少到2984590人，5年减少了1205089人。① 其中，农民工子女随迁是农村小学生数量减少的重要原因。例如，2010年全省农村农民工子女随迁小学生人数累计达到了302654人（其中，84.67%的学生为省内其他县迁入），占小学生在校人数的6.89%，当年流出人数达50924人；2011年子女随迁小学生人数略有减少，仍有297183人，占全省在校小学生数的7.27%，当年随迁人数仍保持在50176人。2013年，全省进城务工人员随迁小学生总数为262665人，占全省在校小学生总数的7.39%，其中，省内其他县迁入比例仍占81.65%。②

最后，"民工经济"改变了农村小学的生源结构，这种变化主要表现在留守儿童数量的剧增方面。贵州省近年来形成了一个近800万人的农民工群体，绝大部分人经济水平难以承受子女随迁，正是由于

---

① 资料来源：根据贵州省教育厅统计数据整理。
② 资料来源：《全国教育事业发展简明统计分析》（2010年、2011年、2013年）。

这种没有家庭全体成员参与的完整意义上的人口迁移，使得农村地区形成了一个庞大的小学留守儿童群体。教育部发展规划司数据显示，2009年贵州省农村小学留守儿童人数为716377人，2010年比2009年增长了6.69%，达到764303人。省教育厅数据显示，2010年全省农村留守儿童在小学就读人数为764303人，占小学在校生总数的比例为17.63%；2011年为782841人，占小学在校生总数的比例为19.15%；2012年为769863人，占小学在校生总数的比例为20.26%；2013年为676015人，占小学在校生总数的比例为19.01%。课题组2012—2014年的调查数据显示，农村小学父母都出外务工的家庭比例达到了28.1%。父亲外出务工比例达到46.7%，母亲一方外出务工比例也达到了35.8%。由此可见，近两年来农村小学生中留守儿童比例还在继续上升，未来几年，这一比例还将继续保持上升态势。由于留守儿童的父母一方或双方进入城市，导致家庭生活和教育的缺陷，使这些孩子无法享受正常的亲情关爱，成为社会不可忽视的弱势群体。如何保证农村留守儿童公平接受教育，为他们健康成长创造良好的条件，已成为中国社会转型期的一个独特的社会问题。因为能否成功地解决他们公平接受教育的问题，不仅直接关系到他们的健康成长，而且涉及农村剩余劳动力能否顺利转移，关系到中国现代化的成败。由此可见，因为农民工进城务工造成了留守儿童教育与看护的相对缺失，隔代抚育和委托亲戚等方式难以解决农民后顾之忧，寄宿制学校教育往往成为务工人员的首选。从某种意义上说，农村留守儿童教育问题的存在客观上加剧了低龄儿童寄宿制教育的刚性需求。

总而言之，新中国成立初期至20世纪80年代以前，贵州省农村形成了与传统农村经济相适应的"村村办小学"的教育格局。改革开放以后，农民劳动热情激发，农村劳动生产力提高，人均耕地不足的矛盾凸显，剩余劳动力向城市转移促进了"民工经济"的形成。农村经济转型打破了原初教育格局，改变了边远山区农村小学教育的外部环境，相继改变了教育行政部门及农村家庭的教育决策行为。所以，民工经济是农民选择寄宿制教育的经济基础。

第二节   教育城镇化诱致农村
家庭选择寄宿制教育

所谓城镇化，是指人类生产和生活方式由乡村型向城市型转化的历史过程，表现为乡村人口向城市人口转化及城市不断发展完善的过程。[①] 农村城镇化要求农村地区生产结构、生活方式、人口素质、经营方式和农业人口的收入水平以及结构、思想观念等方面，逐步与城市文明趋近，与城乡差别缩小，最终走向城乡一体化。从某种意义上说，城镇化就是自然经济的农村不断衰退、城镇不断发展的过程。农村城镇化必然带来教育城镇化，教育资源上移必然带来乡村学校的凋零。城镇化对农村教育产生了双重影响，一方面打乱了农村既有的教育秩序；另一方面为调适久已失衡的城乡教育格局创造了机会。如何解决城镇化给农村教育带来的影响？强留小规模学校固然好，但是，庞大的经费支出会超出政府支付能力，从教育在人类活动中所占比例来看，教育投入是有上限的。勉为其难的局面支撑迫使大部分村民主动放弃而选择寄宿制。换句话说，教育城镇化的过程中，农村边远地区小学教育的凋敝成为农民舍近求远的推力，城镇因资源集中而提供的优质教育是农村家庭选择寄宿制教育的拉力。

一　贵州省农村城镇化的进程

改革开放以来，贵州城镇化发展进入相对快速增长期。建制市增加了凯里市，建制镇由 1979 年的 116 个增加到 1987 年的 316 个。城镇人口由 1979 年的 314 万增加到 1986 年的 364 万，城镇化水平从 11.5% 提高到 12.16%。1994 年，全省建制镇数量增加到 675 个，城镇人口增加到 453 万，净增 80 万，城镇化水平上升到 19.80%，年均

---

① 李少元:《城镇化对农村教育发展的挑战》,《中国教育学刊》2003 年第 1 期。

增加1个百分点左右，到达全国城镇化率年均增长的平均水平。[1] 从
1995年起，贵州的城镇化进入了平稳发展时期。这期间全省新增建制
市2个，改遵义市和安顺市升格为省辖地级市。2009年贵州省城镇人
口达到1135.22万，城镇人口占总人口比重30%，城镇化率年均增长
0.73个百分点。全省共有建制市13个，其中贵阳、六盘水、遵义和
安顺为4个地级市；建制镇689个，城镇非农人口大于万人的城镇发
展到84个，一批中心镇纷纷崛起，成为地域开发的增长极，拉动着
贵州省经济和社会的发展。[2] 2011年，贵州省总人口3469万人，其
中农业人口为2256.24万人，城镇人口1212.76万人，城镇化率为
35%。截止到2013年，全省城镇化率达到37.8%，呈逐年上升趋势
（见图5-1）。

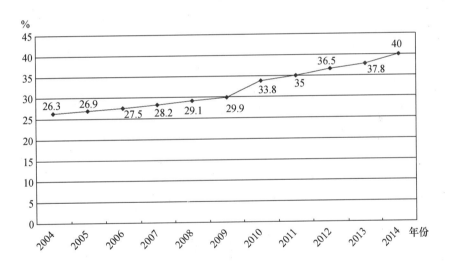

图 5 - 1　贵州省 2004—2014 年农村城镇化率变化趋势

资料来源：根据《贵州统计年鉴》2004—2014 年数据整理而得。

另外，根据《贵州省城镇体系规划（2011—2030）》目标要求，

---

① 但文红：《贵州城镇化水平与区域差异预测研究》，《2011年贵州实施城镇化带动战
略研讨会论文集》。
② 贵州省委省政府：《关于加快城镇化进程促进城乡协调发展的意见》，《贵州日报》
2010年7月17日。

到"十二五"期末，贵州将力争使全省城镇人口增加至 1459 万人左右，城镇化率达到 41% 左右；到 2020 年城镇化率达到 50% 左右；到 2030 年，把城镇化率提高到 60% 左右。①

二 城镇化对农村小学教育生态环境的影响

由于全省城镇化进程加快，乡土农村的经济社会发育程度、人口密度以及相应的文化教育事业发展程度都出现了与以往明显的差异。农村城镇化通过影响人口流动使得农村学龄人口锐减，从而影响了农村教育布局、农村学校硬件条件和农村教育思想。

首先，农村城镇化影响了农村小学生源数量。由于农村剩余劳动力大量转移，乡村人口的比重逐年下降，从而造成农村小学适龄儿童总数锐减。2005 年，全省乡村人口比重为 73.11%，2006 年、2007年、2008 年、2009 年这一比例逐年下降，分别为 72.15%、71.18%、70.19% 和 70.11%。② 2010 年第六次人口普查数据显示，全省常住人口中，居住在城镇的人口为 11747780 人，占 33.81%；居住在乡村的人口为 22998688 人，占 66.19%。同 2000 年第五次人口普查相比，城镇人口增加 3302631 人，乡村人口减少 3803858 人，城镇人口比重上升 9.85 个百分点。③ 2000 年第五次人口普查，全省城镇人口为 844.51 万人，农村人口为 2680.25 万人；2010 年第六次人口普查，城镇人口增加到 1174.78 万人，而农村人口却下降到 2299.87 万人。实际上，2000 年全省人口平均出生率为 20.59‰，2010 年则下降到 13.96%。显然，在人口出生率大幅度下降的情况下，城镇人口依然快速增长，主要缘于农村人口城镇化。城镇化过程中流入城镇的人口绝大部分为青壮年人口，育龄妇女总人口下降，再加上近年来人口出生率下降，乡村小学适龄儿童数量逐年下降，直接

---

① 张宁：《贵州城镇化与农业现代化发展状况分析》，《贵州农业科学》2013 年第 11 期。

② 王国勇：《贵州城镇化发展分析报告》，《贵州民族学院学报》（哲学社会科学版）2010 年第 6 期。

③ 资料来源：贵州省统计局网站（http：//www.gz.stats.gov.cn/tjsj_ 35719/tjgb_ 35730/pcgb_ 35731/201609/t20160929_ 1063961.html）。城镇、乡村按 2008 年国家统计局《统计上划分城乡的规定》划分。

影响到乡村学校生源数量。第六次人口普查数据显示，2010 年，农村地区 6—11 岁小学适龄儿童数下降至 262759 人，6—12 岁适龄儿童为 320675 人；而城镇 6—11 岁小学适龄儿童数则增加到 95004 人，6—12 岁适龄儿童为 114469 人。与 2000 年第五次人口普查相比，城镇小学适龄儿童数大幅度增加了，而农村地区小学适龄儿童却呈现大幅度下降趋势。[①] 城镇化过程中，与农村人口向城流的总体路径及流向相一致，农村学生大多是流向县城及以上城市的学校，农村校变成了"空壳校"。2009 年至 2013 年，全省农村小学生数量由 4189679 人减少到 2984590 人，减少了 28.8%，图 5 - 2 清晰地反映学生逐年减少的情况。在农村学生逐年减少的同时，城镇的学生却在不断增长，"大班额"现象普遍存在。2010 年，全省农村小学生 3950782 人，比 2009 年减少了 5.7%，城市小学生 384189 人，比上年增长了 1.36%；2011 年，农村小学生比 2010 年下降了 10.34%，而城市小学生则猛增了 41.87%，达到 545054 人。从进城务工人员子女来源情况分析，绝大部分随迁子女来源于省内。2010 年，小学进城务工人员子女只有

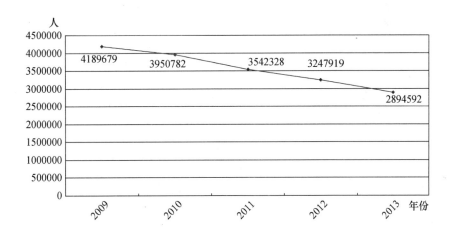

图 5 - 2　2009—2013 年贵州省农村小学生数量变化情况

---

① 资料来源：由《贵州统计年鉴》（2011）相关数据整理得到。

15.33% 来源于省外，其余都来源于本省农村；2011 年，外省迁入 16.4%，省内流动占了 83.6%。由此可见，"人口城镇化"伴随而来的是农村教育城镇化，"民工流"之后必将是"学生流"。随着农村剩余劳动力向城镇转移，学龄人口不断向城镇转移，农村学校班额出现不足而城镇大班额现象严重。2011 年，乡村学校低于 25 人的班级达到 38.14%，比 2010 年增加了 4.03 个百分点。与此相对，2011 年城镇小学班额超过 56 人以上的班级城区为 44.45%，镇区为 35.55%。

其次，农村城镇化影响了乡村小学布局。与全国情况一样，随着乡村人口的不断减少，随着学龄人口自然减少和农民工子女随迁，全省农村小学校数在不断减少，仅 2012—2013 年，农村小学校数就从 10917 所减少到 9959 所，减少了 958 所。学校数的减少扩大了学校服务半径，加剧了农村小学生上学远的矛盾。贵州省农村教育历来以行政区划为基础的布局方式已经陈旧过时，"乡办高中、村办初中、小学办到家门口（自然村）"的布局方式早已被淘汰，就是"县办高中，乡办初中，村办小学"的格局也受到了城镇化和计划生育后学龄人口减少的冲击。城镇化的发展打破了按行政建制设点布校的旧格局，撤乡并镇或在中心镇点加强初中学校建设，在乡镇或交通便利、集贸发达的行政村办小学，已经成为历史的必然。

最后，农村城镇化影响了政府和家庭农村教育理念的改变。长期以来，关于农村教育发展问题就存在着两种主张：农村教育城镇化教育模式与乡土化教育模式。城镇化模式主张，基于义务教育阶段的公平性原则，农村教育应该让农村学生接受与城市学生相同的教育，接受先进的城市文化，体现城乡教育从内容到形式的无差别性。在城镇化背景下，则要强调"离农教育"而主要不是本土教育，以帮助学生适应未来的城市生活。[1] 乡土化模式主张，农村教育当以服务农村建设为本，课程设置以及所有教学过程，都应紧紧围绕农村实际，基于

---

[1] 余秀兰：《乡土化？城市化？我国农村教育发展的困境与出路》，《江苏教育研究》2008 年第 4 期。

当地生产、生活需求，培养学用一致的实用型人才。面对城镇化浪潮的猛烈冲击，他们主张要脚跟牢把，意志坚定，排除万难，重振农村教育秩序。硬件上力争达到"同城待遇"，但农村教育一定要姓"农"，教学内容上应与"农"字关联，办学场地上一定要在乡不在城，近农而非离农。① 实际上，现行市场经济鼓励人们在竞争中求发展，在"利己"行为中达到"利他"的目的，这都是与农村古老文化相抵触的。城市的壮大缘于农村的分化，城市是农村精华的聚集，聚居是人类生存的方式。在农村文化与城市文化的较量中，农村代表保守与惰性，而城市文化才是先进文化的引领者。人类社会发展到后工业时代，即将进入信息化时代，梦想留下农村自然悠闲的景致只能是想象中的"世外桃源"。在城镇化过程中，农村学校生源大量流失，学校没学生可教，这既是农村教育城市化的前提，也是一次机遇。实现农村教育城镇化，使农村教育的主阵地由偏远落后的乡村，逐步转移到中心镇或县城镇，这是当今城镇化进程中农村教育应该秉承的理念，也是教育改革实践中决策者的依据与信念。城镇化在改变政府教育理念的同时，还在不断改变着农村学生家长的观念。传统意义上，农民城镇化过程中多是出于经济因素的考虑，但是，近年来不少农民选择中等城市或大城市缘于大城市拥有更好的教育资源，有利于子女培养。一项关于贵州进城农民的调查显示："为了子女接受优质教育需求"的比例达到29.8%，大城市优质教育资源已成为影响农村居民选择迁移地的主要因素。贵阳市观山湖区的商品房购房者，很大比例是省内各地州经济条件较好的人群，其主要目的也是为了子女能在省会城市接受更好的教育。②

总之，进城镇的人口虽然不需要寄宿，但是影响乡村成班率、成校率却成为寄宿的推力。城镇优质的教育资源必然激发农民选择进城镇读书，被迫寄宿在校或在校外。城镇化必然带来乡村边缘化，乡村

---

① 李金磊：《投资蓝皮书：2030年中国城市和城镇人口超10亿》，中国新闻网（http://www.chinanews.com/gn/2013-04-244759316.shtml）。

② 杜双燕：《基于农民选择意愿下的贵州人口城镇化研究》，《贵州社会科学》2013年第9期。

人口进城镇，必然带来边缘山区农村人口密度减小，从绝对数量和相对数量上影响边远农村生源。

三 城镇化给乡村小学教育提出的新要求

城镇化使农村资源向城镇集中，规模经济效应提升城镇基本公共服务水平，包括优质教育资源的供给能力，这样会产生吸引力，伴随着乡村教育的衰败，这种诱惑力相对更强，换句话说，农村城镇化要求乡村小学教育城镇化。乡村教育城镇化要求在有限的财力范围内追求学校规模效益，对现有乡村学校布局做出重大调整。同时，通过举办寄宿制学校解决因学校服务半径增大而带来的上学远问题。

目前，大部分行政村年出生人口已不足以办起一所完整小学了。为此，乡村教育需要做出调整，一方面，地方教育行政部门要尽早调整学校布局，按人口规模和转移趋势规划学校布局，不是按行政建制的乡、村分散人力、财力、物力，而是撤乡并镇或在中心镇重点加强初中校建设，在县城和有条件的中心镇设置与发展高中校，在乡镇或中心村办小学，取得了教育发展的主动权和良好的办学规模效益。另一方面，决策者又必须在注重教育规模效益的同时，对于那些一时难以搬迁的村落居民子女，也要以实行寄宿制、复式教学以及适当放宽老师配额等形式，保证儿童都能接受义务教育。[①] 特别要加强农村寄宿制学校管理，按照国家和省级标准，配备教室、学生宿舍、食堂、饮用水设备、厕所、浴室等设施，配备必要的管理、服务、保安人员及专兼职心理健康教师。目前，贵州省确定的"小学到乡镇、中学到县城、相对集中办学"正是对农村城镇化的回应。丹寨县近年就采取"搬动儿子来搬动老子，促进城镇化发展"的举措，先后撤并村级小学 8 所、教学点 15 个，建成 8 所农村寄宿制小学，初步形成了城镇为主体、乡村校点为补充的教育发展格局。[②]

---

① 李少元：《城镇化对农村教育发展的挑战》，《中国教育学刊》2003 年第 1 期。
② 龙海波：《多山地区新型城镇化道路的探索与思考——贵州城镇化建设实践调查》，《中国发展观察》2013 年第 12 期。

第三节　农村学校布局调整催生
寄宿制教育需求

20 世纪八九十年代，贵州省各级政府和教育行政部门在大力推进义务教育的进程中，以"普九"、实施"国家贫困地区义务教育工程"和"中小学危房改造工程"为契机，在新建和改扩建中小学校舍的同时，积极推进中小学布局调整，取得了初步成效。但是，由于多种原因，全省中小学传统办学模式形成的"多（校、点数多）、小（学校规模小）、缺（学校功能缺）、散（教育投资分散）、低（教育质量低）"的情况还没有得到根本解决。进入 21 世纪，针对农村税费改革后的实际情况，国务院于 2001 年颁布了《关于基础教育改革与发展的决定》，要求"因地制宜地调整农村义务教育布局，按照小学就近入学，初中相对集中，优化教育资源配置的原则，合理规划和调整布局。" 2001 年 7 月，教育部公布《全国教育事业第十个五年计划》中提出："适应城镇化进程和学龄人口波动的需要，合理规划和调整中、初等学校布局。"自此以后，我国农村地区又开始了新一轮中小学布局调整。相应地，贵州省人民政府 2002 年 12 月 17 日发出《关于印发农村中小学布局结构调整和优化农村中小学教师队伍意见》的通知，提出了农村中小学布局结构调整的目标任务，即通过结构调整，到 2005 年，全省基本完成农村中小学相对集中、扩大规模、方便入学、改善条件、集中师资、提高质量和效益。《意见》对农村小学布局提出了三条具体要求：一是 2002 年基本取消复式班，2003 年基本取消教学点，2004 年村小在 1999 年基础上减少 50% 以上。二是提倡打破村、乡（镇）界限，实行联村、联乡（镇）办学。原则上不新办村小，可数村联合办完小，每所完小覆盖人口 5000 人左右，最小规模 12 个班，在校生达到 500 人左右；乡（镇）中心完小最小规模 18 个班，在校生达到 800 人左右，覆盖人口 8000 人左右。三是在农村完小服务半径 3 公里以内的区域，不能有（或新建）其他小学和教学点。近年来，随着全省工业化、城镇化水平的提高，大量人口向城镇集中，学龄人口流动发生了深刻变化。目前全省农村小学校均规模不足 300 人，初中不足 700 人，2010 年、2011 年全省农村小学分别减少 7% 和 10% 以上，农村初中分别减少 1.5% 和 4% 以上。全省农村义务教育的校均规模逐渐减小、减少幅度呈逐年上升趋势。为适应新形势发展需要，推动义务教育均衡发展和教育公共服务均等化，实现从"有学上"到"上好学"的转变，需要加大中小学布局结构调整力度，优化教育资源配置。2012 年 6 月 20 日，贵州省教育厅出台《关于进一步推进全省中小学布局结构调整的指导意见》提出："提倡小学初中独立办学。在乡镇中心小学和部分人口较多的社区小学建设寄宿制学校，逐步减少现有村小和教学点，形成以一定比例的寄宿制小学和必要的村小、教学点为补充的农村小学新格局。"2014 年 1 月 21 日，全省教育工作会议进一步提出："抓好农村中小学布局调整，原则上小学向乡镇集中，'十二五'末全省农村教学点和小学附设学前班减少一半。"

经过布局调整，全省农村基本上完成了各个阶段政策目标，农村小学数目发生了巨大改变。表 5 - 2 是 1993 年至 2013 年全省农村中小学校数和学生数的变化情况统计，该表清晰地反映了我国 1993 年以来小学校数随社会经济发展的变化而变化的轨迹。从表中可以看出，从 2002 年布局调整至 2012 年新一轮布局调整政策出台，全省农村小学从 13546 所减少为 10917 所，10 年时间减少了 2629 所，平均每年减少约 263 所，2012 年至 2013 年，减幅最大，达到 958 所。统计表明，2002—2012 年，全省农村小学撤并力度低于全国平均水平，而 2012—2013 年撤并了 958 所，说明 2012 年出台的文件执行力度加大。贵州省农村中小学布局调整比全国晚了近 10 年，从 2000 年至 2013 年的走势可以看出，折线比较平缓，对比全国学校撤并曲线，幅度远大于贵州（见图 5 - 3）。因此，全国 2012 年基本控制了撤并，受经济和人口发展的影响，贵州省生源不足的矛盾刚开始显现。

表 5 - 2　　　1993—2013 年贵州农村小学校数和学生人数变化情况统计

年份	农村小学校数（所）	农村教学点数（所）	农村学生数（人）
1993	18352		3684300
1994	18132	—	3939785
1995	18120	—	4113005
1996	17563	—	4170965
1997	17080	—	4229521
1998	16951	—	4224318
1999	16414	—	4182813
2000	15869	—	4162433
2001	13453	—	4006761
2002	13546	—	4045754
2003	12876	—	3699923
2004	12606	5277	3648328
2005	12654	4827	3562979
2006	12465	4620	3470433
2007	12086	4531	3375594
2008	11560	4274	3345825
2009	11330	3958	3194839
2010	10904	3613	2943562
2011	10900	—	3542328
2012	10917	—	3247919
2013	9959	—	2984590

资料来源：《贵州统计年鉴》（1985—2011），2012 年、2013 年数据来源于省教育厅。

　　布局调整带来的直接效应就是学校数目减少，学校分布更加分散，扩大了农村小学的服务半径，造成学生上学距离变远，学生上学远的现实客观上产生了对寄宿制学校的需求。2013 年，全省农村小学总数为 9959 所，全省面积约为 176167 平方公里，相当于平均 17. 69平方公里才有 1 所小学，如果按照圆面积计算（假设学校布局在最适中的位置），农村小学平均服务半径也达到 2.55 公里。实际上，学校布局不会在正中心的理想位置，这样就会造成部分学生上学距离可能在 3 公里以上，对于一个小学生来说，每天上学往返距离将会超过 7 公里。课题组对全省 10 县 20 所学校问卷调查结果显示，57.4% 的学生上学单程距离在 1 小时以上（详见表 5 - 3）。统计发现，学生上学时间众数为 3 小时，这个距离显然超过了走读的最佳范围。

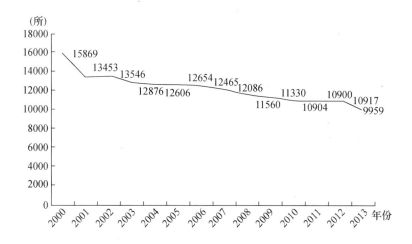

图 5 - 3　2000—2013 年贵州农村小学数量变化趋势

表 5 - 3　　　　　　　　从家里到学校步行时间统计

		频率	百分比（%）	有效百分比（%）	累积百分比（%）
有效	30 分钟以内	106	19.3	20.1	20.1
	30—60 分钟	114	20.8	21.6	41.7
	1 小时以上	303	55.3	57.4	99.1
	4 小时	3	0.5	0.6	99.6
	5 小时	2	0.4	0.4	100.0
	合计	528	96.4	100.0	
缺失	系统	20	3.6		
	合计	548	100.0		

如果说少数民族地区特殊的地理条件和人口分布客观上造成了学生上学远的事实，那么，布局调整则是人为地制造了学生上学远的矛盾。我国农村人口的自然减少，加上人口流动及城镇化促使农村地区学龄人口社会性萎缩，为了整合教育资源，布局调整具有合理性。解决学生上学远的问题目前通行的主要做法就是实行寄宿制和校车接送。由于我国农村教育有实行寄宿制的传统，所以，农村寄宿制中小学成为众望所归，也是政策制定者的首选。寄宿制学校一开始就是作为布局调整的配套工程而加以实施的。因此，寄宿制办学就成为农村中小学布局调整的一种必然要求。

第四节　寄宿制学校破解农村教育困境的示范效应

近年来，寄宿制学校在全国农村蓬勃发展，数量的增长和教育质量优势的显现形成了一种示范效应。可以说，全国农村寄宿制办学实践是贵州农村发展寄宿制教育的教育管理背景。

首先，农村寄宿制学校数量剧增对贵州农村小学教育改革产生了示范效应。表5-4是2006年至2012年农村中小学数量与学生寄宿率变化的情况统计。2006—2012年，农村义务教育阶段学校数从411306所减少到236960所，减少了42.4%，与此相对应，学生寄宿率由29.8%上升到58.6%，提高了28.8个百分点。

表5-4　2006—2012年农村义务教育阶段学校数与学生寄宿率变化情况

年份	学校数（所）	寄宿学生总数（万人）	在校学生数（万人）	寄宿率（%）
2006	411306	2750	9240	29.8
2007	380826	2805	8494	33.0
2008	355118	3067	7989	38.4
2009	328032	3129	7590	41.2
2010	305011	3132	7135	43.9

续表

年份	学校数（所）	寄宿学生总数（万人）	在校学生数（万人）	寄宿率（%）
2011	251014	2908	5228	55.6
2012	236960	2710	4627	58.6

资料来源：表中数据学校数来源于教育部网站"教育数据统计"栏目，寄宿生总数来源于教育部发展规划司编《全国教育事业发展简明统计分析》（2006—2012 年），寄宿率根据以上两组数据计算得到。

　　近年来，贵州省农村小学寄宿率也出现快速增长的趋势（见表 5-5）。从表中可以看出，全省农村小学生寄宿率从 2009 年的 5.38% 上升至 2013 年的 15.76%，增长了 10 个百分点。特别是 2011 年 7 月出台《贵州省农村寄宿制学校建设攻坚工程实施方案》后，省政府设立了省级财政专项资金（每年 2.379 亿元），统筹安排义务教育阶段中央和省级相关资金，支持各地强力推进农村寄宿制学校建设。五年来累计投入资金 250 余亿元，建成 3000 余所农村寄宿制中小学、400 余万平方米学生宿舍、1.49 万个学生食堂、13 万套乡镇教师公租房（周转宿舍）、2629 个农村标准化留守儿童之家、1116 所学校少年宫。至 2015 年年底，全省农村小学生寄宿率达到 30%，较 2010 年提高了近 24 个百分点。① 这一变化趋势与全国农村寄宿制学校变化一致，从某种程度上可以说明示范效应的存在。

表 5-5　　　　2009—2013 年贵州省农村小学生寄宿情况统计

年份	寄宿学生总数（人）	在校学生数（人）	寄宿率（%）
2009	225418	4189679	5.38
2010	256003	3950782	6.48
2011	341144	3542328	9.63
2012	298864	3247919	9.20
2013	470452	2984590	15.76

资料来源：根据贵州省教育厅计财处统计数据整理。

---

① 方春英：《贵州五年投入 250 余亿元建成 3000 余所农村寄宿制学校》，《贵州日报》2016 年 10 月 15 日。

其次，全国农村寄宿制学校的成功经验也成为贵州省农村小学寄宿制教育的动因。由于自然条件的特殊性及布局调整带来的学生上学远问题，全省农村小学，特别是边远山区小学面临着质量下滑的危机，这也是全国农村小学教育的"瓶颈"。一些农村地区小学实行寄宿制教育取得了成功，为贵州农村发展寄宿制小学提供了范例。最典型的个案当属邻近贵州的湖南省沅陵县低龄寄宿办学模式，《中国教育报》曾经对此做过专题报道。2004 年年底，该县 621 个村建有 610 所村小和教学点。截至 2006 年 11 月 6 日，沅陵县共建成低龄寄宿制学校 17 所，撤销村小和教学点 288 个，2470 名村小和教学点的学生集中到乡镇寄宿制学校，全县农村三年级以上学生基本实现了集中寄宿就读。[1] 到 2013 年，该县累计投入建设资金 2380 万元，拨付低龄寄宿生生活补助 1300 万元，撤销村小和教学点 335 个，建成低龄寄宿制学校 41 所，8756 名村小和教学点学生集中到低龄寄宿制学校就读。[2] 偏远农村地区小学生寄宿学习取得了骄人的成绩，这不仅体现在学习成绩上，而且还表现在学生良好生活习惯的形成和个性的培养等方面。山西朔州平鲁区为解决农村中小学"空巢"问题，大胆地进行了寄宿制教育探索和尝试，成为山西省推进城乡教育一体化、实现城乡教育均衡协调发展的典范。2008 年以来，平鲁区围绕"一城十镇百村"建设规划，采取政府出资、乡镇管理、部门指导的办法，按照"一乡一校"的思路，全面铺开乡镇高标准寄宿制小学建设工程。2008 年春季开始，全区开工建设了可容纳 4000 名学生的区直高标准寄宿制小学。同时，投资 5000 多万元，在每个乡镇建设一所高标准寄宿制小学，撤销了农村所有小学和教学点，将农村小学生全部集中到乡镇寄宿制小学就读。农村寄宿制小学在建设中统一标准，确保质量。严格坚持"七有"标准，即有宽敞明亮的教室，有舒适宜居的宿舍，有干净卫生的餐厅，有标准较高的洗浴室，有设施齐全的专用教

---

① 李伦娥：《循序渐进：湖南省沅陵县加强低龄寄宿制学校建设》，《中国教育报》2006 年 12 月 7 日第 1 版。

② 李青松：《沅陵建成 41 所农村低龄寄宿制学校》，沅陵新闻网（http://www.ylxw.net/info.aspx？ModelId＝1&Id＝48898）。

室，有功能完备的运动场，有草木葱茏的绿化带。并按照国家一类标准配套了图书室、阅览室及音体美等器材，班班开通了远程教育网，校校建起了局域网，教师实现了微机办公，学校实现了自动监控。在加强硬件设施建设的同时，各寄宿制小学强化管理，提升服务。为了让家长放心，学生安心，寄宿制小学管理上实行"五式"，即生活起居"保姆式"、饮食结构"营养式"、校园环境"园林式"、学校管理"封闭式"及课余生活"娱乐式"。① 可以说，贵州省黔东南州近年推行的"十有"和"六化四园"② 标准化寄宿制学校建设，都能从山西朔州找到影子。

第五节　农村寄宿制小学提供
优质教育的强劲引力

农村寄宿制小学不仅具备以解决"上学远"问题为基础的工具价值，而且还具有促进儿童成长的本体价值。本体价值是西部农村小学选择寄宿制教育的内因。

一　农村寄宿制小学补偿家庭抚育不足及缺失的价值

一般来说，家庭承担着生产、生殖、抚育等功能，其中抚育功能与儿童接受学校教育关系密切。抚育包括抚养和家庭教育两个方面，抚养涉及科学营养搭配和情感关怀等，家庭教育则关涉行为习惯的养成和课业辅导等内容。农村家庭普遍存在父母文化程度偏低，观念相对落后，在孩子的抚养和家庭教育等方面存在先天的弱势。就抚养方式而言，寄宿制学校按身体发育规律精心设计营养配餐，克服了孩子挑食和吃零食等毛病，确保了学生身体正常发育。近年来，随着农民

---

① 郭健：《山西平鲁：农村学生回流的新实践》，《中国经济周刊》2009 年第 24 期。
② "十有"指"有功能齐全的教学用房、有完善的教学设施、有标准够用的卫生食堂、有干净的生活用水和开水、有满足需要的学生宿舍、有方便文明的厕所、有四季能用的浴室、有符合要求的卫生室、有塑胶运动场和图书阅览室、有留守儿童之家"；"六化"指"规划、硬化、绿化、净化、文化和信息化"；"四园"指"学园、花园、乐园及家园"。

收入的增加，农村家庭不吝孩子的生活投入，特别是留守儿童家庭，父母常年在外打工，经济收入相对宽裕，由于缺乏营养意识和监管不力，往往出现"好心办坏事"的情况，不合理的营养结构和无规律的生活习惯给留守儿童发育带来不良影响。为改变这一现状，农村寄宿制学校抓住实施"营养午餐计划"的契机，确保学生饮食摄入的科学化，从而彰显了农村寄宿制学校弥补家庭抚育不足与缺失的功用。从家庭教育替代功能视角来看，一方面，教师的示范效应和儿童同伴生活互动效应弥补了家庭教育角色单一的不足，在一定程度上替换了父母在影响孩子身心发展第一要素的地位，这种替换将对文明生活方式的养成产生重要而深远的影响。另一方面，实行寄宿制，由老师负责全体住校生业余时间的课程辅导和娱乐，弥补了城乡家庭背景差异带来的家庭不均衡的缺陷，有利于提高农村学生的综合素质。

二　农村寄宿制学校促进儿童融入现代社会的价值

20 世纪 60 年代，美国社会学家英克莱斯（Ingkeles）指出，学校不仅仅是个进行教学的地方，它也是对孩子进行一般性社会化的场所，除了学术科目的正规教育外，学校也通过一系列的程序使学生现代化。[①] 我国城乡政治、经济呈非均衡化状态，尤以农村人口价值观念落后和社会个性缺失最为突出。马克思在分析东方古代社会时曾指出："政治自我孤立封闭状态下的村社组织，构成了国家上层变动，基层社会却停滞不前的重要原因。"[②] 城乡隔离和农村人口现代化进程缓慢是我国现阶段城乡关系的显著特点，农村儿童现代化进程取决于家庭和学校的教育环境，两相比较，现代社会中学校教育的意义更大，个人未来的就业与生活能力主要决定于学校教育水平与质量。寄宿制学校存在的合理与否，实际上就是比较家庭教育和学校教育在不同时期对个人社会化的影响力。农村地区家庭教育具有先天的不足和后天的弱势。一方面，农村地区一般地处偏远，山大人稀，居住分散，交通不便，信息闭塞、观念落后、生产和生活方式带有较强的原

---

①　曲恒昌：《西方教育经济学研究》，北京师范大学出版社 2000 年版，第 275—276 页。
②　《马克思恩格斯全集》第 28 卷，人民出版社 1971 年版，第 272 页。

始性。家庭教育在儿童社会化过程中传递的正是这种落后时代的落后文化，所以，农村家庭教育一开始就处于弱势。农民阶级的群体特征使家庭教育的内容具有落后性。农民阶级在社会分工中处于不利的等级地位，因而也就形成了循规蹈矩、因循守旧的品质。这种环境下的家庭教育和潜移默化的影响能促成儿童现代化，要激发孩子积极向上进取的潜能，就是要及早让孩子脱离这种社会化的环境，融入到现代文明的氛围中。另一方面，农村剩余劳动力的转移使家庭教育缺位。由于改革开放的不断深入，城乡经济差距越来越大，大批农民或主动地或被动地离开故土，进城务工，把大批儿童放在家中，其家庭教育形式发生了重大改变，他们或是隔代教育，或是委托亲戚朋友教育，无论哪种情况，其结果都会造成家庭教育功能的弱化或缺位。这种缺失从某种意义上对学校社会化功能的发挥具有一种正强化的作用，但是，由于家庭教育缺失后孩子要么就会出现一段监管"真空"，学校以外的业余生活时间处于无人看管的状态，要么就处于爷爷奶奶等监护人不正确的教育之下，或者更为严重的是让社会教育占领这片空地，让学生过早地接受社会不良风气的熏陶。所以，在家庭、学校和社会三方中，学校教育具有主导作用，学校接管留守儿童这段无人看管的"真空"地带是最合适的，也是最有效果的。如果要接管这段时间，学校就必须将儿童的日常生活融入学校，安排专人配合教师对他们进行日常规范的训练，使之养成良好的生活习惯。这就要求学生寄宿学校，客观上产生了对寄宿制学校的要求。正是由于留守儿童的出现，寄宿制学校承担儿童食宿等生活行为的管理才具备了充足的理由，正是这种理由才是儿童摆脱家庭的影响及早接受集体生活规则的训练。

中小学教育阶段也是学生开始脱离对家庭教育依赖的阶段，家庭教育力量和学校之间不断"争夺"着对学生的影响。家庭教育总是不断弱化的，随着孩子年龄增长，家庭的教育功能最终必将让渡给学校和社会，而首先争得教育主导权的必然是学校。学校是一个社会化的场所，学生在学校的时间越长，融入学校的集体生活越深，其社会化的效果就会越好。因此，当孩子能够基本独立生活的时候，可以延长其在学校生活的时间，而寄宿制学校无疑可以增加学生在校的时间，将学生的生活全方位纳入学校集体生活中，有利于孩子的社会化。

三　农村寄宿制小学提供优质教育资源的价值

义务教育阶段教育教学质量可以从学业成绩和综合素质两个维度评价，这二者又取决于学校的人力、财力、物力、管理制度和信息资源的供给，而这一切最终依赖于国家财政的支持。从理论上讲，保证农村义务教育财政充足，严格执行《义务教育法》中"保障学生就近入学"的条款是政府义不容辞的责任。实际上，公共选择理论认为，政府集团也是由理性经济人组成，政府官员也会按照政治利益最大化的逻辑选择施政方案，教育收益的滞后性和模糊性决定其在财政分配中的弱势地位。因此，在集中办学与保障就近入学的两难决策中，基层政府会偏向于选择集中办学，节约成本。农村寄宿制学校提供优质教育的价值正好体现在整合教育资源功能上。在既定条件下提供相对充足的人力和物力，保障优质师资、科学管理制度、共享信息的物质载体和提供丰富娱乐活动的设施设备，所有这些就是提供优质教育的保障。

优质的教师队伍是优质教育的核心，举办农村寄宿制学校可以建立一支稳定性较强的教师队伍，从而改善学校教育教学质量。农村寄宿制学校一般都建在乡村较为集中的地方，较之偏远乡村，无论是优秀教师补充还是稳定本地教师都具有更强优势。村级行政中心或集镇相对完善的条件可以为年轻教师提供更多的方便，减少其心灵的孤独，学生寄宿会引致教师寄宿的良好效应，有利于教师队伍的稳定。贵州财经大学课题组在贵州省丹寨县和麻江乡的调研充分说明了这一点，贵州省麻江县隆昌小学是一所农村寄宿制小学，该校在合并周边7个村级小学的基础上创办而成，学校将原有各学校教师充分利用，师资充足，生师比仅 10∶1。学校设教学部、食堂管理部和宿舍管理部，根据教师的特点合理分工，保证了师资的整体素质，为精细化、保姆式、代理家长制的寄宿制管理模式提供了充足的师资，使得学生的学习、生活和娱乐均得到了充分保障，教育教学质量明显提升，学校教师精神面貌焕然一新，呈现出教师乐教和学生乐学并举的局面。该校校长认为，撤并办寄宿制学校给学生带来了某些不便确实存在，但是，由于集中而形成的师资和硬件设施优势更为明显，两相比较，利大于弊，对于学生成长是一种正面影响。

优质教育还体现在农村学生的综合素质提高等方面，而学生综合素质提升又与学校信息资源和业余活动开展息息相关。信息获取机会和能力是现代社会个体素质的重要表现，"数字鸿沟"也是城乡学校教学质量差距的根源。人口居住分散使得农村网络覆盖率极低，相对集中办学为农村学校开通网络创造了条件。以隆昌小学为例，因为学校毗邻集镇而得以开通网络，丰富的信息资源缩小了城乡差距。寄宿制学校管理最重要的一环在于学生放学至就寝的活动安排，由于寄宿在校，学校实际上已经成为学生学习和生活的全部场所，学校承担起了社会教育和家庭影响的绝大部分功能，学校结合自己的特色和传统，构建家校一体化的学习和娱乐体系，组织学生开展丰富多彩的课外活动，有利于培养学生广泛的兴趣和爱好，丰富生活，健全人格，陶冶情操，从而缩小城乡学生因家庭经济和文化等背景不同而引致的差异，促进义务教育均衡发展。

自 2011 年以来，贵州省建设农村寄宿制学校取得了良好的经济和社会效益。它改善了农村学校办学条件，优化整合了农村教育资源，提高了农村办学效益和教育教学质量。它改变了农村教育"散、小、差"的办学模式，降低了教育成本。同时，农村寄宿制学校的大力建设，也满足了广大农村中小学生和留守儿童"上好学"的需求，让广大学生告别了起早贪黑、翻山越岭之苦，让他们"吃在学校解食忧、住在学校受关爱、学在学校长知识、乐在学校感幸福"。同时，解决了教师的"蜗居"和走教之窘，优化了农村的教师队伍。按照省政府的部署，2016 年，全省将继续实施全面改善贫困地区义务教育薄弱学校基本办学条件工作，将标准化农村寄宿制学校建设作为该项工作的重点项目，作为全面打赢教育脱贫攻坚战和推进教育供给侧结构性改革的重要内容和重要任务。着力在乡镇（或片区）加快标准化农村寄宿制学校建设，完善各类功能教室和教育教学设施设备，加强学生生活设施建设，配足健全宿舍、食堂、医务、厕所、洗浴等必需设施。切实改善寄宿学生吃、住、学、乐基本条件，让每一个农村孩子享受到更好的教育资源。①

本章小结

目前，社会有很多批评和质疑农村寄宿制学校的声音，认为小学生寄宿存在亲情割裂、生活不能自理及心理健康受损等问题。诚然，寄宿制本身确有很多弊端，对能够选择就近入学之家庭不是最佳选择。但是，农民工经济带来的留守儿童问题的解决、农村生源自然减少和向城性流动造成的成班成校难问题如何解决？贵州省的实践证明：寄宿制教育无疑是所有办法中较好的一种。教育与经济需要协调发展，教育经费占财政支出的比例也不可能无限提高，过多的教学点不仅推高成本，而且不利于质量提高。试想，又有多少优秀人才会选择到农村边缘地区从教？又有多少家庭愿意把自己的孩子放在只有几个孩子的教学点？现在的问题是：农村父母与孩子的分离已经客观存在，农村很多地区生源大幅萎缩，我们该如何选择？校车、寄宿、走读、教师走教还是利用信息技术？批评的逻辑起点是父母和孩子在一起，学生可以就近入学。显然，这两点在农村地区都难以满足。低龄寄宿问题更大，家庭为什么选择寄宿？可能不得已而为之的大有人在，这可能已经超出了教育本身的范围。家长可以这么理解，但是政策制定者可以多考虑一些，寄宿制学校运行可多考虑家庭功能缺失的弥补。不是寄宿造成了孩子与父母的分离，而是寄宿制教育能在多大程度上解决因孩子与父母分离带来的不便。从这个意义上说，通过解决留守儿童问题以保障剩余劳动力转移可以实现寄宿制小学的社会功能；通过补偿家庭抚育功能缺失和提供优质教育资源的方式提升农村儿童生活品质与综合素质，可以实现农村寄宿制小学的个体功能。

---

① 方春英：《贵州五年投入 250 余亿元建成 3000 余所农村寄宿制学校》，《贵州日报》2016 年 10 月 15 日。

第六章　西部农村寄宿制小学功能的实现路径

　　基于学生个体和西部社会发展的需要，我们定位了西部农村寄宿制小学的个体功能与社会功能。对于个体而言，农村寄宿制小学具有补偿农村家庭抚育功能缺失、促进农村处境不利儿童的社会化、提高优质教育资源的功能；对社会来说，举办农村寄宿制小学对于保障农村剩余劳动力顺利向城市转移和实现教育公平有重要意义。其实，实现农村寄宿制小学的社会功能必须首先实现其个体功能，农村寄宿制小学的运行机制必须首先实现家庭抚育功能替代、促进农村处境不利儿童社会化及提升教育教学质量，从而提高西部农村处境不利儿童生活品质和综合素质，最终解决留守儿童问题，缩小城乡教育差距，促进教育公平。

第一节　提供优于家庭的生活环境，
提升农村儿童生活品质

　　分析一种社会现象最关键的是要抓住本质，农村寄宿制小学之所以特殊，是因为其承担了提供食宿的职能。因为增添了这一职能，学校结构相应发生了变化，也会对原来单纯地提供教学服务产生影响，包括积极和消极两个方面。能否提供优于当下农村家庭的生活环境，是增强农村寄宿制小学吸引力的关键。将生活教育场景移至学校，增添了农村学生社会化的内容，能否抓住这一变化拓展寄宿制教育的功能，是农村寄宿制小学内涵发展的关键。

一　西部寄宿制民族小学生活保障经验借鉴

西部地区举办寄宿制民族小学有着悠久的历史，积累了不少经验，可资当下借鉴。新中国成立初期至 20 世纪 90 年代中期以前，我国西部民族地区小学生面临的最大问题是家庭生活贫困，国家实行包吃、包住、包用的"三包"政策，举办寄宿制小学，提供了优于家庭的生活环境，吸引很多原本不愿读书的儿童进入校园，达到了提高民族地区文化水平的目的。

1981 年，新疆维吾尔自治区为了办好寄宿制小学，每校设保健员 1 人，每 30 名学生设保育员 1 人、炊事员 1 人，以搞好学生的卫生保健，照顾学生的起居饮食；寄宿制小学 50% 的学生享受助学金，以减轻牧民的负担。如塔什库尔干县除免收寄宿生学杂费外，还由国家供给膳食和被褥，50% 的学生由国家供给服装。[1] 牛圈子牧场为辖区内寄宿制小学每年提供 100 只羊，3 头奶牛，并划拨了种植蔬菜和饲料的土地。不仅为学校的勤工俭学活动提供了物质条件，也解决了住宿师生的生活困难。学校利用勤工俭学的收入，免收学生一半的生活费，对家庭经济确有困难的学生实行三免费。学生的入学率、巩固率、合格率迅速提高。1977 年入学的 99 名学生，到 1982 年有 76 名合格毕业，合格率达 76%。[2] 哈巴河县人民政府明文规定，寄宿制学校学生的生活费用，国家负担 50%，公社解决 30%，学校勤工俭学解决 20%。学生的肉食、粮油供应与牧民同等对待。每年每个学生按内部价格供应一只羊。粮食定量每人每月 33 斤，清油每人每月半斤，均由县粮食局销售，学生的生活基本上得到了妥善安排。不仅如此，学校层面还加强对学生生活照料工作。四、五年级学生住校学习，远离父母，生活不能完全自理，学校为每 30 名学生配备了一名保育员。保育员选择责任心强，道德品质好，热爱保育工作，有一定独立工作能力的初、高中毕业生担任。他们主要负责管理学生个人卫生和宿舍卫生，同学生住在一起，晚上关照学生，辅导学习，盖被褥等。炊事

---

[1] 《中国教育年鉴》（1985），人民教育出版社 1985 年版，第 983 页。
[2] 方新江：《戈壁春色》，《人民教育》1983 年第 8 期。

员的配备与保育员的条件基本相同，他们主要保证学生每天能吃上四餐热饭，保持食堂和饮食卫生。三所寄宿制学校共安排炊事员、保育员等 21 人。为了防病治病，每校还安排了一名校医。对学生的生活可谓是全方位照顾。[1] 1990 年，自治区 333 所寄宿制小学中大都盖起了发电房、煤房、食堂、菜窖、蒸汽浴澡堂和厕所等，给学生创造了一个良好的生活环境。牧区小学适龄儿童入学率达 91.5%，巩固率91.1%，毕业率 83.8%。[2]

四川省是举办寄宿制小学较早的西部大省，给学生提供最大限度的生活保障是全省一贯的做法。从 1951 年开始，国家根据民族政策和少数民族实际，集中人力、财力、物力开办"包吃、穿、住、用和医疗保健"的寄宿制民族小学。西南军政委员会文教部规定，学生每人每年补助 72 元（其中，书籍文具费 2 元、服装费 20 元、其余作伙食医药费），学生全部食宿在校。[3] 阿坝州阿坝县所有的寄宿制小学实行国家、集体、个人三负担的原则，学生每月自带口粮 30 斤，集体每月补助 6—8 元，国家每月补助 8 元。学校专门为学生置办了床铺、棉垫、被盖等生活用品，给每个寝室准备了火炉、茶锅等用具，按民族生活习惯供应饭食。此外，还给每班配备了两名管理员，具体管理学生的饮食起居。[4] 1980 年，阿坝州马尔康县沙尔公社崇恩大队党支部自筹资金办起了一所寄宿制小学，招收学生 39 人。由大队选派了一个社员当炊事员，还划了一亩多蔬菜地，用以改善师生生活。两个民师每年的工资发现金 350 元，口粮 800 斤。[5] 甘孜州襄城县为了帮助寄宿生适应学校生活，全校 62 名教职员工都充当了"爱心爸爸"、"爱心妈妈"的角色，提供了比家还好的生活环境。很多孩子们家里条件艰苦，缺乏良好的生活习惯，有的不常洗脚。学校开展养成教

---

① 新疆哈巴河县文教科：《筹建牧区寄宿制小学的做法和体会》，《人民教育》1982 年第 12 期。

② 《新疆年鉴》（1991），新疆人民出版社 1991 年版，第 380 页。

③ 吴明先：《凉山三类寄宿制民族班瓦几瓦》，《民族教育研究》1997 年第 4 期。

④ 阿坝自治州阿坝县文教局：《根据民族地区特点普及小学教育》，《四川教育》1983 年第 5 期。

⑤ 肖顺松：《崇恩大队自办寄宿制小学》，《四川教育》1983 年第 5 期。

育，让每个老师负责 1—2 个寝室，教会孩子们洗澡洗衣、整理床铺等。对学校老师从早上 6 点 20 分孩子起床，到晚上 9 点半寝室熄灯，除了正常的教学工作外，还组织学生出操，督促洗漱，组织吃三顿饭，下午开展课外活动等，一天要干的事情虽然琐碎却一件都不能少，周末还要轮流留校值班。有时孩子生病了，老师还要陪着去医院看病守夜；孩子衣服破了，老师要拿起针线帮助缝补。教师无微不至的生活关怀是学校深受群众和学生喜爱的重要原因。①

甘肃省甘南藏族地区桑料小学是一所寄宿制学校，县文教局对上寄校的学生在生活条件上给予特殊照顾。入寄宿学校的学生的粮食关系全部转到学校，按城镇居民的标准供应口粮，县上规定，每生每月 27.5 斤，其中青稞占 30%，面粉占 70%。县上每月给每生以 10 元的生活补助费和 0.5 元的医药费。同时要求每个学生家长，一年要向学校交一只活羊，24 斤酥油，作为副食来源。总之，学生的生活水平要高于一般牧民，每月为 25—26 元。② 青海省 1963 年开始兴办寄宿制民族小学。家庭生活贫苦的学生，部分或全部由国家负担。学生享受助学金的比例，各校均为学生总人数的 85%。学生口粮，按城镇居民标准由国家供应，肉食、酥油等副食品的供应标准，不低于当地牧民群众的生活水平。从 1963 年至 1965 年，全省牧业区就兴办了 110 所寄宿制小学，在校学生达 5100 余人。1981 年，宁夏回族自治区规定寄宿制学校学生全部享受助学金，小学生每人每月 12 元，其中大部分用于伙食补助。根据学生年龄小，离家到学校食宿的特点，各学校按比例配备了生活老师，专职照料学生的吃穿住，按标准搞好学生伙食。不少学校给学生买了毛毡、毛巾、牙具、脸盆，有的学校还给学生制作了校服，给家庭困难的学生增置了棉衣棉被。③ 20 世纪 90 年代中期，陕西省一些偏远山区相当一部分小学高年级学生和中学生需

---

① 江芸涵：《甘孜州乡城县从解决"难上学"到追求"上好学"——藏区寄宿制学校的喜与忧》，《四川日报》2014 年 7 月 16 日第 11 版。

② 李国早：《寄宿制是牧区普及教育的好形式——访甘南藏族地区桑料小学》，《人民教育》1987 年第 11 期。

③ 《大西北教育短讯：宁夏大力兴办回族寄宿制学校》，《人民教育》1983 年第 12 期。

要在学校食宿，如果没有较好的食宿条件，往往就会使学生因受不了学校生活的清苦而弃学回家。洛南县在"普六"、"普九"工作中，把办好寄宿学校作为改善中小学办学条件的重要工作来抓，积极发动群众，多方筹集资金，新建、维修学生宿舍、灶房，添置床板、灶具及其他生活设施，共投资 89.1 万多元，使中小学寄宿生的条件大为改观，有效地遏制了中小学生流失现象。三元乡中心小学和驾鹿乡高山河小学是全县最偏远的两所完小，两校的住宿生均占到在校学生的83% 以上，由于有了较高标准的寄宿条件，近两年不仅在校学生无一辍学，还吸引了邻乡、邻县的 50 多名学生来校就读。实践证明，要减少中小学生流失，一个有效的途径就是要在抓好寄宿校建设、改善学生食宿条件上狠下功夫。① 1984 年以来，西藏自治区结合"三包"的实行，各级教育部门重点加强寄宿制学校的基本建设，学校增添了生活教师和炊事人员，配备了必需的生活用品，有的县还给寄宿制学校配备发电机，拨给菜地和牧场。许多寄宿制学校都结合当地生产、生活的实际开展了勤工俭学活动。1984 年云南省人民政府划拨专款，在大理州贫困山区开办半寄宿制高小点 328 个，在校生 13000 人，每生每月生活补助费 5 元，后调整为 7 元。1989 年大理州共有全寄宿制民族小学 28 校 3300 人，半寄宿制高小 245 个点 20374 人。全寄宿学生每生每月发给生活补助费 10—12 元，半寄宿制 7 元。并由州政府统一从山区返销粮中解决了学生的粮食补助问题。全寄宿制校点多数分布在乡，半寄宿制多数分布在村。② 1990 年，县宾川县委、县政府针对山区生活困难、学校留不住学生的实际，在粮食指标偏紧的情况下，决定当年拿出 3.08 万公斤粮食对半寄宿制学生实行补助，从1990 年 1 月起给每生每月补助 8 公斤粮食。③ 1993 年，由于物价上涨和粮油价格放开等因素，半寄宿制高小学生的生活增加了困难，为了减轻半寄宿制高小学生家长的供给困难，巩固和办好学校，扶持民族

---

① 齐军明：《办好寄宿制学校，减少学生流失》，《陕西教育》1996 年第 7 期。
② 《1990 年大理白族自治州年鉴》，云南民族出版社 1990 年版，第 282 页。
③ 《宾川县年鉴》(1991)，云南民族出版社 1991 年版，第 186 页。

地区和贫困山区基础教育事业的发展，大理州人民政府拨款72万元，给全州每年定额24000名半寄宿制在校高小学生增加了粮价补贴，使每生每月生活补助由原来的7元增加到10元。[①]

总之，西部地区大部分省（区）在新中国成立初期就举办了寄宿制民族小学，学生就学踊跃，家长普遍欢迎。究其原因，并不是学生及家庭对上学的好处有多少理性认识，而在于当时的家庭基本还没有解决温饱问题，家庭条件极为艰苦，上学读书至少可以解决生活问题。一句话，寄宿制学校提供了优于家庭的生活条件。

二 提供优于农村家庭生活环境的具体要求

改革开放至今，我国西部农村经济发生了巨大变化，广大农村人口已经解决了温饱问题，普通家庭的生活条件大大改善。农村学生对生活条件的要求也逐步提高，在这样的背景下达到优于家庭的生活条件难度显然加大。但是，如果不提供较高水平的生活服务，寄宿制小学就会缺乏吸引力，学生家长就会有很多后顾之忧。为了完成农村寄宿制小学家庭抚育功能的部分替代，必须加大投入，更新观念，创新管理制度，提供更高水平的生活环境。不仅如此，学校还要利用接管学生生活管理的机会，加强养成教育，提升农村儿童的综合素质。

（一）提供符合小学生身心发展特征的生活设施

寄宿制学校为学生提供生活服务的基础设施主要包括宿舍、食堂、厕所、澡堂、开水房，以及室内的设备等。规范、创新是提供基本条件的要求，营造家的氛围，发挥家庭抚育功能是基本目标。

1. 国家层面关于农村寄宿制小学生活服务设施的规范

1997年6月1日，建设部、国家计委和国家教委联合批准发布的《农村普通中小学校建设标准（试行）》（以下简称《标准》）中对农村寄宿制小学的食宿硬件设施做了具体规定。《标准》第十三条对小学生活服务用房规定为："初小设置教工食堂、教工厕所、学生厕所；完小设置教工宿舍、学生宿舍、教工食堂、学生食堂、开水房及浴室、教工厕所、学生厕所。"《标准》第二十五条规定："学生宿舍：

---

① 《大理州年鉴》（1994），云南民族出版社1994年版，第217页。

初小不设置学生宿舍。完小宜设置，并按学生人数的 20% 住校计，居住面积为 2.4 平方米/生，6 班、12 班、18 班的总居住面积分别为 130 平方米、260 平方米、389 平方米。学生食堂：初小不设置学生食堂。完小均应设置，就餐人数宜按学生人数的 30% 计，使用面积为 1.5 平方米/生，6 班、12 班、18 班的总使用面积分别为 122 平方米、243 平方米、365 平方米。开水房及浴室：初小不设置开水房及浴室，师生饮水用开水，由教工食堂加工。完小均应设置开水房及浴室，6 班、12 班、18 班的总使用面积均为 24 平方米。学生厕所：每校均应设置，坑位数宜按学生总人数男女平均每 16 人设置一个坑位计，使用面积，初小为 4 平方米/坑位、完小为 3 平方米/坑位。男厕按每 32 人设置 1000 毫米长的小便槽计，总使用面积：初小 4 班为 32 平方米；完小 6 班、12 班、18 班分别为 51 平方米、102 平方米、153 平方米。"2006 年 9 月 28 日，国家西部地区"两基"攻坚领导小组办公室出台的《国家西部地区农村寄宿制学校建设工程项目学校管理暂行办法》第二十条规定："按照《农村普通中小学校建设标准（试行)》要求，根据学校实际，营养配餐，提高质量，降低成本，办好学生食堂。"第二十六条规定："按照男、女学生相对独立的原则安排住宿，尽量做到一人一床，安全、方便。"

2008 年 12 月 1 日，教育部出台《农村普通中小学校建设标准》（建标 109—2008)，其第十三条规定："全寄宿制完全小学应设置教工宿舍、食堂、开水房及浴室、教工厕所、学生厕所，并按全校学生规模设置学生宿舍。"第二十八条规定了农村全寄宿制普通完全小学生活用房使用面积指标："学校规模为 12 个、18 个、24 个班使用面积分别为 2631 平方米、3925 平方米、5243 平方米。"关于学生宿舍的规定较 1997 年试行标准有所变化，具体规定为："完全小学（主要是高年级）应根据规模办学的要求、学校服务半径的增大等因素，设置一定比例的学生宿舍。学生宿舍用房包括居室、盥洗、厕所和值班人员等各种用房。一般学校学生宿舍的总建筑面积和用地面积，应根据实际情况确定住宿生人数（比例），完全小学按使用面积 3 平方米/生配置。"全寄宿制完全小学食堂使用面积应符合表 6 - 1 的要求，厨房包括初加工、烹饪、备餐间、仓库等。厨房加工操作间最小使用面积不得少于 8 平方米。厕所：小学生和初级中学生的年龄都较小，而且课间上厕所的时间短、人流集中；再加上生活习俗等因素，学校设置单独厕所的居多，学生上厕所的距离增大，因此标准中相应减少了每个坑位的使用人数，适当放宽了每个坑位的使用面积。开水房：非完全小学不设置，饮用开水由食堂供应。完全小学 6 班、12 班使用面积均宜为 8 平方米，18 班、24 班使用面积均宜为 10 平方米。浴室：非完全小学不设置，完全小学 6 班、12 班使用面积均宜为 16 平方米，18 班、24 班使用面积均宜为 20 平方米；凡有寄宿学生，浴室使用面积按寄宿生人数设置。

表 6 - 1　　　　　　农村全寄宿制小学食堂使用面积标准

学校规模	教工		学生		使用面积（㎡）		
	就餐比例（%）	人均使用面积（㎡）	就餐比例（%）	生均使用面积（㎡）	教工	学生	合计
12 班	100	2	100	1.2	48	648	696
18 班	100	1.7	100	1.2	62	972	1034
24 班	100	1.7	100	1.2	82	1296	1378

2011 年 8 月 16 日，教育部、卫生部印发了《农村寄宿制学校生活卫生设施建设与管理规范》（以下简称《规范》）的通知，对农村寄宿制学校生活设施标准进行了进一步细化。《规范》重点对饮用水、宿舍、食堂、浴室、厕所、垃圾和污水处理等学校生活卫生设施的建设与管理提出了要求。用水方面，《规范》不仅对供水、饮水和洗手等用水设施做了详细规定，还对饮用水水质卫生和科学饮水量提出了明确要求。对于学生宿舍要求更是细致入微，要求"学生宿舍用房一般由居室、管理室、盥洗室、厕所、贮藏室及清洁用具室组成。人均居室使用面积不宜小于 3 平方米。学生宿舍应保证一人一床，床铺应牢固结实，床铺面积应适合学生的身材，原则上小学生使用的床面长度不小于 1.8 米，宽度不小于 0.9 米。"对寄宿生食堂提出了如下标

准："学校食堂一般应包括工作人员更衣间、原料存放间、食品加工操作间、备餐间、食品出售场所、就餐场所等。食品处理区的布局应按照原料进入、原料处理、半成品加工、成品供应的流程进行设置。食堂加工操作间、内部设施应符合《学校食堂与学生集体用餐卫生管理规定》（教育部、卫生部令第14号）的要求。食品原料采购、储存、加工环节应符合《学校食堂与学生集体用餐卫生管理规定》要求。"除此之外，《规范》还对厕所、浴室以及垃圾处理等做了详细规定。总体来看，《农村寄宿制学校生活卫生设施建设与管理规范》更注重生活设施微观层面的详细标准制定，具备很强的可操作性。

2013年12月31日，教育部、国家发展改革委、财政部联合发布《关于全面改善贫困地区义务教育薄弱学校基本办学条件的意见》。经过3—5年的努力，使贫困地区农村义务教育学校教室、桌椅、图书、实验仪器、运动场等教学设施满足基本教学需要；学校宿舍、床位、厕所、食堂（伙房）、饮水等生活设施满足基本生活需要；留守儿童学习和寄宿需要得到基本满足，村小学和教学点能够正常运转。保障寄宿学生每人1个床位，消除大通铺现象。根据实际需要配备必要的洗浴设施和条件。食堂或伙房要洁净卫生，满足学生就餐需要。设置开水房或安装饮水设施，确保学生饮水安全便捷。厕所要有足够厕位。北方和高寒地区学校应有冬季取暖设施。设置必要的安全设施，保障师生安全。

以上政策法规共同构成了目前农村寄宿制小学建设的标准体系，涉及了适应寄宿制学校所需的主要设施设备。显然，农村寄宿制小学硬件设施建设并不是无章可循，各地之所以因陋就简，草率从事，都是因为"有法不依"所致。只有严格按照标准执行寄宿制小学建设审批手续，才能有效控制基层政府为了压缩教育支出，不顾学生利益进行大规模撤点并校。只有真正执行农村寄宿制学校建设标准，才能体现寄宿制办学模式的优势。2004—2007年，国家实施西部农村寄宿制学校工程主要是针对初中学校乡中心学校，时至今日，初中基本形成了一乡一所寄宿制学校的格局，条件也基本达标。而农村寄宿制小学目前正处在量的扩张阶段，办学条件离上述各时期的标准相去甚远，下一阶段应该继续实施"农村寄宿制小学办学条件改善攻坚工程"，一方面完善已经举办的寄宿制小学生活设施，另一方面提高新建寄宿制学校准入门槛，确保农村寄宿制小学按照标准建设。

2. 围绕家庭抚育替代功能创新生活服务设施特色

宿舍在寄宿制教育中扮演着重要角色，拓展宿舍功能是创新管理机制的关键。但是，目前我国农村寄宿制学校宿舍基本还停留在"庇护场所"的层面，没有充分发挥其空间性能——实用性、地域性和教育功能。学生宿舍的交往空间对培养学生正确对待生活、集体，与他人协作和处理人际关系非常重要，这种集体生活的经历对于每个学生而言都是其人生经历的一部分，对于其性格的培养起着重要的作用。现代意义上的学生宿舍不能仅仅停留在休息场地这一浅层面上，更应是学生们进行感情宣泄的场所。亲密的同学之间心心相印的交谈、良好的室内环境会使学生们产生归属感和居家感，使他们在繁重的学习之余消除心灵上的孤单和寂寞。

宿舍功能的设计必须与生活教师职能定位相结合，秉承宿舍为"家"、生活教师为代理"家长"、维系学生生活完整性的理念，构建以宿舍为中心、以高素质的生活指导教师为主体的寄宿生业余活动管理体系。换句话说，拓展宿舍功能的目标就是使之成为学生课余活动的中心并具备家的情感寄托功能。为了承载"家"的功能，宿舍布局设计可以采用院落式布置，像传统的四合院，建筑单体呈围合状态，围合起来的内院，将会形成内向且集中的空间，在这样的空间里，学生将会有一种领域感和归属感，且可以在内院布置各种绿化景观和各种公共设施，有利于学生之间的交往。一个院落安排一个年级，每个年级以班级为单位，采用单元式宿舍设计，借鉴家庭生活居住的平面布局，有几个班就设计几室，一个年级设计一个公共活动室作为学生聚会娱乐场所，可以建成"三室一厅"、"四室一厅"等，这种设计便于构建学生课余活动管理中心，一个院落设置一个年级活动空间和管理办公室。这样的想法源于家庭生活，由于学生在家中生活习惯已经养成，到寄宿制学校学习和生活可能会比较难适应，在学校生活学习，如果居住的模式与家庭的居住模式一样或者相似，那么学生就可以更快适应这样的生活，有利于学生融入新环境，可以给学生在心理上带来了公共与私密，将会在更大程度上满足学生的精神生活需求。[1]

西部农村寄宿制小学宿舍建造应注重空间环境的传统文脉。一所农村学校的空间环境要反映当地居民创造的传统文脉，包含文化价值、使用价值和情感价值。特别是情感价值，其核心内容可以是一种"文化认同"。因此，西部农村寄宿制小学宿舍建筑不能脱离于当地固有的传统文脉，要借助于当地传统建筑、民居的构造、组合及空间序列等图，要重视对原有历史建筑、文化遗产、古树名木等的保护，并尊重原有建筑风格，才能表达出校园空间环境的历史与文化内涵。并结合现代学校建筑空间营造的整合，体现乡村民居传统建筑的精神，是新形势下农村学校自信力、凝聚力的重要表现。因为农村学校建筑不仅是自然环境的产物，更是一个农村民众潜移默化的精神文化的实体，它表现了乡村基本精神空间的场所与村民生活有机融为一体的具体行为。[2] 校园是育人的场所，宿舍建筑仅仅做到安全、美观还不够，还应该传达一定的教育理念、文化精神和家的温馨。让建筑承担教育使命，代替教育者说话，妙处在于，它所传达的声音能够潜移默化地抵达心灵，给人无形却极其深刻的影响，真正做到"无声胜有声"。当年爱国侨领陈嘉庚在创办"集美学村"时，采用闽南式大屋顶与西洋式屋身相结合的建筑风格——"穿西装，戴斗笠"，形成后来闻名建筑界的"嘉庚建筑"。至于为什么要让西洋式屋身屈尊于闽南式的"大斗笠"下，陈嘉庚并不讳言其中带有"压制"的意味。通过这种组合式建筑，他其实想让每一个集美学子都感受到民族尊严。美国牧师毕腓力在《厦门方志》中评论道："华侨由于在海外遭受欺凌，因而在建造房屋时，产生了一种稀奇的念头，用中式屋顶压在西式屋身

---

① 郝占国：《西北地区农村寄宿制中学生活空间研究》，硕士学位论文，西安建筑科技大学，2009 年，第 76—77 页。

② 蒲培勇：《农村留守儿童寄宿制学校空间环境研究》，硕士学位论文，昆明理工大学，2011 年，第 79 页。

上，以此来愉悦他们饱受压抑的心情。"①

（二）配备数量充足的专业化生活指导教师

标准化的生活服务硬件设施和以人为本的设计理念终究只能在隐性层面关照儿童的身心健康，要使生活服务硬件设施发挥其替代家庭抚育功能的作用，配备充足专业的生活指导教师才是关键。

1. 农村寄宿制小学生活教师配备的经验借鉴

近年来，我国山区农村与西部地区一样，随着撤点并校的推进，低龄寄宿趋势显现。与此同时，各地为解决低龄寄宿问题而采取的措施也纷纷出台。其中，部分地区举办保育寄宿制小学，配备"保育教师"的做法值得西部地区借鉴。所谓"保育寄宿制"，是指山区农村为改善教育条件，撤并规模较小、条件过于简陋、布局过于分散的校点，打破村域界限，实行联村、联片办学。为方便学生的学习和生活，对于离家较远的学生，学校安排他们在学校住宿，并根据不同年龄学生的自理能力的差异，采取不同形式的适合学生成长规律的"传授知识和生活保育、监护"的一体化管理，以促进学生的身、心、智的同步发展。

湖北宜昌市从 20 世纪末开始创办"保育寄宿制学校"，受到农村家庭及学生的普遍欢迎。20 世纪 90 年代末，该市山区农村基础教育与全国一样面临两大问题：一是学校生源逐渐减少，办学规模萎缩；二是家长们又希望孩子们像城里的孩子一样，享受高水平的教育。但山区农村地广人稀，小学校点散落，师资力量薄弱，教育质量难以提高。在这种矛盾交织下，一些教育工作者开始清醒地认识到：撤除、合并教学点成为历史必然。在这种情况下，既让孩子住在学校，又承担看护、教育责任的"保育寄宿制"应运而生。1996 年，宜昌市五峰县率先试点，在条件较好的湾潭双垭小学办起了"保育式寄宿制"小学。学校专门给孩子们配备了"保育老师"，他们与孩子们同吃同住同玩，指导孩子们学习和生活。至 2004 年，宜昌市所有县市山区

_____

① 李秀华：《校长应该有什么样的建筑理念》，《中国教育报》2009 年 12 月 22 日第 5 版。

204 I西部农村寄宿制小学功能定位及实现路径研究

农村已普遍实行了"保育寄宿制"，2005年，全市农村"保育式寄宿制"小学有491所，占小学校数的78%，保育寄宿生6.5万余人，占全市小学生总数的33%。截止到2010年年底，全市312所保育寄宿制小学都成为达标学校，实现了"三吃四洗十有"（即吃得安全、吃得营养、吃得起；洗头、洗澡、洗衣、洗被；有配套的寝室与厕所、有配套的厨房与餐厅、有配套的活动室与电视机、有冷热水浴室、有锅炉、有洗衣机、有电冰箱、有蔬菜基地、有微机及文体设备、有专兼职保育员）的标准。

特殊的人员配备是"保育寄宿制"学校的特点，所有寄宿制小学都统一聘请了专职、兼职"保育员"和"保育老师"。"保育老师"一般由班主任、退休教师，或在校教师担任，他们与学生同吃同住，像家长一样照顾孩子们的饮食起居，定期或不定期向学校和学生家长汇报学生的在校情况。保育老师指导并教会高年级的孩子穿衣、洗澡、刷牙，帮助低年级孩子清洗衣服鞋袜，半夜叫醒他们起床上厕所。[①] 2010年，姚家店小学有寄宿学生142人，学校配备了两名专职保育员，负责学生生活起居。刚开学时，学前班的小朋友想爸爸妈妈哭闹不止，拒绝吃饭，保育员刘兰就安慰他们，买东西给他们吃，端来饭菜喂他们。学生发高烧，保育员就带着孩子一起睡。"孩子在学校吃得好，住得好，学得好，我们在外打工十分放心。"该校二年级学生望玉洁的家长原本打算把孩子带到城里上学，到学校参观后改变了想法。[②] 全市还专门制定了《宜昌市保育教师的基本条件与职责》以规范"保育教师"行为。

宜昌市保育教师的基本条件与职责

保育教师是随着寄宿制小学办学模式形成而产生的改为，在寄宿

---

① 龙超凡、程墨：《"老师像妈妈，学校胜过家"》，《中国教育报》2005年6月26日第3版。

② 程墨、罗曼：《寄宿制学校配保育员，宜昌农村校魅力初显》，《中国教育报》2010年3月30日第1版。

制小学形成的初期，为照护低龄寄宿生的日常生活，以保育员和生活指导老师的身份出现。随着基础教育改革和发展，素质教育的不断推进，对保育员的要求发生了改变，不仅要对低龄寄宿生实行生活上的照顾，而且要对全体寄宿生的日常生活、课外学习和课外活动实施全方位的管理和指导，对尚欠生活自理能力的寄宿生实施生活辅助。保育教师由此而生。

保育教师的基本条件：

1. 具有中等专业以上学历，且接受过教育心理学和教育学的培训并获得相应的《合格证书》；

2. 具有教师资格，有3—5年小学教学实践；

3. 无违背《教师职业道德规范》处罚事例、无传染性和精神性疾病，无显性生理缺陷。

保育教师的基本素质：

1. 热爱教育事业、热爱学生；

2. 有高尚的道德情操，以身作则，做学生的表率；

3. 具有丰富的科学文化知识和保教职业技能。

保育教师的岗位职责：

1. 保育教师应具有热情的服务态度和高度的工作责任感，保证保育生的安全，关心学生生活，牢固树立管理育人、服务育人的思想；

2. 保育教师坚持住校，周末坚持检查寝室关窗锁门，周末按时返校。负责制定保育生管理制度，安排住宿生值日；

3. 每天早餐前督促并检查寝室清洁卫生，将检查结果交值班教师；

4. 抓好学生住宿纪律，按时督促学生就寝，就寝前必须清点学生人数并作详细记录。每晚查铺2—3次，关心学生身心健康，对学生尿床、冷、热及时妥善处理，对生病的学生及时安排就医，并向学校领导汇报、通知学生家长；

5. 定期召开住宿生或寝室长会议，倾听学生意见，并做好记载。协助学校做好文明寝室的评选工作；

6. 加强学生安全管理，完善住宿学生接送登记制度，让学生安全到校，平安回家；

7. 指导、督促学生完成课外作业，组织学生课余游戏活动。

——摘自宜昌市人民政府督导室主编《保育教师必读》

2. 西部农村寄宿制小学生活教师配备思路

西部农村寄宿制小学新增人员配备必须坚持两个基本原则：一是以宿舍为中心配备生活教师及管理人员，充分发挥宿舍的育人功能；二是坚持学习与娱乐有机结合，保证寄宿生生活的完整性。服务寄宿生生活需要很多人员，其中，生活教师的配备是整个人员配备的核心。

农村寄宿制小学承担着学生生活与业余活动安排的任务，生活教师要承担起"代理家长"的职责，指导寄宿生将学习与生活有机结合起来，以保障寄宿生活的完整性。生活教师的工作应该以宿舍为载体，以学生的食宿管理和业余活动安排为主要内容，结合小学生身心发展特点，创造性地开展活动，通过日常行为的训练对学生进行养成教育，通过业余活动的开展陶冶学生情操，提高寄宿生综合素质。生活教师的职责确定必须依据学生身心发展规律，特别是低龄小学寄宿生，生活教师的工作需要集中在生活的照顾与娱乐活动的开展等方面。目前，各地农村大多低薪聘用临时工充当"宿管"，职责要求仅限于就寝秩序管理，根本没有上升到学生养成教育的高度，这种状况成为制约农村寄宿制小学育人优势发挥的"瓶颈"。为了突破"瓶颈"，必须创新生活教师供给机制，创新可以从两个方面入手：一是职业院校定向培养，对生活教师实行专门技能和综合素质教育，以适应寄宿生养成教育的需要；二是增加生活教师编制，使之成为农村寄宿制学校真正的教育者。这样，寄宿制学校的人员就由两类构成：一类是学校教学人员，另一类就是因学生寄宿而增加的生活指导与服务人员，两类人员分工协作就可达成寄宿制学校教学与生活的有机结合。

为了使生活教师更好地发挥作用，制定合理的生师比和生活教师素质要求的标准十分重要。生活教师应具备相应的工作技能，首先，有科学的指导学生们生活的技能，掌握基础的生理卫生知识。其次，拥有心理辅导技能，能够对学生们产生的心理问题和行为表象及时地发现和排解。最后，拥有美化生活的技能。能够带领学生运用自己的头脑和双手美化校园和生活环境，使孩子们生活在自己创设的美好环境中，从而在心灵上得到美的陶冶。每一所农村寄宿制学校都应该把以上标准作为聘用生活教师的标准给予刚化的规定，从而规范生活教师队伍的建设。① 实践中，各地均配备了一定数量的生活指导老师，但是，这些人员本身素质不高，多是临时工，难以完成提升学生综合素质的重任。同时，生活教师数量配备不足现象普遍，关于生活指导教师配备也必须制定生师比标准。如贵州省规定：寄宿制学校至少配备男女宿管各一人，寄宿生规模在300—500人的，需配备3—6名，500—1000人配备6—8名，生师比为100∶1至120∶1。课题组在调研中了解到，95.3%的生活指导教师（宿管）人员认为，小学生生活自理能力不强，25—30个孩子安排一个人照顾较为合适。显然，现行标准与实际需求之间差距悬殊。相比之下，山西省朔州市的标准要显得宽松和切合实际。《关于印发朔州市农村寄宿制学校建设标准的通知》中规定："寄宿制小学1—3年级每30名住宿学生配备1名生活教师（男女职数按学生性别比例设置），4—6年级每50人配备1名生活教师，负责学生生活起居工作。"

要保证寄宿生生活的完整性，农村寄宿制小学人员配备必须处理好专任教师与生活教师之间的分工与合作关系。要保证寄宿制学校师资队伍的专业化、岗位的规范化，人员标准可分为两类：一类是学校教学人员，另一类是因学生寄宿而增加的生活指导与服务人员。学校工作以教学为中心，教师仍然是寄宿制学校的主要人员，但生活指导与服务人员不仅担负着学生日常生活的管理责任，还承担着生活育人的责任，因而不可偏废。既要将两者的管理时间和职责作明确的划分，又要保持相互合作。农村寄宿制学校的整个工作可以分为学习和

———————————

① 翟月：《我国农村寄宿制学校生活教师问题研究》，硕士学位论文，东北师范大学，2009年，第20页。

生活两个部分，学校管理也必须由两部分分工协作。任课教师的主要工作是上课，但是学生宿舍的工作需要任课教师（特别是班主任）的积极配合。除此之外，寄宿生下午放学到晚上就寝这段时间较长，必须安排学生自习，而这项工作由专任教师承担更为合适，这必然会增加专任教师的劳动量。因此，农村寄宿制学校专任教师比例可以适当放宽，以减轻教师劳动量。在此基础上，加大生活管理人员配备力度，确保寄宿制学校生活质量和秩序。生活教师配备以宿舍为单位进行，学生宿舍修建应该分散，尽量确保生活教师管辖的范围适当分开。遴选相当于英国公学中"舍监"的生活教师，他是宿舍的负责人，是学生生活的设计者。生活教师必须是在编人员，属于非教学正式编制。要求品行端正，具备良好素质。生活教师的职责相当于"代理家长"，从早上的起床将学生送进教室，到每日三餐的监督管理以及下午放学后业余活动的组织，必须面面俱到。学校必须赋予生活教师一定权力，以保证其工作顺利进行，这也可以激发生活教师工作的热情，从而真正达到服务学生生活与培养学生良好生活习惯的目的。为了完成这些工作，每一栋宿舍还必须配备相应的服务人员，其身份相当于英国公学中的"宿舍辅导教师"，宿舍辅导教师由生活教师统一管理，负责所管辖宿舍的杂务，协助生活教师对学生进行养成教育。这一类人员可以没有正式编制，按照合同方式管理，但是要经过统一培训、考核、聘任，杜绝那种随便由附近村民和原来教学人员草率担任的现象。① 这种人员配备方式必须注意以生活教师为主的生活管理与以专任教师为主的教学管理之间的协调。明确的分工是各项工作顺利进行的基础，良好的协作关系则是学校工作浑然一体的保证。生活教师负责的宿舍管理工作需要专任教师的积极配合，学校仍然要安排专任教师协助每天晚上的值日工作。另外，专任教师与生活教师所负责的工作又存在一定冲突，主要表现在学生时间的分配方面。如果赋予生活教师"学生的业余集体活动安排"的权力，生活指导教师的业绩不会以学生成绩作为评价标准，尽可能占用时间也就成为必

---

① 刘欣：《农村中小学布局调整与寄宿制学校建设》，《教育与经济》2006 年第 1 期。

然，这种状况会直接挤占学生学习时间。目前，农村中小学对教师的评价基本上是以学生的成绩为中心进行的，时间的分配就成为两者冲突的关键。因此，重构学校内部管理体制才能从根本上协调两者的关系，确保学校工作的整体性。①

（三）提供科学的膳食营养保障与营养知识教育

目前，农村小学生家庭温饱问题已经基本解决，很多家庭已经开始追求生活质量。如果学校提供膳食服务仅仅停留在吃饱这个层面，很难满足学生及家庭日益增长的需求。留守儿童家庭经济条件一般来说相对较好，外出务工的父母更加不会吝啬，他们最大的愿望是孩子能在学校吃好，生活有规律。因此，完成食宿基本设施标准化和生活指导教师配备后，如何让农村小学生吃得科学，并由此养成良好的生活习惯是寄宿制学校食堂管理努力的方向。

2011 年 11 月 23 日，国务院办公厅出台《关于实施农村义务教育学生营养改善计划的意见》（国发办 ［2011］54 号，以下简称《意见》），从国家层面干预农村义务教育阶段学生的营养改善行动。中央财政以连片贫困地区为试点地区，向农村义务教育阶段学生提供营养膳食补助，标准为每生每天 3 元（全年按照学生在校时间 200 天计算），所需资金全部由中央财政承担。强调试点地区和学校要在营养食谱、原料供应、供餐模式、食品安全、监管体系等方面积极探索，为稳步推进农村义务教育学生营养改善计划积累经验。中央财政在农村义务教育薄弱学校改造计划中专门安排食堂建设资金，对中西部地区农村学校改善就餐条件进行补助，并向国家试点地区适当倾斜。地方人民政府要根据当地实际为农村学校食堂配备合格工作人员并妥善解决待遇和专业培训等问题。这一文件还特别关注了家庭经济困难的寄宿生，从 2011 年秋季学期起，将补助家庭经济困难寄宿学生生活费标准每生每天提高 1 元，小学每生每天 4 元。中央财政对中西部地区落实基本标准所需资金按照 50% 的比例给予奖励性补助。《意见》

---

① 董世华：《我国农村寄宿制学校问题研究》，中国社会科学出版社 2015 年版，第 280—285 页。

虽然只将连片贫困地区学校纳入试点范围，但提出了"支持地方试点。对连片特困地区以外的地区，各地应以贫困地区、民族地区、边疆地区、革命老区等为重点，因地制宜地开展营养改善试点工作，逐步改善农村家庭经济困难学生营养健康状况。对工作开展较好并取得一定成效的省份，中央财政给予奖励性补助。"西部地区农村寄宿制小学大多在贫困地区、民族地区、边疆地区、革命老区等区域，可以"营养改善计划"为契机，扩大服务范围与服务对象，从而规范农村寄宿制小学膳食营养供给。前已述及，农村寄宿制小学教育是义务教育的一个重要环节，是国家提供的公共产品的重要组成部分，由此而新增的费用主要应由公共财政负担，各级政府必须分担学生因寄宿而新增的生活成本。因此，将原来"两免一补"政策涉及对象扩大到所有寄宿的小学生是公共财政的基本职能。

《关于实施农村义务教育学生营养改善计划的意见》中对创新供餐机制和营养教育提出了明确要求。对于创新供餐机制的要求为："供餐模式包括学校食堂供餐，向具备资质的餐饮企业、单位集体食堂购买供餐服务，偏远地区在严格规范准入的前提下可实行个人或家庭托餐等。供餐内容包括完整的午餐，提供蛋、奶、肉、蔬菜、水果等加餐或课间餐。鼓励有条件的农村学校适度开展勤工俭学，补充食品原料供应，地方人民政府应为学校开展勤工俭学提供土地、经费和技术等支持。"关于加强营养教育方面做了如下规定："各地区和有关部门要充分利用各种宣传教育形式，向学生、家长、教师和供餐人员普及营养科学知识，培养科学的营养观念和饮食习惯。学校要严格落实国家教学计划规定的健康教育时间，对学生进行营养健康教育，建立健康的饮食行为模式，使广大学生能够利用营养知识终身受益。实施学生营养改善计划的地区和有关学校要建立专家工作组，加强营养配餐、科学饮食方面的指导和服务。"《意见》还要求建立学生营养状况监测评估制度，及时跟踪了解学生营养改善情况，为营养改善工作绩效评估提供科学依据。

《关于实施农村义务教育学生营养改善计划的意见》对食堂供餐安全、供餐机制、营养教育、规范管理等各方面做了详细规定。如果将营养改善计划的覆盖范围扩展至西部农村寄宿制小学全部寄宿生，按照相关要求保障供餐安全、结合本地实际创新供餐机制、对所有学生开展营养知识教育，就可以为寄宿小学生提供科学的膳食营养保障与营养知识教育。按照《意见》的要求，制定西部各省实施细则，按照细则操作就可以提供给农村学生优于家庭的伙食。农村寄宿制小学食堂是膳食供给部门，厨师与管理人员的水平决定了饭菜的质量。一般来说，食堂厨师并不需特殊要求，招聘身体健康、厨艺好者即可，可以通过购买服务的方式进行，不需要提供正式编制。对于食堂管理人员的招聘需特殊考虑，学生要从吃得饱、吃得好转向吃得科学，必须由营养专家负责营养搭配，这才是问题的关键所在。管理人员必须懂得科学营养进餐知识，可以设置营养师职位，面向社会招聘。重庆市的做法值得借鉴：每个学校必须公开营养食谱，由专门的部门对此进行检测。为了保证学生的营养合理性，目前，重庆已有 200 多个营养师。计划到 2015 年，将保证所有寄宿学校内都要配备至少一个营养师。[①]

第二节　提供丰富多彩的课余生活，提高农村儿童综合素质

所谓课余时间，主要是指学生下午放学后至晚上就寝之前的时间段。学生住校的初始原因是保证与就近走读的学生拥有相同的学习时间，保证寄宿生从早上起床到下午放学与走读生同时上课，就已经完成了任务。因此，所有学生下午放学后至寄宿生晚上睡觉之前的时间段专属于寄宿生，这段时间原本应该由家庭负责，现让渡给寄宿制小学，其管理责任自然属于学校。从某种意义上讲，寄宿制学校育人优

---

① 《到 2015 年我市寄宿制学校都要配营养师》，重庆市教育委员会网站（http://www.cqedu.cn/site/html/cqjwportal/mtbd/2012－05－21/Detail_9042.htm），2012 年 5 月 21 日。

势的发挥就集中在这一时间段。充分利用课余时间是发挥寄宿制小学育人优势,增强其吸引力的另一重要因素。丰富农村寄宿制小学课余生活,使学生获得健康发展,不仅是农村寄宿制小学管理功能性转换的内在要求,更是质量提升的重要内容与突破口。为了提供丰富多彩的寄宿生课余生活,必须从课余活动设施设备、课余生活管理理念、课余活动特色以及课余活动激励机制入手。

一 农村寄宿制小学课余活动管理经验借鉴

除了西部地区农村有举办寄宿制小学的传统外,我国中部地区的湖南、湖北、江西、山西等省的山区也有举办寄宿制小学的悠久历史,甚至东部地区的福建、江苏等发达地区山区也有举办寄宿制小学的传统。近年来,全国各地农村寄宿制小学管理日趋成熟,给西部地区发展寄宿制小学积累很多可资借鉴的经验。

(一)贵州省:课余生活渗透民族民间文化

近年来,贵州省普遍开展的"民族民间文化进校园"活动,并与农村寄宿制小学的课余活动相结合,形成了具有地方特色的课余活动形式与内容。通过开展继承与传承活动,既丰富了学生的课外生活,又拯救了民族地区的非物质文化遗产,不仅使青少年"学在学校长知识",而且"乐在学校感幸福"。

铜仁地区思南县孙家坝小学是一个全寄宿制学校,该校秉承"做足课外文章,培育三个气场,让寄宿生快乐成长"的理念,寄宿生课余活动办得有声有色。首先,学校把劳动锻炼作为课余活动的主要内容。通过建立蔬菜基地和学生班级责任绿地,培养学生的劳动习惯,充实课余活动。学校鼓励学生对蔬菜基地和责任绿地自主管理、自主策划、自主监督的模式,把基地和花园分给班级,以班级为单位成立管理责任区绿化小组,利用每周一、周四的课余时间进行创新性绿化和管理,力求做到"基地无空闲、花园无杂草、班级显特色",有利于学生把学到的知识运用于实际,促进学用一致。其次,通过"体育大课间"活动培育生气。根据寄宿生在校课余时间较多的特点,学校组织各班认真开展好体育大课间活动,以飞山羊、打陀螺、转铁圈、滚铁环、跳绳、打篮球、排球、羽毛球、踢毽子、转呼啦圈、打金钱杆等二十余项传统游戏和运动为载体，培养学生的活动兴趣和爱好，确保每天 1 小时体育锻炼时间，让学校充满活动力与生气。最后，通过"乡村学校少年宫"长灵气。依托"乡村学校少年宫"项目建设，结合小学生兴趣爱好，采取"分时段、分场地、分辅导教师"的方式和以"民间与现代、室内与室外"相结合开展兴趣活动，成立了钢琴、棋类、书法、绘画、唢呐、笛子、二胡、舞蹈、经典诵读、土家花灯、球类、田径类、打腰鼓等多种兴趣班级，有效利用课外活动时间，培育每个学生具备两项以上特长，彰显学生的个性特点。

黔东南州麻江县农村小学基本实行寄宿制，全县各寄宿制小学积极开展丰富多彩的课外活动。首先，各学校开展民族民间竞技体育活动。大部分寄宿制小学都添置了苗拳、押加、高脚竞走、陀螺等民族民间竞技体育器材，学生在体育老师的指导下，认真开展民族民间竞技体育活动，让学生热爱民族体育，在活动中得到快乐。其次，根据学生兴趣爱好和自愿原则，学校每天组织开展为时不少于 40 分钟的大课间活动，课间主要活动内容为：球类、歌舞类、体育游戏类、体操类；午间活动包括：棋类、美术书法类、手工制作类、语言类、摄影、阅读等。大课间活动极大地丰富了学生的课余生活，培养了寄宿生的兴趣爱好和特长，保证了学生一天在校的体育锻炼时间不少于一小时。再次，学校还利用教学功能室，建立了专兼结合的指导队伍，跳绳、乒乓球、接力赛是学校师生课余娱乐的主要项目，普及率在 80% 以上。同时，定期开展艺术节、运动会等活动，让学生在受到艺术魅力的熏陶感染时身心得到健康发展。最后，开展丰富多彩的课外阅读活动。学校利用图书室资源，结合书香校园建设活动，在班级、年级和全校开展丰富多彩的读书活动，增长学生知识，提高学生的阅读能力。以上这些活动都具有很强的民族特色，学生参与活动没有精神压力，没有因此而产生心理负担，达到了开展丰富的课外活动的目的。

黔南州独山县现有农村寄宿制小学 33 所，全县农村寄宿制小学以开展"四在学校·幸福校园"活动为契机，积极组织学生开展课余活动。各学校除了开展球、歌舞、体育游戏、体操、花灯、棋、美术书法、手工制作、语言、阅读等丰富多彩的大课间活动外，建有乡村少年宫的学校每天下午的课外活动时间均有相关活动安排，主要内容为：书画、芦笙吹奏、电子琴、民族舞蹈、手工等。同时，校园体育活动如火如荼。各学校通过组建篮球、乒乓球、舞蹈、音乐、书法、绘画等活动小组，以点带面，引领学生全员参与，并利用小组、班级、学校等各种比赛活动，引领学生边学边练，以练促赛，以赛促练。通过体育游戏、竞赛，发展学生的综合身体素质，通过艺术项目参赛参评，培养学生审美和创新能力，为学生特长的发挥，为学生展示才艺本领搭建平台。许多学校还组建了布依族少儿合唱团，专门训练布依歌、独山花灯、莫家大歌、莫家小歌等具有本民族特色的文化；部分学校还成立布依族乐器团，添置葫芦丝、电子琴、笛子、箫、二胡等乐器，加强对学生进行训练，既传承了本民族的文化，又能陶冶学生情操，每年还受深圳方面邀请，到该地进行文艺演出，受到观众的好评。

（二）江苏省：课余活动提升寄宿生综合素质

江苏是东部教育大省，为了解决山区学生上学远的问题，近年来也举办了很多农村寄宿制小学。为了充分利用学生因寄宿产生的课余时间，很多学校将课余活动开展与提升农村学生综合素质紧密结合起来，取得了较好的效果。

大丰市针对小学生家庭作业少、业余时间多的情况，结合省教育课程改革，改变小学只有必修课的课程体系，增加了"选修课"、"活动课"。住宿生课余生活主要集中在中午及晚上，而中午与其余学生一样，由各班任课老师协同管理，因此，学校重点对晚上活动进行统一管理。每晚安排一小时活动，并以新的课程设置改革方案为依据，内容大致分为四大类：第一类是学科知识性活动；第二类是科技实践性活动；第三类是智能竞赛性活动；第四类是影视娱乐性活动。在活动形式上按照自主、自选原则，通过兴趣小组、俱乐部、科技活动周、校园文化艺术节、影视节目巡礼、专题讲座、社会实践、橱窗画廊、板报、校园广播、专题调查等形式，将学生的学习、生活融为一体，使他们在娱乐中发展了自己的个性特长以及创新精神和实践能力。[1]

射阳县坚持寄宿生课余生活以自主活动为主。孩子们在自主活动的空间里，放开思维，大胆想象，放飞心灵。加之寄宿生课余时间充裕，利用学校室内外训练场地和电脑、图书、音像资料、文体娱乐器材的时间长，训练机会和教师专业辅导次数多，同学交流切磋技艺方便。所有这些都为发展寄宿生兴趣、爱好，彰显个性特长，全面提高素质创造了一般农村家庭走读生不易具备的优越条件。各学校还制订了寄宿生课余时间活动计划，有计划地组织寄宿生收看新闻、少儿节目，举办奥数、古筝、笛子、作文、讲故事、球类、棋类等多种多样的兴趣小组活动，开阔学生的视野，培养发展学生的爱好特长。[2]

洪泽县依托生活服务中心张扬寄宿生个性。每天下午放学后，洪泽县9所寄宿制中心小学的生活服务中心就成为寄宿学生张扬个性的场所。在生活老师的指导下，学生跳绳、踢毽子、打羽毛球，琴棋书画，吹拉弹唱，读书看报，曼舞轻歌，欢声笑语，其乐融融。丰富多彩的活动使学生们身心健康发展，素质不断提高。在洪泽县第四届教育艺术节上，三河镇寄宿制中心小学学生表演的歌舞《好日子》，凭借娴熟的技艺和优美的舞姿，荣获优秀节目奖，这可是以前在村小读书的学生想都不敢想的事情。在寄宿制中心小学，过去在村小读书的学生不仅与镇上的学生一样，学习按国家规定开设的包括英语、计算机在内的所有课程，学校还将寄宿生按年级分班，由值日教师辅导当天作业。他们还利用课外时间，组织了英语、电脑、奥数、写作、讲故事、口琴、舞蹈、篮球、排球、乒乓球等十多个兴趣小组活动，发展学生特长。同时，注重培养寄宿学生的生活自理、自立能力，生活老师从穿衣、洗漱、叠被、物品摆放到冲洗厕所等逐一指导，定期开展穿衣服、叠被子比赛，按月评比"文明宿舍""文明小舍员"，颁

---

① 盛荣永：《关于江苏省大丰市农村小学实行"寄宿制"的调查与思考》，《江苏教育》2003年第19期。

② 陈建平：《农村小学寄宿制对学生综合素质发展影响的调查与研究》，《基础教育研究》2004年第11期。

发喜报、流动红旗。一系列活动的开展,培养了学生良好的生活习惯,开发了学生的智力,促进了学生全面发展。①

二 西部农村寄宿制小学开展课余活动的基本要求

西部地区农村寄宿制小学开展课余活动具有特殊性,一方面,西部地区农村经济发展滞后,寄宿制学校的课余活动设施普遍不足,加上农村音体美等专业教师缺乏,课余活动内容也受到很大限制。另一方面,西部地区也具有东中部地区难以比拟的优势,主要体现在少数民族传统文化底蕴深厚,可资利用的本土资源相对较为丰富。因此,西部地区寄宿制小学课余活动需要立足本地实际,充分利用传统文化优势与自然条件特点,在课余活动设施设备、课余活动内容与形式、课余活动管理等方面形成特色,始终以把寄宿制学校建成"乐园"为目标。

(一) 完善课余活动设施设备

一般来说,农村寄宿制小学夏季课余时间有 4 个小时左右,冬季也不会低于 3 个小时,开展丰富多彩的课余活动是避免寄宿制学校生活单调的有效措施,如果没有更多的课余活动填补因寄宿在校而多出的时间,学校要么"以课代管",尽量用上课来度过这段时间,要么会采取"放羊式"管理,任凭学生玩耍。然而,要开展丰富的课余活动,首先面临的就是设施设备问题。

农村寄宿制小学生课余生活内容主要包括六类:一是生活类,包括衣食住行帮扶服务和自我服务、自理能力以及自护、自救、防灾、防险等生存意识、生存能力的培养训练,让学生学会生存、学会生活、学会劳动、学会服务;二是学科类,包括学科知识巩固提高,读书、看报、自学,发展学生的智力和求知能力;三是科技类,包括小观察、小制作、小发明,培养学生的动手操作能力、科技思维能力;四是艺术类活动,包括声乐、器乐、舞蹈、美术、书法,发展学生的个性特长;五是体育类,包括球类、田径、跳绳、棋类,增强学生的

---

① 万泽民、谷朝珍:《让农村寄宿制小学成为学园、乐园》,《学校管理》2005 年第 4 期。

体能，培养学生的竞技心智；六是休闲类，主要是组织学生收看电视，特别是新闻和少儿节目，扩大学生视野，陶冶思想情操。① 为了丰富寄宿生课余活动，必须首先围绕以上六类活动，增添寄宿制学校设施设备。就活动场地而言，主要有图书室（含阅览室）、操场、舞蹈室、各种球场以及少年宫、留守儿童之家等；活动器材方面主要包括各种体育器材、音乐器材（包括能开展较大文娱活动的设备）、电视、电脑、多媒体、科技活动器材及专用教室等。除此之外，西部地区农村学校一般地处民族地区，学校可以因地制宜，增添一些开展少数民族特色活动的器材，如民族服装、民族舞蹈、民族乐器等，一方面可以丰富寄宿生课余生活，另一方面也可以传承民族文化。

农村寄宿制小学课余活动所需要的场所及器材在学校建设标准中已经有明文规定。就生均占地面积这项指标来看，2008 年颁布的《农村普通中小学校建设标准》中对农村寄宿制小学的体育活动场地用地做出了详细规定。体育用地主要包括游戏场地、环形跑道（含100 米直跑道）、篮球场地、排球场地和器械场地（详见表6-2）。除了体育活动场地外，还对音乐室、美术室、科学室、计算机室、多功能教室、科技活动室等做了具体规定（详见表6-3）。如果所有的寄宿制小学都按照标准执行，那么寄宿生课余活动的场所就会比较充裕，毕竟学校附近的很多孩子不会住在学校。

（二）科学合理安排课余活动

农村寄宿制学校教育本身就有保证学生学习时间的作用，寄宿制学校教育可以节省学生花费在上学路上的时间。但是，这一功能在应试教育的理念之下放大，寄宿生的大部分时间都被学习占领，严重地影响了学生生活的完整性，从而也影响了寄宿制学校教育功能的发挥。因此，要真正做到合理分配学习和课余活动时间，必须在改变应试教育观念的前提下，加大对学生课余活动设施的投入，并加强教师的指导，不断创新活动内容。

---

① 吴霓、廉恒鼎：《农村寄宿制学校学生课余生活研究综述》，《河北师范大学学报》（教育科学版）2010 年第 12 期。

表6-2　　　农村全寄宿制完全小学体育活动场地用地面积标准

学校类别及规模		体育活动场地（m²）						平均每生用地面积（m²/生）
		合计	游戏场地	环形跑道（含100m直跑道）	篮球场地	排球场地	器械场地	
完全小学	6班	4328	150	3570	608	—	—	34
	12班	6438	150	5394	608	286	—	29
	18班	6824	150	5394	608	572	100	23
	24班	7482	150	5394	1216	572	150	20
全寄宿制完全小学	12班	6438	150	5394	608	286	—	39
	18班	6824	150	5394	608	572	100	34
	24班	7482	150	5394	1216	572	150	32

表6-3　　　农村全寄宿制小学教学辅助用房使用面积标准

用房名称	12班540人			18班810人			24班1080人		
	间数	每间使用面积（m²）	使用面积小计（m²）	间数	每间使用面积（m²）	使用面积小计（m²）	间数	每间使用面积（m²）	使用面积小计（m²）
音乐教室	1	80	80	1	80	80	2	80	160
音乐准备室	1	25	25	1	25	25	1	25	25
美术教室（艺术教室）	1	80	80	1	80	80	1	80	80
美术准备室	1	25	25	1	25	25	1	25	25
科学教室	1	80	80	1	80	80	2	80	160
科学准备室	1	39	39	1	39	39	1	39	39
计算机教室	1	80	80	1	80	80	2	80	160
计算机准备室	1	25	25	1	25	25	1	25	25
多功能教室	1	107	107	1	134	134	1	189	189
多功能准备室	1	25	25	1	25	25	1	25	25
远程教育教室	1	39	39	1	39	39	1	39	39
图书室	1	121	121	1	162	162	1	202	202
科技活动室	—	—	25	—	—	39	—	—	39
体育活动室	1	300	300	1	300	300	1	300	300
体育器材室	1	39	39	1	39	39	1	39	39
心理咨询室	—	—	25	—	—	25	—	—	25
合计			1817			2277			2936

1. 改变应试教育观念

改变教育观念是科学合理地安排学习和课余活动时间的前提。在应试教育的观念支配下，农村寄宿制学校生活以学习代替已经为教师和家长接受。因此，一些农村寄宿制学校教育只是在为学生未来生活作准备，恰恰忽视了教育本身就是生活的一部分。然而，寄宿制学校与非寄宿学校相比，不但要承担普通学校教育的功能，而且还要承担一部分家庭教育、家庭生活以及一部分社会娱乐功能。寄宿制学校的功能发生了变化，已经不能再按照非寄宿制学校的教育模式进行管理，而应该在课堂教学、课外活动、日常生活等方面进行必要的整体改革，以保持学生生活的完整性。学校几乎就是寄宿生生活的全部场所，学校结合自己的特色，组织学生开展丰富多彩的课外活动，丰富其生活，健全其人格，陶冶其情操，是寄宿制学校的应然选择。学习与生活都是学生成长的必要过程。作为培养人的机构，寄宿制学校理应把学校生活作为重要内容进行安排。19 世纪末到 20 世纪初，在西欧和美国也曾出现有乡村寄宿学校，如德国教育家利茨于 1898 年创办的"乡村教育之家"，比利时的德可乐利在 1907 年创办的"隐修学校"，美国进步教育运动的代表人物帕克创办的昆西学校。这些学校被称为"新学校"，属于收费的乡村寄宿学校，设在远离城市的风景优美的环境中，校舍生活设施舒适，教学设备较为精良。这类学校注重创造家庭式的生活气氛，日常开展诸如学术的、体育的、艺术的、手工劳动等活动。这些学校不仅是儿童学习的场所，而且也是儿童日常生活的家庭乐园。[1] 从本质上看，丰富学生课余生活就是增加学生获取知识、生成智慧的实践活动，就是为学生的全面发展提供丰富的环境条件。在整个人类社会都日益重视教育、重视人的主体和社会适应性的今天，实践活动会使学生的生活更加丰富和完善，在活动与交往中，会增进同学间的友谊和情感，使学生更加热爱寄宿的学校生活，身心健全发展。显然，要合理安排学生的学习和课余活动时间，

---

[1]　姚姿如：《丰富农村寄宿制学校生活的思考》，《东北师大学报》（哲学社会科学版）2011 年第 3 期。

必须坚持素质教育的原则，促进学生全面发展。

2. 增加人力物力投入

要保证学生学习和课余活动时间合理分配，增加对课余活动设施的投入和师资力量的配套是关键。目前普遍存在的问题是学习时间过长、课余时间没有保障，这固然与教育观念和学校评价体系有关，但是与寄宿制学校课余活动设施不足、教师指导不够、活动内容单调及学生缺乏自主活动的动力也有很大关系。由于缺乏相应的娱乐设施，很多寄宿制学校学生娱乐活动缺乏，除了在体育课以及在课间休息的十分钟时间里进行一些体育活动以外，其他娱乐活动很少。教室和寝室都没有电视，无法收看电视节目；学校几乎没有像样的图书阅览室，学生也就没有什么课外书籍可看；学生也没有充足的游戏和休闲活动时间。对小学低龄学生的访谈发现，很多学校老师从来不组织学生做游戏，同学之间也没有游戏。由于缺少与同伴的游戏和交往，寄宿制学校的学生生活中，缺少了许多童年应享有的童真和乐趣。许多同龄孩子在一起学习和生活，本可以很好弥补独生子女缺少友谊玩伴等缺憾，却因种种原因而没有达成这个目的。为了解决这一问题，学校首先要尽可能地想办法加大基础设施建设，创造活动的条件，丰富各项课余活动，营造课余活动的快乐氛围，为寄宿制中小学生提供一个宽松、和谐、健康的环境。①

在保障学生课余活动设施的基础上，教师的引导和安排对于丰富寄宿生课余生活起着至关重要的作用。配备高素质的生活教师，以宿舍为单位开展活动，可以使学生娱乐活动落到实处。构建以宿舍为中心的课余活动安排机制，将课余活动与教学活动放在同一高度进行安排，才能真正保障课余活动时间。另外，生活指导教师的工作还必须得到专任教师的积极配合，这就要求提升专任教师的整体素质。教师要学习新课程理论，树立新型的学生观、人才观、教学观、课堂观。要加强学科专业知识和百科知识的学习，夯实专业功底，做到学科教学游刃有余，这样才能提高课堂效率，使学生真正解放出来，这是保

---

① 张兵：《寄宿制中小学生课余活动安排的思考》，《革新教育》2011 年第 10 期。

证专任教师放开手脚，支持生活指导教师开展活动的根基。专任教师还要加强教育学、心理学特别是有关儿童教育学、心理学理论的学习，关注儿童心理健康和良好个性发展，遵循教育规律，做儿童教育的有心人。[①]

3. 创新课余活动内容

要实现学习时间和娱乐时间的合理分配，创新课余活动内容是调动学生主体性的关键。在教师改变观念，学校满足课余活动设施之后，学生的积极主动性就是关键因素。儿童喜好游戏的天性往往会因家长和老师的期待和压抑而逐渐丧失，家长"望子成龙"的心情会使很多孩子将正常娱乐当作浪费时光，所以，教师有责任唤醒学生的天性。这就要求教师一方面要精心设计课余活动内容，从生活类活动、益智类活动、科普类活动、健体类活动、艺术类活动、兴趣类活动等方面选取合适题材，调动学生积极性；另一方面，还要考虑学生个性特征，给学生一定的自由支配的时间安排自己喜欢的活动，不同年龄的学生可以安排时间不等的自由活动，以便让所有的学生都有机会放松自己的心情。

农村寄宿制小学要通过校本课程、社团活动、兴趣小组、社会实践等途径，丰富寄宿生课余活动，为学生成长提供个性化、可选择性机会，帮助学生发展兴趣、多元发展，从而提高学生综合素质。学校还要利用节假日、周末和课余时间向寄宿生开放功能室，为学生课余活动提供基本物质条件保障。学校必须积极探索利用社会资源、各类社会实践基地等丰富学生课余活动。在农村寄宿制小学开展内容丰富、形式多样、健康文明的课余活动，有助于学校创造良好的育人环境和氛围，增强学生美感体验，掌握基本的运动技能，养成良好的锻炼身体的习惯，提高身体素质，培养学生欣赏美、创造美的能力，培养学生的竞争意识、合作精神和坚强毅力，促进学生的全面发展。寄宿制小学课余活动的目标应该定位在培养学生的良好品德，陶冶学生

---

① 向志家、邹翔：《全面质量观是办好农村低龄寄宿制学校的指针》，《当代教育论坛》（教学研究）2011 年第 2 期。

的高尚情操，开阔学生的视野，发展学生的个性特长，促进学生身心健康发展等方面。学校要根据学校、学生、场地、师资以及环境、季节、气候和民族习俗等方面条件进行有效挖掘。可根据学生年龄特点以及不同活动的特点，采取学生自主活动、教师和学生互动、教师引导学生活动等方式进行，可不拘泥于时间、场地、人员、器材等方面的限制，随时随地举行一些小比赛、小游戏，准备一些小奖品，激发学生积极参加活动的兴趣。[①] 西部地区有丰富的民族传统文化资源，可以据此开发出很多课余活动形式，甚至可以编写校本课程，培育本校的民族品牌，回馈乡村，参与村民互动，发挥农村寄宿制小学村级文化中心的外溢效应。

三 课余活动激励措施

对课余活动管理的激励必须从学校、教师与学生三个方面入手。对学校来说，地方政府要提高农村寄宿制小学的生均公用经费标准，加强学生课余活动资源建设，保证学校有专项经费用于加强寄宿学生课余活动资源建设。寄宿制学校肩负着对学生的教育、管理与培养任务，涉及学生学习与生活的方方面面，专任教师工作非常繁重，可以根据农村寄宿制小学规模增加专职的生活教师编制，保障学校对学生课余活动的管理。对教师而言，主要是提高待遇，提高教师组织学生课余活动的积极性。由于现实原因，农村寄宿制学校学生课余活动，需要学校的班主任以及任课教师的全方位参与，提高寄宿制学校教师待遇，设立专门的津贴用于教师对学生课余活动管理的补助，有助于提高教师组织学生课余活动的积极性。[②] 对于寄宿生来说，给予学生课余活动多样选择、自由自愿参与、"寓教于乐"就是最有效的激励措施。如果为了所谓的素质教育而安排太多程序化的活动，一方面是教师精力不够，另一方面也会使学生失去兴趣。因此，丰富多彩的内容及形式必须引导学生自主参与和创造，而不是采用"灌输式"的方

---

① 张兵：《寄宿制中小学生课余活动安排的思考》，《教育革新》2011 年第 10 期。

② 中央教育科学研究所课题组：《贫困地区农村寄宿制学校学生课余生活管理研究——基于广西壮族自治区都安县、河北省丰宁县的调研》，《教育研究》2008 年第 4 期。

法。课余活动原则上以生活指导教师为主体，由教学部安排班主任和音体美劳专任教师协助完成。生活指导教师肩负着对学生的教育、管理与培养任务，涉及学生学习与生活的方方面面，工作非常繁重。针对寄宿制学校的这一特殊性，建议根据学校规模设立专职的生活教师编制，保障学校对学生课余活动的管理。生活指导教师的工作分为两大部分，一部分是负责学生就寝秩序的维护和夜间看护，另一部分就是负责学生放学后至晚自习时间段的课余生活组织与安排，生活指导教师主要负责生活类和休闲类课余活动的组织。

第三节　提供更高水平的教学质量，缩小西部城乡教育差距

农村家庭对优质教育资源的需求是寄宿制办学模式得以快速发展的重要原因。随着农村城镇化进程的不断加快，人口和资源向城镇聚集的趋势明显。教育领域也不例外，大批经济条件较好的家庭及学生逐渐转向城镇，优质教师资源也不断向城镇聚集，小生产经济背景下的"小而全"的办学模式逐渐衰弱。与此同时，教育日渐成为资源分配的手段，其竞争从高端逐渐下移至义务教育阶段，甚至是幼儿教育。农民子女改变社会地位的主要途径依然是教育，农村对优质教育资源的渴求胜于以往任何时候。显然，传统的走读学校难以担当重任，农民将孩子的教育权最大限度地转让给学校已经是一种难以扭转的趋势，农村寄宿制学校教育以其特殊的功能迎合了农村学生家长的需要。所以，不断提高教育教学质量是农村寄宿制小学持续发展的动力源泉，提高寄宿制小学教育教学质量，是促进西部农村义务教育均衡发展的战略选择。

一　整合教育资源，缩小城乡办学条件差距

教育投入可以积累人力资本，教育投资是一种生产性投资，教育通过提高劳动者的素质来提高生产力水平。作为生产性投资，教育部门必须与其他物质生产部门保持合适的投入比例，无限制的投入不仅

会影响整个经济的发展水平，而且还会造成资源的巨大浪费。换句话说，每个国家投入到教育领域内的资源是有限的，无限制地满足教育支出不符合经济社会发展规律。与此同时，追求效率已经成为国际大趋势，任何国家对于低效率的行业都会加以改造。农村义务教育对提高农村劳动力素质的功用毋庸置疑，由于生源稀疏而造成的学校办学效益不高的现象普遍存在也是客观事实。通过布局调整形成规模效益，通过重新组合人力、财力和物力，提高办学效益，是相对增加教育投资的举措。在国家对农村义务教育投入增加的基础之上，举办农村寄宿制学校，可以集中优质教育资源，改善农村义务教育办学条件，提高教育教学质量。

农村人口变化趋势决定了义务教育生源特征，经济活动的本质决定了人们节约资源的行为，集中办学是农村初中和小学今后一个相当长时间的必然选择。集中办学可以节约大量人力和财力，学生集中，教师也相对集中，走上讲台的教师都通过竞争上岗，教师自身的素质在竞争中不断提高，教师间的相互观摩，共同切磋为教学管理和提高教学质量提供了极为有利的条件。集中办学还可以产生"范围经济"，学校可以开齐课程，广泛组织各类活动，使学生德、智、体、美、劳等各个方面素质都得到培养，为学生的发展奠定良好的基础。集中办学会扩大学校的服务半径，造成学生上学远的问题，解决这一问题，除了校车接送就是实行寄宿制。校车运行费用昂贵，一般农村学校难以承受。而且，绝大部分山区农村自然条件恶劣，校车事故概率很大，必须尽量避免校车使用频率。山区及边远地区农村历来有实行寄宿制的传统，寄宿制学校教育是解决学生上学远问题的最佳途径。农村寄宿制学校是布局调整的有力配套措施，在推进城乡义务教育均衡发展的背景之下，农村寄宿制学校建设有利于集中优质教育资源，率先实现缩小城乡办学条件差距的目的。

效率与公平的冲突是经济社会无法回避的矛盾，公平是为了长久的有效率发展，高效率则是高起点公平的基础和保障。追求公平并不是追求平均，追求公平也并不是要求齐头并进。就义务教育整体而言，推进义务教育均衡发展，保障教育公平，可以以初中教育为突破口，集中优质教育资源，缩小城乡办学条件差距。进一步具体到小学教育阶段，则应该以高年级（五、六年级）阶段为突破口，推行寄宿制办学模式。低龄学生寄宿要谨慎推行，对于确有寄宿需要的地方可以在核算成本的基础上，比较就近入学和举办保育寄宿制学校的成本差距据实选择。从小学高年级开始推行寄宿制有利于学生整体的发展，保证绝大多数人享受优质教育资源才是真正有效率的公平。如果为了保证少数特殊情况而使绝大部分学校处于低水平运行状态，只会加大城乡差距，损害义务教育公平。所以，通过举办农村寄宿制学校整合教育资源，可以利用有限的资源配置结构的改变而改变其功能，从而缩小城乡义务教育办学条件差距，促进义务教育均衡发展。

二　通过养成教育提高学生综合素质

农村寄宿制学校对于提高学生的学习能力具有强劲优势。学生住宿在校可以省去往返学校的时间，充分保障了有效学习的时间和精力。根据学习规律，一定范围内，记忆时重复的次数与记忆效果之间存在极强的正相关关系，也就是说，时间是保障学生有效学习的基础。学习成绩的提高只是寄宿制学校优势的一方面，其实，农村寄宿制学校提高学生综合素质的功用更具有实际意义。学生在校学习是生活和成长过程的统一，除了学习成绩外，学生综合素质的提高尤为重要。随着农村城镇化不断加快，乡村生活开始变得悄然无声了，原来盛行的很多具有社会化意义的活动逐渐消失。乡村变革的惰性使得残存的农村生活节奏和生活习惯继续影响着下一代人，农村的散居特点与现代化大生产格格不入。家庭与学校之间影响学生时间的分配决定着各自的影响力，传统的小规模学校和非寄宿制学校在争夺学生影响力中处于弱势，家庭的影响力增强意味着小生产意识的继续保留甚至是强化。因此，学生在摆脱了对父母情感的强烈依赖之后，及早融入集体生活有利于培养良好的生活和行为习惯，有利于形成团体意识和合作精神。除此之外，农村寄宿制学校专业的教师和科目齐全的课程设置为学生全面发展提供了平台，农村学生可以在寄宿生活中接触现代文明。

随着改革开放的深入，农村家庭结构正在发生着深刻变革，大量劳动力流动打破的原有家庭的稳定状态，留守儿童隔代抚养或寄养普遍存在，留守儿童家庭教育缺位现象严重。农村寄宿制学校应该尽量满足留守儿童寄宿的需要，主动承担起留守儿童全面教育的责任。明确寄宿制学校生活指导教师职责，提高专任教师育人意识，构建以宿舍为中心的寄宿生课余生活保障体系，有利于弥补留守儿童家庭教育和亲情缺失。前已述及，农村学生家庭背景与城市学生之间存在很大差距，这些差距不仅表现在文化背景方面，还体现在生活方式、世界观和人生观等方面。简言之，农村寄宿制学校教育可以更好地使学生完成社会化，提高学生综合素质。只有让孩子尽早充分接触现代文明，才能使之在将来的生活中适应社会，逐步消除农村弱势因素的代际传递，真正缩小城乡差距。

农村寄宿制学校教育相对于家庭教育的比较优势，这一点越来越得到农村家庭的认可。农村寄宿制学校的出现虽然带有被迫的痕迹，但是，部分学生家长观念的变化，也是促使寄宿制学校发展的动力之一。随着农村学生父母不断接触外部世界，他们教育的观念正在悄悄发生变化，都把教育看作是孩子成长成人的根本途径。农村家庭有着强烈的教育投资动机，随着生活水平的逐渐提高，农村对优质教育资源的需求越来越大。有的家庭父母并未外出打工，爷爷奶奶也在家赋闲，应该有时间来照看孩子，但是他们还是选择了寄宿制学校教育。很多家长承认自己的文化水平不高，平时也比较懒散，老一辈的生活习惯对孩子成长负面影响较大。而学校里的老师，毕竟更负责任，对孩子的学习教育更在行。因此，更愿意送孩子去寄宿，免得把孩子耽误了。[①] 可以看出，农村家长已经意识到了家庭背景对孩子的负面影响，希望通过寄宿制学校改变现状。因此，提高教育教学质量，提供优质教育资源是农村寄宿制学校生存的根基，也是其实现可持续发展的基础。实践证明，正是由于农村寄宿制学校教育具有育人优势，才使其在农村义务教育中不断发展。基于此，政府对农村寄宿制学校的投入既要关注其公益性，追求教育公平，又要注重提供优质服务，关

---

① 刘欣：《农村中小学布局调整与寄宿制学校建设》，《教育与经济》2006 年第 1 期。

注效率。在增加政府投入的同时，适当考虑农村家庭分担部分成本，特别是对生活费和交通费用的分担。国家对农村寄宿制学校的投入目标应该是改善和提高学校办学条件，提高办学水平，注重有限资源的利用效率。政治取向的义务教育投入模式忽略了集中有限资金提升学校水平的主旨，将贫困学生问题当作目前农村寄宿制学校的主要矛盾，造成了资金的巨大浪费。

第四节　构建长效的经费保障机制，改善学校后勤保障条件

建设农村寄宿制小学所需资金投入往往具有偶然性和随意性，一次性投入可以缓解许多矛盾，解决很多问题。相比之下，要保障农村寄宿制小学正常运行，则需要构建长效经费保障机制以确保后续资金。农村寄宿制学校教育公共产品的属性决定其经费投入主体必然属于政府，构建长效经费保障机制就是根据中央和地方政府各自的权力和责任，遵循财权与事权对称的基本原则，明确各级政府的具体投入责任，并且将责任制度化、法制化，规避各投入主体的卸责行为。在政府财力有限的情况下，积极鼓励社会力量参与农村寄宿制学校建设，构建社会捐赠鼓励机制，拓宽资金来源渠道。

一　完善各级政府间的成本分担机制

农村寄宿制学校教育是义务教育的特殊形式，各地农村自然条件不同决定其公共产品属性范围既具有全国性，又具有明显的地方性。因此，农村寄宿制学校办学成本在各级政府间要合理分担，才能保证贫困地区农村义务教育的资金来源，确保农村普及义务教育的实现。

（一）加大中央财政专项转移支付

保障义务教育均衡发展，保证所有适龄儿童公平接受义务教育是公共财政的重要责任。由于各地经济发展水平不同，地方政府收入差距较大，特别是贫困地区低层级政府支付能力受到极大限制，"以县为主"的义务教育管理和财政体制使县级政府成为农村寄宿制学校建

设责任的承担者。这就需要高层级政府运用转移支付的手段来均衡各地义务教育的发展，否则，其差距会越拉越大。

1. 争取中央财政转移支付的理由

作为农村义务教育的主要办学形式之一，贫困地区农村寄宿制学校教育具有收益的"外溢性"，县级政府提供的公共产品收益范围已经超出了其所辖的行政边界。保障本辖区内有特殊困难的适龄儿童上学，就是在为提高全民族素质提供服务，解决留守儿童寄宿学习的问题本身就具有保障农村剩余劳动力顺利转移的直接经济效益，政府通过转移支付平衡各方利益可以保证全体公民的权益。同时，对边远农村寄宿制小学教育实行转移支付是教育扶贫的着力点。国内外研究表明，一个地区的文化教育程度与贫困呈较强的负相关关系，教育水平低的地区贫困发生率要远远高于教育水平高的地区。

2. 中央财政转移支付的形式

中央义务教育财政转移支付通常分为两类，即一般性转移支付和义务教育专项补助。相比之下，专项转移支付较之一般性转移支付容易得到落实。按照补助款项是否要求下级政府资金配套划分，用于义务教育的专项补助可以分为配套补助和非配套补助。配套补助主要按项目分配，补助的规模取决于地方政府本身的支出金额；非配套补助属于一次性专项补助，虽然也规定要用于义务教育，但是对于如何使用以及使用在哪些方面并无具体限制。现行中央财政多采取专项转移支付且需要地方资金配套，如2005年中央财政对地方转移支付规模达到7330亿元，其中专项转移就达到3517亿元。由于这种转移支付需要地方拿出配套资金，于是经常出现所谓"地方向中央钓鱼"的现象。一旦地方政府拿到了专项资金，原来的承诺就会因为配套资金无法兑现而搁置，或者通过其他形式推卸责任，使专项资金无法真正用于指定项目。更为严重的是财力薄弱的地方政府为了得到中央的转移支付资金，举债配套，干扰了地方财政预算，加剧了地方财政收支失衡。因此，对于农村寄宿制学校的补助形式应该采取专项转移支付，而且，这种专项转移支付在没有附加配套资金的前提下指定用于农村寄宿制学校建设。

3. 中央财政转移支付的内容

中央财政转移支付的内容应集中在生活指导教师工资及寄宿生生活成本补助方面。高素质生活指导教师的配备是农村小学生寄宿教育成功的关键，也是寄宿教育新增成本的重要组成部分。解决西部农村人口素质偏低的着力点就在农村儿童，而提高农村儿童生活品质和提升综合素质是关键所在。

首先，中央财政应当分担新增寄宿生生活成本。农村寄宿制学校教育是义务教育的特殊形式，其本质属性是公共产品，应该是免费教育。新增寄宿生的生活成本、交通成本应该由公共财政负责承担，每一个实行寄宿学习的学生都可以享受全额或部分免费，这是义务教育本质属性的要求，只对贫困寄宿生实行补助实际上违背了义务教育的基本原则。对于贫困生的补助则属于学生资助的范围，虽然财政可以进行补贴，但是，这种补贴并不属于寄宿生新增寄宿成本的分担。正是由于现行政策模糊了这两个概念，才将公共财政本来应该承担的责任转化成对贫困寄宿生的资助，既然是资助，那么受益面就可以根据地方财政能力具体确定，因此，各地对贫困寄宿生的补助比例也不一样。只是受益对象面向全体寄宿学生，转移支付总额会大幅增加，因而中央财政应该承担更多责任。专项转移支付直接指定具体项目，专项用于食堂，实行农村寄宿生营养计划。此项转移支付的比例可以采取分区域区别对待的方式，中西部比例高于东部地区。贫困寄宿生生活困难问题不是农村寄宿制学校的主要矛盾，随着农村经济的不断发展，其涉及面比较小，在普遍享受新增成本补助的基础上可以交由地方财政负责和社会力量支持。县级政府更接近基层，贫困寄宿生信息比较容易获得，可以避免各地为了获取更多的补助而夸大贫困程度。

其次，为了保障寄宿生生活的完整性，必须配备生活指导教师专门负责生活服务，小学低龄学生寄宿最佳形式是保育制，这就更需要专门的生活指导老师负责。同时，寄宿制学校承担着学生社会化的责任，除课堂教学的主阵地外，通过学生生活方式而进行养成教育也是必不可少的内容。因此，生活指导教师既不会简单聘请社会人员，采取低素质、低待遇的方式节约成本，也不能将这项工作强加到专任教师身上。必须培训专门人员，提高生活教师素质和待遇，明确相应职责，这样才能充分发挥农村寄宿制学校全方位育人的优势。寄宿制学校对人员要求的特殊性决定了其本身是一种高成本的教育形式，目前寄宿制学校新增人员工资成本基本上通过加重专任教师负担而隐形转嫁，抑或通过降低服务质量，采取减少人员和低素质、低待遇的方式勉强维持。学校教育效果的滞后性决定了寄宿制学校教育对学生社会化作用的滞后性，配备高素质的生活指导教师对寄宿生成长的效果并不会在义务教育阶段及时表现出来。因此，地方政府领导投入多少并不会影响其政绩，地方政府对人员经费增加缺乏内驱力。而人员工资具有刚性增长的特点，一旦确定就会成为一项长期性支出，这无疑会给财力薄弱的地方政府造成很大的压力，地方政府承担农村寄宿制学校新增人员成本并不现实，因此，农村寄宿制学校新增人员工资成本需要通过中央财政专项转移支付解决。西部地区的地理环境决定了学生寄宿需要的刚性，国家必须制定合理的生活教师编制标准，采取财政转移支付的方式全额承担生活指导教师工资，对其他农村地区寄宿制学校可以按比例与地方政府共同承担。

（二）明确地方政府的投入责任

2005 年 12 月，国务院印发的《关于深化农村义务教育经费保障机制改革的通知》中提出："按照'明确各级责任、中央地方共担、加大财政投入、提高保障水平、分布组织实施'的基本原则，逐步将农村义务教育全面纳入公共财政保障的范围，建立中央和地方分项目、按比例分担的农村义务教育经费保障机制。中央支持中西部地区，适当兼顾东部部分困难地区。"首次明确提出了各级政府在农村义务教育经费保障方面的责任，规定了明确的分担比例，实现了从"以县为主"到"中央地方共担"的跨越。"新机制"是农村寄宿制学校经费保障机制制定的前提和依据，是地方政府承担农村寄宿制学校建设责任的基本原则。

1. 省、地（市、州）级财政转移支付内容

根据多级政府间的职能分工要求，省、地级政府对于财力困难的县市有帮助其达到公共服务最低公平的责任，而且，按照目前的财政

体制，省级政府财力集中度仅次于中央财政，而且负有对所辖县市进行财力调控的职能。因此，省、地级政府有必要对财力困难的县市义务教育进行转移支付。① 寄宿制学校是农村义务教育的难点和薄弱环节，省级政府对农村寄宿制学校投入是其承担责任的着力点。然而，"新机制"中省级政府转移支付作用没有完全体现出来，省级财政在改变辖区内义务教育不均衡状态中没有完全发挥作用。

公共选择理论认为，人类社会由两个市场组成，即经济市场和政治市场。人都是理性经济人，追求个人利益最大化是其决策的基础，这一点无论是在经济市场还是政治市场都普遍适用。因此，各级政府的决策者都有追求政绩的偏好，其决策也往往会朝向能体现自己政绩的领域。中央政府决策者的政绩观是兼顾全局，以整个国家的繁荣昌盛为最大政绩，而地方官员一方面要注重辖区内全局，另一方面要向上级展现自己的政绩，以满足自己的实际利益和心理需要。对于农村寄宿制学校而言，能体现政绩的莫过于基础设施建设，而对于学生和教师的投入具有隐性的特点，难以彰显其功绩，因此地方官员热衷于基础设施建设。在这种情况下，中央政府为了顾全大局，选择人力投入具有合理性。同时将基础设施建设的责任交给地方政府才能充分调动地方投入的积极性。随着布局调整的不断推进，加上留守儿童教育问题的凸显，农村寄宿制学校教育需求日益增长，而政府有效供给明显不足。现有农村寄宿制学校容量不足，办学条件普遍较差，管理欠规范是有效供给不足的集中表现，其中，基础设施不足仍然是主要矛盾之一。在中央财政分担新增寄宿生生活成本和人员工资成本的基础上，地方政府的投入中心应该放在基础建设方面。寄宿制学校教育是基础性教育，也是最大的公共产品之一，省级政府财政能力仅次于中央政府，根据财权与事权对称的基本原则，有责任对农村义务教育的重点和薄弱环节进行扶持性投入。结合地方政府投入偏好，选择农村寄宿制学校基础建设作为省级财政转移支付的着力点具有合理性。省

---

① 邬志辉：《农村义务教育经费保障新机制》，北京大学出版社 2008 年版，第 53—54 页。

级财政应该把转移支付的重点放在小学寄宿制学校基础建设方面，具体采用专项配套转移支付的办法，利用农村小学寄宿制学校建设项目工程的模式扩大小学寄宿制学校有效容量，切实保证有寄宿需求的学生实行住校学习。前已述及，地（州、市）级财政收入在全省财政总收入中占了很大比例，多年以来，地（州、市）在义务教育经费投入中责任弱化，农村寄宿制小学宿舍、食堂专项配套转移支付可采取省级财政与地（州、市）级财政按 1：1 分担模式进行。

2. 县级政府的财政责任

财政部、教育部颁布的《中小学校财务制度》和《中小学校会计制度》将中小学公用经费分为六大类：公务费（为开展教学活动所发生的办公费、水电费、会议费、差旅费、邮电费、机动车辆燃料费、清洁用品和其他）；业务费（为开展教学活动所发生的教学业务费、实验实习费、文体维持费、宣传费等）；业务招待费（为开展业务活动需要而合理开支的接待费用）；设备购置费（因教学和管理需要购置的仪器设备、文体设备、图书、一般设备以及省财政和主管部门规定，按有关收入的一定比例提取，列入设备购置费开支的修购基金）；修缮费（教学和管理用房屋、建筑物和各类设备维修所发生的人工、材料及费用支出，以及公房租金和不够基建立项的零星土建工程费用）；其他费用。调研资料显示，这六项中因寄宿而增加的部分主要包括水电费、文艺体育等课余活动设施设备费两大项，显然，这两项费用并没有超出县级财政的承受能力范围。除此之外，食堂工勤人员工资可计入食堂运行成本，保安人员数量相对较少，这些都不是主要矛盾，完全可以交给县级财政解决。

义务教育的管理体制核心是"以县为主"，对于涉及教学基础设施的基本支出并不属于新增寄宿成本，可按既定管理规定执行。不仅如此，还需从省级甚至是国家层面出台农村寄宿制学校建设底线标准，约束县级政府以寄宿制学校建设作为工具盲目撤并学校的行为。目前农村寄宿制学校教育的强大需求本身就来源于县级政府为了压缩教育支出的推动，县级政府为了达到教育规模效益，在没有认真比较撤并节约成本与寄宿制学校建设成本的情况下，盲目撤并村小和教学点，在寄宿条件不成熟的情况下不断加大布局调整力度。只有制定农村寄宿制学校建设基本标准，由县级政府承担寄宿制学校的初建成本，才能保证地方政府理性地撤并农村中小学。对于财力薄弱又确实存在强大寄宿需求的县，省级财政必须予以转移支付，与县级财政一起共同承担寄宿制学校初建成本。不仅如此，为了防止县级政府通过撤点并校，牺牲农村学校办学条件和办学质量以达到减少财政支出的目的，县级政府必须对撤点并校节约的支出专款专用，避免实际形成的义务教育财政"挤出效应"。近年来各地农村大量撤并村小和教学点，一方面是因为生源稀疏的客观原因所致，另一方面则是为了压缩教育财政支出动机的主观决策造成的。因为撤点并校后带来的直接问题就是学生寄宿需求增加，所以对于撤并之后闲置校产的处理必须对口用于寄宿制学校建设。对合校并点后闲置的教育资产，进行置换、拍卖和出租，最大限度地盘活教育资产。要对中小学布局调整闲置校产进行清理登记，明确中小学布局调整学校的产权归属，明确处置所得必须用于发展教育，所得资金要全部用于寄宿制学校建设。①

3. 乡（村）级政府非货币投入

虽然"以县为主"的管理体制将发展农村义务教育的职责从乡村政府剥离，但是，农村寄宿制学校生存和发展对乡村经济社会发展仍然具有举足轻重的地位。乡镇政府没有对中小学资金投入的责任并不代表其无所作为。通过一系列措施保障农村寄宿制学校周边社会环境、资助本乡本村贫困儿童、为农村寄宿制学校建设用地等提供便利，从而营造寄宿制学校良好的生存环境，最大限度地提高资金使用效率。非货币化的投入往往会降低办学成本，从另一个角度看也就是对学校建设的投入。其实，自从 2001 年义务教育实行"以县为主"管理体制之后，乡镇政府虽然减轻了财政压力，但同时也出现随着任务失去的权力。家庭联产承包责任制使得农村乡村实际上变成了一个松散联合体性质的组织，乡镇政府的服务内容和服务对象逐渐减少，

---

① 李尽晖：《新疆农牧区寄宿制学校发展的路径选择》，《中国民族教育》2011 年第 11 期。

无所事事的局面使基层政府官员产生心理落差。在此情况下，适当赋予一定的义务有利于提高乡镇政府工作的挑战性。同时，随着乡村小学的不断撤并，原来村落文化失却了依托，心理失落往往会激发村民及乡镇政府对学校的依恋与依赖。

二　完善社会捐赠鼓励机制，拓宽经费来源渠道

从理论上讲，各级政府是农村寄宿制学校投入的完全责任主体，将寄宿制学校建设纳入公共财政保障范围是构建经费长效保障机制的根本。但是，在国家投入主体地位难以及时到位的情况下，鼓励各利益相关者对农村寄宿制学校投入有利于解决现实问题，将长远规划与现实行动有机结合起来才能改善当下农村寄宿制学校办学条件差的状况。除了各级政府拨款，还应更多地寻找社会力量的支持，通过多种形式、多种渠道有效地筹措办学资金。省级政府可以按照"政府主导、社会参与"的思路，适时出台或鼓励地方政府出台一些政策，拓宽农村寄宿制学校建设的经费来源。[1] 我国目前有关学校社会捐赠主要集中在高校，社会对义务教育捐赠的意向性不强，捐赠数额偏少，专门针对寄宿制学校的捐赠更少。究其根源，主要是由于社会捐赠的鼓励政策和措施不得力。[2]

社会捐赠是公民个人或单位在自愿的基础上，无偿或部分有偿地将有价值的东西赠予他人的一种形式。它主要受捐赠主体的利他主义与理性选择等内在动机，以及经济、文化、制度等外在因素的影响。税收，作为影响社会捐赠的重要外因之一，是世界各国激励社会捐赠的重要手段。[3] 目前我国对公益性捐赠税收优惠政策包括两个方面：一是企业所得税税收优惠。《中华人民共和国企业所得税法》第九条规定，企业发生的公益性捐赠支出，在年度利润总额 12% 以内的部

---

[1] 李韧竹：《我国农村寄宿制学校学生补贴政策研究》，《教育发展研究》2008 年第 19 期。

[2] 夏子坚：《中国现行社会捐赠机制的制度困境与政策选择》，《南方论刊》2006 年第 7 期。

[3] 樊丽明：《社会捐赠税收激励的国际经验与政策建议》，《涉外税务》2008 年第 11 期。

分，准予在计算应纳税所得额时扣除。企业必须通过公益性社会团体或者县级以上人民政府及其部门，对《中华人民共和国公益事业捐赠法》规定的公益事业的捐赠，才能得到税收优惠，未通过公益性社会团体或者县级以上人民政府及其部门，直接向受捐人进行的捐赠，不允许从应纳税所得额中扣除。二是个人所得税税收优惠。根据《中华人民共和国个人所得税法》及其实施条例的规定，纳税人将其所得通过中国境内的社会团体、国家机关向教育和其他社会公益事业以及遭受严重自然灾害地区、贫困地区的捐赠，捐赠额未超过纳税人申报的应纳税所得额30%的部分，可以从其应纳税所得额中扣除。与企业所得税一样，对纳税人直接向受赠人捐赠的，也不允许从个人所得税应纳税所得额中扣除。其中，关于个人对农村义务教育的捐赠行为作了特别规定，财政部、国家税务总局《关于纳税人向农村义务教育捐赠有关所得税政策的通知》（财税〔2001〕103号）指出："从2001年7月1日起，对个人通过非营利的社会团体和国家机关向农村义务教育的捐赠，准予在缴纳个人所得税前的所得额中全额扣除。"另外，货物劳务税和财产行为税关于捐赠行为的税收虽有相关规定，但是内容不是十分具体，而且没有直接涉及义务教育捐赠。[1] 除了税务法的相关规定外，2005年9月29日，财政部和国家税务总局还出台了《关于企业向农村寄宿制学校建设工程捐赠企业所得税税前扣除问题的通知》（财税〔2005〕137号），《通知》规定："为支持农村义务教育事业发展，按照《国务院办公厅转发教育部等部门关于进一步做好农村寄宿制学校建设工程实施工作若干意见的通知》（国办发〔2005〕44号）精神，对企业以提供免费服务的形式，通过非营利的社会团体和国家机关向'寄宿制学校建设工程'进行的捐赠，准予在缴纳企业所得税前全额扣除。"[2] 这是一项专门针对"西部农村寄宿制学校建设工程"的税收减免政策。

---

① 温彩霞：《现行公益性捐赠税收政策汇总解析》，《中国税务》2011年第6期。
② 国务院办公厅：《关于企业向农村寄宿制学校建设工程捐赠企业所得税税前扣除问题的通知》，中国政府门户网站（http://www.gov.cn/ztzl/2005 - 12/30/content_142899.htm），2005年12月30日。

目前有关社会捐赠的鼓励机制并不完善，阻碍了社会捐赠的获得。首先，企业或个人的捐赠行为必须通过社会团体或国家机关设置的部门。但是，目前享受免税捐赠待遇的组织过少，全国仅有中国青少年发展基金会等为数不多的官办社会团体享受免税接受捐赠待遇，这就使捐赠者在选择捐赠机构时的范围过窄，选择的自主性不大，从而影响捐赠的积极性。其他慈善基金组织是以挂靠企业的形式享受相关税收优惠政策，对个人捐赠、实物捐赠等缺乏相应的税收优惠政策。其次，我国目前规定的捐赠税前扣除比例不高。从国际情况看，有的国家对捐赠实行税前全额减免，有的国家按照30%减免，有的国家按照50%减免。最后，我国税收法制引导体系不完善，所得税征收不规范，遗产税根本没有开征。所得税与遗产税是税制体系中用以平均社会财富的两个重要税种，所得税是对个人现有财产加以调控，遗产税则是对个人遗留的财产进行调节，可以说遗产税是对所得税的补充。由于西方国家的遗产税税率非常高（比如美国就曾达到50%），所以很多富人都把自己的财产用作公益事业。而中国没有遗产税，这在一定程度上导致大部分富人更愿意积累财富，留给子孙后代，同时也助长了官员的贪污腐败行为。因此，应通过相关税收政策强化税收的引导作用，在政策上规定企业和个人捐助慈善和公益事业可以获得免税的待遇，并对有关慈善事业给予必要的财政补贴。农村义务教育是最大的公益事业，农村寄宿制学校建设是其薄弱环节，利用税收政策构建社会捐赠鼓励机制，可以吸引更多资金投入寄宿制学校建设，解决义务教育面临的困境。社会对农村寄宿制学校捐赠可以集中在贫困寄宿生资助方面，从而构成贫困地区寄宿生生活补助中央、省级财政和社会共同分担的完整体系。

三 明确资金投入方向，提高有限资金的使用效率

农村寄宿制小学教育公共产品的属性决定了政府投入主体的地位。在大规模硬件建设投入之后，为了保障寄宿制学校能真正提高农村教学质量，后期配套保障措施必不可少。针对目前农村寄宿制学校运行中存在的主要问题，在增加总体投入的前提下，明确资金投入方向则是提高资金使用效率的根本保证。农村寄宿制小学亟待解决的问

题主要有三个方面：

（一）提高农村寄宿制小学公用经费总量

免除了学生学费、杂费甚至是住宿费以后，公用经费成为学校正常运转的唯一资金来源。公用经费标准的制定是建立在非寄宿制学校成本基础之上的，确定之初并没有更多地考虑到寄宿制学校成本结构的特殊性。因此，在现有标准下，没有寄宿学生或是很少有寄宿生的学校基本上可以维持正常开支，而存在寄宿生且寄宿生人数偏多的学校，现有拨付标准显然难以保障正常运转。虽然，本书得出结论，管理1名寄宿生所耗费的教育经费相当于1.7名非寄宿生，但是，计算新增公用经费并不能简单地在原有基数上乘以1.7倍。前已述及，与非寄宿制学校相比，公用经费的增加部分主要体现在新增水电开支、课余活动管理、集体安全防范等方面的人力、物力和财力的增加。而新增课余时间由于生活指导教师的工资已经计入人员经费部分，教师新增工作量也通过增加生活指导教师编制而不复存在。因此，新增公用经费基本限于新增水电费、课余活动设施设备添置、安全设施设备等方面。对于公用经费增拨部分还需附加特殊规定：新增部分主要用于水电补助及寄宿生课余活动文体设施设备购置。特别是丰富学生课余活动的音乐、体育、美术及各种竞赛活动的设备及费用，这是保证寄宿学生"玩得开心"的物质基础。基于此，农村寄宿制小学生均公用经费标准的核算主要在以上三项支出上按1：1.7的比例增加，在达到一定寄宿率（假定为50%）以上的学校之间，按1：1.7的比例拨付寄宿生与非寄宿生公用经费；对于低于一定寄宿率（如50%）的学校，寄宿生虽然很少，但是满足寄宿条件的基本设施和人员配备并不会成比例地减少，因此应当依据补偿原则，适当提高生均公用经费拨付比例。

（二）将生活指导教师工资纳入义务教育教师体系

既然农村寄宿制学校将学生食宿纳入了管理范围，那么其运行机制设计就应该做相应改变，以适应这种学校组成要素改变的状况。学生就餐就寝管理原本并不属于教学任务之列，特别是对于低龄寄宿学生来说，食宿管理难度更大，一个优秀的教师并不一定能照顾好学生的食宿，如果将这些任务强加给专任教师，可能会影响教学效果。根据私立寄宿制学校的成功经验，安排生活指导教师管理学生就餐就寝无疑是最佳选择。目前，部分学校采取聘请社会人员充当生活指导教师的办法并不可取，可以说是一种权宜之计。宿舍是寄宿制学校的有机组成部分，既是食宿的场所，也是学生接受生活教育的地方，宿舍精神有时往往是一个小团体的凝聚力，充分发挥宿舍的教育功能会反过来促进教学工作。从长远计，农村寄宿制小学生活指导教师必须是经过专业训练的具有一定文化素质的专业人员，其地位应等同于学校专任教师，政府要安排正式编制，工资由财政提供。只有通过这种方式，才能使食宿与教学这两大功能有机地结合起来，这样既可以减轻专任教师负担，又能使学生感受家的温暖，从而达到提高教学质量及学生愉快成长的目的。

（三）全员补助农村小学寄宿生生活费用

农村学生因为寄宿而形成的生活差距费用是为了完成义务教育的必然耗费，如果由学生家庭完全承担，则会造成其与非寄宿制学生之间的不公平。寄宿制学校教育作为政府提供的公共产品，原则上应该是免费教育，所以，公共财政补偿学生生活差距费用是保证学生公平接受义务教育的保证。但是，这种补偿不应以资助的形式出现，而应该是在政府财政困难的情况下，家庭与政府分担这部分新增成本。按照这一原理，寄宿生生活补助应该是按一定比例全员享受，至于贫困寄宿生的问题应该交给社会捐赠等途径解决，或者国家另设置资助项目给予帮助。同时，根据目前"补助贫困寄宿生生活费"政策执行情况来看，并没有达到预期目标，由于发放标准不统一，很多地方相反还带来了新的矛盾，影响了干群关系和家校关系。同时，生活补助的发放形式也存在很大隐患，很多学生家长并没有把生活补助用到学生的生活上面，往往挪作他用，使学生营养状况欠佳。有鉴于此，建议生活补偿费用以专项资金的形式补偿到学生食堂，学校以餐票的形式发放给学生，寄宿生只有进食堂吃饭才能享受这项补贴。

结　语

　　基于西部边远农村自然条件的特殊性和农业社会向工业社会转型的特殊经济环境，结合小学生身心发展特点，在义务教育均衡发展的背景下，重新定位农村寄宿制小学的功能。构建以宿舍为中心、以高素质的生活指导教师为主体的寄宿生课余活动管理体系，构建以食堂为中心、以后勤员工为主体的寄宿生生活服务管理体系，实现寄宿制小学家庭抚育功能替代，是发挥农村寄宿制小学促进义务教育均衡发展的基本路径。如何建立农村寄宿制小学课余活动管理系统与教学活动管理系统的联动机制，实现专任教师与生活教师分工协作，是发挥农村寄宿制小学个体功能与社会功能的关键。重构农村寄宿制小学功能需要改变思维定式，从宿舍功能设计和生活教师的职责定位入手，秉承宿舍为"家"、生活教师为代理"家长"、维系学生生活完整性的理念，构建全新的寄宿学生课余活动体系，以实现生活教师为专任教师工作"分压"功能。寄宿制学校教育本身是高成本的办学形式，这种高成本主要体现在其对人力、财力、物力和管理制度等的特殊要求方面。为了促进农村寄宿制学校内涵发展，必须创新农村寄宿制教育经费、人员、后勤和管理等保障机制，为拓展其深层价值创造条件。

　　第一，提高寄宿制学校生均教育经费标准，完善农村义务教育经费保障机制。我国 2006 年出台的《农村义务教育经费保障新机制》中公用经费标准的制定是建立在非寄宿制学校成本基础之上的，并没有过多考虑寄宿制学校教育对于人力、财力、物力的特殊要求。现有标准执行过程中，各地对学校的财政拨款大都以生均教育事业费作为日常运行经费，主要包含了人员经费和公用经费两大块。相对于非寄宿制学校而言，寄宿制学校新增人员经费主要包括生活指导教师、安保人员、食堂工勤人员等的工资；新增公用经费则主要表现在水电、燃料、课余活动设施器材、宿舍维修等方面。课题组研究表明，管理1名寄宿生的教育经费相当于1.5—1.7名非寄宿生。因此，农村义务教育学校财政拨款必须区分寄宿制与非寄宿制学校，在达到一定寄宿率（至少50%）以上的学校，按1：1.5至1：1.7的比例拨付寄宿生生均教育经费；对于低于一定寄宿率（如50%）的学校，寄宿生虽然很少，但是满足寄宿条件的基本设施和人员配备并不会成比例地减少，因此应当依据补偿原则，适当提高生均教育经费拨付比例。对于生均教育经费增拨部分重点用于生活指导教师新增编制的工资及寄宿生课余活动设施设备购置，特别是丰富学生课余活动的音乐、体育、美术及各种竞赛活动的设备及费用，这是保证寄宿学生"玩得开心"的物质基础。另外，完善农村义务教育经费保障机制还必须考虑寄宿生新增生活及交通成本补助，既已成型的贫困寄宿生补助应扩展到全体农村寄宿生，在此基础上将仍然贫困的寄宿生资助交由社会负担。

第二，创新生活教师工作及供给机制，构建以宿舍为中心的生活管理体系。农村寄宿制学校承担着学生生活与课余活动安排的任务，生活教师要承担起"代理家长"的职责，指导寄宿生将学习与生活有机结合起来，以保障寄宿生活的完整性。生活教师的工作应该以宿舍为载体，以学生的食宿管理和课余活动安排为主要内容，结合初中生与小学生身心发展特点，创造性地开展活动，通过日常行为的训练对学生进行养成教育，通过课余活动的开展陶冶学生情操，提高寄宿生综合素质。生活教师的职责确定必须依据学生身心发展规律。对于初中来说，学生已经基本具备了生活自理的能力，生活教师的职责可以更多偏向于良好生活习惯的养成、利用宿舍集体生活培养学生的道德情操、以宿舍为单位组织竞赛活动等，生活的服务主要集中在生活纪律的训练方面。就低龄小学寄宿生而言，生活教师的工作需要集中在生活的照顾与娱乐活动的开展等方面。目前，各地农村大多采取低薪聘用临时工充当"宿管"，职责要求仅限于就寝秩序管理，根本没有上升到学生养成教育的高度，这种状况成为制约农村寄宿制学校教育育人优势发挥的"瓶颈"。为了突破"瓶颈"，必须创新生活教师供给机制，创新可以从两方面入手：一是采取职业院校定向培养，对生活教师实行专门技能和综合素质教育，以适应培养寄宿生养成教育的需要；二是增加生活教师编制，使之成为农村寄宿制学校真正的教育者。这样，寄宿制学校的人员就由两类构成：一类是学校教学人员，另一类就是因学生寄宿而增加的生活指导与服务人员，两类人员分工协作就可达成寄宿制学校教学与生活的有机结合。

　　第三，拓展教室、食堂和宿舍三区功能，创新农村寄宿制学校管理机制。学生食宿管理和更长时间的课余活动安排是农村寄宿制学校新增的管理内容，如何实现教学、生活与课余活动管理有机结合是寄宿制教育面临的最大挑战。重新定位宿舍、食堂和教室三区功能，实现学园、家园和乐园三位一体的目标是实现农村寄宿制学校本体价值的最佳途径，也是管理制度创新的着力点。宿舍在寄宿制教育中扮演着重要角色，拓展宿舍功能是创新管理机制的关键。宿舍功能的设计必须与生活教师职能定位相结合，秉承宿舍为"家"、生活教师为"代理家长"、维系学生生活完整性的理念，构建以宿舍为中心、以高素质的生活指导教师为主体的寄宿生课余活动管理体系。食堂是完成寄宿制教育的重要组成部分，除了供餐的基本职能外，还必须担当寄宿学生营养科学搭配和营养意识教育的职责。教室的基本功能是教学，在寄宿制教育特殊背景下，教室还必须成为学生晚间就寝之前的课余活动场所。因此，教师必须配备电视、多媒体以及图书报纸等，以供学生晚间活动使用。如果相应配置缺乏，就会使学生晚间活动受限，从而出现"以课代管"的局面，增加学生学习负担。在拓展教室、食堂和宿舍功能的基础上，学校管理架构也应做出相应调整，设立教学、后勤和宿舍管理三区分管校长，各司其职。日间教学工作主要由分管教学的副校长管理，主要成员是专任教师；晚饭以后至就寝时段交由宿舍管理的副校长负责，其主要成员为生活指导教师和部分负责学生作业指导的专任教师，主要工作包括业余活动安排、晚间自习辅导、养成教育以及就寝秩序维护等；分管食堂的副校长主要负责供餐、就餐秩序维护、营养教育等。三区分管副校长在校长的统一领导下分工协作，共同达成教学、生活与娱乐有机结合的目标。

参考文献

一 著作类

1. 国家发展和改革委员会国土开发与地区经济研究所编:《中国西部开发信息百科·综合卷》,中国计划出版社 2003 年版。

2. 何东昌:《中华人民共和国重要教育文献》,海南出版社 1998 年版。

3. 欧少亭:《教育政策法规文件汇编》,延边人民出版社 2001 年版。

4. 教育部财务司:《国家贫困地区义务教育工程管理手册(三片地区)》,高等教育出版社 1999 年版。

5. 曲恒昌、曾晓东:《西方教育经济学研究》,北京师范大学出版社 2000 年版。

6.《辞海》(缩印本),上海辞书出版社 1990 年版。

7. 罗伯特·金·默顿著:《论理论社会学》,何凡兴等译,华夏出版社 1990 年版。

8. 吴康宁:《教育社会学》,人民教育出版社 1997 年版。

9. 傅维利:《教育功能论》,辽宁教育出版社 1990 年版。

10. 叶澜:《教育概论》,人民教育出版社 2006 年版。

11. 马尔科姆·沃特斯:《现代社会学理论》,华夏出版社 2000 年版。

12. 郑杭生:《社会学概论新修》,中国人民大学出版社 2003 年版。

13. [美] 约翰逊:《社会学理论》,华夏出版社 1997 年版。

14. [美] 帕森斯著:《经济与社会》,刘进等译,华夏出版社 1989 年版。

15. 杰弗里·亚历山大:《社会学二十讲:二战以来的理论发展》,华夏出版社 2002 年版。

16. 戴文礼:《公平论》,中国社会科学出版社 1997 年版。

17. 郭彩琴:《教育公平论——西方教育公平理论的哲学考察》,中国矿业大学出版社 2004 年版。

18. 单中惠、杨汉麟:《西方教育学名著提要》,江西人民出版社 2000 年版。

19. 刘成斌、吴新慧:《留守与流动:农民工子女的教育选择》,上海交通大学出版社 2008 年版。

20. [英] 托马斯·霍布斯著:《利维坦》,黎思复等译,商务印书馆 1985 年版。

21. [美] 保罗·A. 萨缪尔森等著:《经济学》,萧琛主译,人民邮电出版社 2004 年版。

22. 郑文范:《公共经济学》,东北大学出版社 2002 年版。

23. [美] 乔治·恩德勒著:《面向行动的经济伦理学》,高希国等译,上海社会科学院出版社 2002 年版。

24. 黎民:《公共管理学》,高等教育出版社 2009 年版。

25. 金东海:《少数民族教育政策研究》,甘肃教育出版社 2002 年版。

26. 《教育规划纲要》工作小组办公室:《全国教育工作会议文件汇编》,教育科学出版社 2010 年版。

27. [英] F. R. 艾略特:《家庭:变革还是继续》,中国人民大学出版社 1992 年版。

28. 丁文:《家庭学》,山东人民出版社 1997 年版。

29. 费孝通:《生育制度》,北京大学出版社 1998 年版。

30. 范兴华:《家庭处境不利对农村留守儿童心理适应的影响》,湖南师范大学出版社 2012 年版。

31. 金一鸣:《教育原理》,安徽教育出版社 1995 年版。

32. 董世华:《我国农村寄宿制学校问题研究》,中国社会科学出版社 2015 年版。

33. 邬志辉:《农村义务教育经费保障新机制》,北京大学出版社 2008 年版。

34. 邬志辉、秦玉友:《中国农村教育发展报告》(2013—2014),北京师范大学出版社 2015 年版。

35. 钱民辉：《教育社会学概论》（第三版），北京大学出版社 2010 年版。

36. 刘豪兴主编：《农村社会学》（第三版），中国人民大学出版社 2014 年版。

37. 沈亚芳、谢童伟等著：《中国农村的教育贫困与教育补偿机制研究》，上海财经大学出版社 2011 年版。

二 论文类

1. 《湖南教育》评论员：《寄宿制学校是共产主义教育的萌芽》，《湖南教育》1958 年第 8 期。

2. 黎琳：《寄宿制民族学校刍议》，《民族论坛》1985 年第 1 期。

3. 赵沁平：《加强寄宿制学校管理工作，保证民族教育持续健康发展》，《中国民族教育》2004 年第 6 期。

4. 白亮：《关于西北民族地区寄宿制学校办学若干问题的思考》，《当代教育与文化》2009 年第 3 期。

5. 杨军：《少数民族地区寄宿制学校发展对策研究》，《广西社会主义学院学报》2012 年第 8 期。

6. 李晶：《民族地区寄宿制学校发展需要更多支持》，《中国民族教育》2015 年第 10 期。

7. 新疆哈巴河县文教科：《筹建牧区寄宿制小学的做法和体会》，《人民教育》1982 年第 12 期。

8. 涪川：《谈谈我省牧区小学教育的普及》，《青海民族学院学报》（社会科学版）1983 年第 2 期。

9. 苏林强：《关于山西省吕梁地区兴办寄宿制小学的调查与思考》，《教育理论与实践》1995 年第 5 期。

10. 开金光：《山区办好寄宿制小学势在必行》，《河南教育》1995 年第 5 期。

11. 刘欣：《农村中小学布局调整与寄宿制学校建设》，《教育与经济》2006 年第 1 期。

12. 侯怀银：《山区寄宿制小学发展的现状和方向》，《山西教育》

2007 年第 2 期。

13. 董世华：《寄宿制学校：实现山区县域义务教育均衡发展的最佳选择——基于湖北、江西两省 6 个山区（市）的调查数据》，《现代教育管理》2011 年第 10 期。

14. 王海英：《西部农村寄宿制小学：问题与对策》，《湖南师范大学教育科学学报》2011 年第 9 期。

15. 王玉昆：《解决教育投资不足的另一途径——提高效率》（三），《中小学管理》1989 年第 6 期。

16. 葛敬义：《实现规模办学提高办学效益——关于农村一般小学布局调整和学校建设问题的思考》，《教育理论与实践》1992 年第 5 期。

17. 范先佐：《布局调整后的寄宿制学校建设问题》，《新课程研究》（教育管理）2007 年第 12 期。

18. 王哲先：《西部少数民族地区学校布局调整与寄宿制学校建设现状、问题与建议》，《中国教师》2009 年第 3 期。

19. 邬志辉：《农村学校布局调整的十年走势与政策议题》，《教育研究》2011 年第 7 期。

20. 袁桂林：《农村学校布局过度调整的弊端与解决思路》，《社会科学战线》2012 年第 5 期。

21. 杨卫安：《"校车"还是"寄宿"——农村学校布局调整后两者的优劣比较及选择》，《上海教育科研》2012 年第 12 期。

22. 杨卫安：《农村学校布局调整后寄宿制学校利弊的总体判断与政策选择》，《教育导刊》2014 年第 5 期。

23. 张春玲：《农村留守儿童的学校关怀》，《教育评论》2005 年第 2 期。

24. 唐斌：《破解农村留守小孩的教育难题——关于建设农村寄宿制学校的思考》，《学习月刊》2007 年第 10 期。

25. 李炳呈：《论解决农村留守儿童教育问题的最佳途径：集中寄宿制》，《长沙大学学报》2009 年第 1 期。

26. 张延山：《寄宿制学校在农村留守儿童成长教育中的作用》，《甘肃教育》2012 年第 9 期。

27. 张诗波:《农村寄宿制学校留守儿童家庭教育功能补偿探索——
    以江西 A 县 B 小学的实践为例》,《中国教育学刊》2014 年第
    10 期。

28. 磐安县实验小学课题组:《农村小学寄宿制管理模式综合实验研
    究报告》,《教育研究》1998 年第 8 期。

29. 盛鸿森:《着力教会学生自理与交往——寄宿制学校教育优势探
    析》,《教育发展研究》2000 年第 4 期。

30. 陈建平:《农村小学寄宿制对学生综合素质发展影响的调查与研
    究》,《基础教育研究》2004 年第 11 期。

31. 杜育红:《农村寄宿制学校:成本构成的变化与相关的管理问
    题》,《人民教育》2006 年第 12 期。

32. 叶敬忠:《农村小学寄宿制问题及有关政策分析》,《中国教育学
    刊》2008 年第 2 期。

33. 丁步洲:《农村寄宿制小学如何解决内部管理问题》,《中小学管
    理》2009 年第 6 期。

34. 万明钢:《教育公平、教育资源整合的路径反思——对农村地区
    寄宿制学校的重新解读》,《教育理论与实践》2009 年第 9 期。

35. 贺武华:《农村寄宿制学校:运行现状与发展建议——基于对山
    东蒙阴县 8 所寄宿制小学教师的调查》,《东北师大学报》(哲学
    社会科学版)2013 年第 11 期。

36. 黄启明:《生活教育视域下的寄宿制学校生活管理——基于桂东
    山区寄宿制小学的调查》,《教育研究与实验》2015 年第 4 期。

37. 杨兆山:《农村义务教育阶段标准化寄宿制学校建设的思考》,
    《教育科学》2007 年第 6 期。

38. 中央教育科学研究所课题组:《贫困地区农村寄宿制学校学生课
    余生活管理研究——基于广西壮族自治区都安县、河北省丰宁县
    的调研》,《教育研究》2008 年第 4 期。

39. 杨润勇:《关于中部地区农村中小学寄宿制学校的调查与思考》,
    《教育理论与实践》2009 年第 8 期。

40. 龚婷：《农村寄宿制学校制度设计存在的问题与对策》，《教学与管理》2011 年第 5 期。

41. 李醒东：《农村寄宿制学校建设的困境与改进路径》，《教育理论与实践》2011 年第 8 期。

42. 董世华：《我国农村寄宿制学校问题研究》，中国社会科学出版社 2015 年版。

43. 谷华生：《西部农村基础教育重组应一步到位——关于西部农村基础教育寄宿制学校建设的调查与思考》，《教育发展研究》2006 年第 2 期。

44. 李祥松：《沅陵县农村寄宿制学校建设对永定区教育发展的启示》，《当代教育论坛》2006 年第 7 期。

45. 贾建国：《农村寄宿制学校建设分析：制度互补性的视角》，《教育发展研究》2009 年第 7 期。

46. 王景：《当前我国农村义务教育阶段寄宿制学校发展的问题研究》，《教育科学》2010 年第 6 期。

47. 姚姿如：《丰富农村寄宿制学校生活的思考》，《东北师大学报》（哲学社会科学版）2011 年第 3 期。

48. 蒲培勇：《乡村教育发展留守儿童寄宿制学校建设问题与对策研究》，《科学经济社会》2012 年第 3 期。

49. 冉亚辉：《城乡统筹背景下农村寄宿制学校发展策略》，《教育评论》2012 年第 3 期。

50. 雷万鹏：《寄宿制学校成本与财政拨款权重实证研究》，《中国教育学刊》2013 年第 6 期。

51. 袁玲俊：《西南农村寄宿制学校教师满意度现状及其原因分析》，《教师教育研究》2014 年第 5 期。

52. 曾富生：《社会工作介入农村寄宿制学校的模式建构》，《江苏师范大学学报》（教育科学版）2014 年第 2 期。

53. 贺武华：《农村寄宿制学校办学发展的价值重构与功能再造》，《浙江社会科学》2015 年第 3 期。

54. 柳随年：《普及初等义务教育也不能由国家包下来》，《计划经济研究》1983 年第 27 期。

55. 郝时远：《我国的教育实现程度与少数民族地区教育需求程度的特殊性》，《民族研究》1985 年第 6 期。

56. 滕星：《对社会主义初级阶段民族教育整体改革的若干对策性思考》，《民族教育研究》1989 年第 1 期。

57. 叶志贞：《民族教育的经济效率》，《民族教育研究》1989 年第 1 期。

58. 张红：《四十年来民族教育工作的成就和经验》，《民族研究》1990 年第 4 期。

59. 包银山：《试论民族教育特殊政策》，《内蒙古教育学院学报》1992 年第 3 期。

60. 艾一平：《中国部分边疆民族地区辍学情况调查》，《教育研究》1995 年第 1 期。

61. 王振岭：《从牧区实际出发，切实普及初等教育——贵南县普及初等教育调查》，《中国教育学刊》1999 年第 2 期。

62. 胡德海：《论教育的功能问题》，《西北师大学报》（社会科学版）1999 年第 2 期。

63. 李兴洲：《重构学校精神——学校功能偏离与现代学校制度建设》，博士学位论文，南京师范大学，2005 年。

64. 中共中央、国务院：《关于加强和改革农村学校教育若干问题的通知》，《人民教育》1983 年第 6 期。

65. 王帅：《农村义务教育普及中的学校布局调整研究》，博士学位论文，北京理工大学，2016 年。

66. 王铁志：《新中国民族教育政策的形成与发展》（上），《民族教育研究》1998 年第 2 期。

67. 吴明先：《凉山三类寄宿制民族班瓦几瓦》，《民族教育研究》1997 年第 4 期。

68. 张俊芳：《绿色的云岭青翠的事业——云南民族教育书简》，《云南教育》1984 年第 8 期。

69. 董世华：《工具价值路径：农村寄宿制中小学发展历史的反思》，

《教育学术月刊》2014 年 4 月。

70. 孕宝英：《青海蒙古族教育的回顾与思考》，《青海民族研究》（社会科学版）1992 年第 4 期。

71. 卢延庆：《瑶山民族教育的现状及发展思考》，《黔南民族师专学报》（哲学社会版）1998 年第 4 期。

72. 葛丰交：《从马背小学到寄宿制学校的跨越发展》，《中国民族教育》2009 年第 6 期。

73. 崔斌子：《建国以来我国民族教育的历史回顾与几点想法》，《东疆学刊》（哲学社会科学版）1988 年第 4 期。

74. 内蒙古自治区教育局：《额仁淖尔寄宿小学》，《中国民族》1981 年第 2 期。

75. 谢启晃：《民族教育问题浅议》，《中央民族学院学报》1982 年第 4 期。

76. 朴胜一：《社会主义初级阶段民族教育思考》，《中国民族》1988 年第 8 期。

77. 葛长海：《从实际出发，大力普及牧区基础教育》，《人民教育》1987 年第 2 期。

78. 刘世海：《呼伦贝尔盟教育问题初探》，《内蒙古社会科学》1987 年第 2 期。

79. 赵兰生：《贫困山区办学的成功之路——赤峰市克什克腾旗广兴源乡实行案中寄宿办学情况简述》，《内蒙古教育》1994 年第 7 期。

80. 涪川：《谈谈我省牧区小学教育的普及》，《青海民族学院学报》（社会科学版）1983 年第 2 期。

81. 王振岭：《根据牧区特点发展牧区教育》，《中国藏学》1990 年第 4 期。

82. 班玛丹增：《从实际出发，办好民族教育》，《人民教育》1990 年第 12 期。

83. 《大西北教育短讯：宁夏大力兴办回族寄宿制学校》，《人民教育》1983 年第 12 期。

84. 闵校：《我省民族教育从无到有欣欣向荣》，《云南教育》1984 年第 11 期。

85. 和志强：《认真贯彻党的十三大精神，深化民族教育改革，为建设边疆、繁荣经济而努力——在云南省第三次民族教育工作会议上的讲话》，《云南政报》1988 年第 1 期。

86. 黄爱逊：《百色地区发展寄宿制民族小学的思考》，《中国民族教育》1994 年第 8 期。

87. 广西区民委会、河池地区民委会联合调查组：《南丹县里湖、八抒瑶族乡民族教育调查》，《广西民族研究》1986 年第 10 期。

88. 覃盛裕：《中小学寄宿制民族班不断扩大》，《广西年鉴》，广西年鉴编纂委员会 1987 年版。

89. 曹建强：《广西发展民族教育事业特殊措施面面观》，《广西民族研究》1988 年第 4 期。

90. 阿达克：《牧区寄宿制学校的地位与管理》，《中国民族教育》1999 年第 2 期。

91. 傅刚：《牧区办学形式的回顾与展望》，《民族教育研究》1993 年第 3 期。

92. 葛丰交：《伊犁哈萨克自治州 40 年教育发展概述》，《民族教育研究》1994 年第 4 期。

93. 葛丰交：《伊犁州牧区教育现状及对策研究》，《民族教育研究》1999 年第 3 期。

94. 杨武高：《优先发展教育，振兴民族经济》，《广西教育》2001 年第 8 期。

95. 刘文璞：《青海民族教育发展的基本经验》，《青海民族学院学报》（社会科学版）1994 年第 4 期。

96. 马依沙：《适当集中，扩大规模，优化布局，提高效益——对牧区寄宿制中小学教育的调查与思考》，《中国民族教育》1997 年第 1 期。

97. 张保庆：《陕西省基础教育》，载《中国教育年鉴》，人民教育出版社 1992 年版。

98. 《陕西省人民政府办公厅关于印发〈陕西省评估验收普及义务教育工作的意见〉的通知》,《陕西政报》1995 年第 10 期。

99. 齐军明:《办好寄宿制学校,减少学生流失》,《陕西教育》1996 年第 7 期。

100. 杨惠良:《加强寄宿制民族学校建设,促进民族教育发展》,《中国民族教育》2004 年第 3 期。

101. 钱晓萍:《西安市农村寄宿制学校后勤管理调查和成本预算》,《陕西教育学院学报》2011 年第 3 期。

102. 杨争鸣:《立足县情,努力办好寄宿制小学》,《云南教育·视界》2006 年第 6 期。

103. 朱敏:《寄宿制小学卫生和健康状况的调查——四川省通江县正文小学个案分析》,《现代中小学教育》2006 年第 11 期。

104. 他扎西:《总结经验,着眼发展,努力实现寄宿制学校的规范化管理》,《中国民族教育》2004 年第 6 期。

105. 丁生东:《青海省寄宿制学校发展现状、问题及政策建议》,《柴达木开发研究》2011 年第 5 期。

106. 陈儒立:《深化教育改革实施素质教育——兴业县教育发展纪实》,《广西教育》2003 年第 6 期。

107. 李陈续:《父母外出打工,呆在家里的孩子如何健康成长——农村"留守儿童"教育问题亟待解决》,《光明日报》2002 年 4 月 9 日。

108. 课题组:《农村留守儿童问题调研报告》,《教育研究》2004 年第 10 期。

109. 《教育部关于教育系统贯彻落实〈国务院关于解决农民工问题的若干意见〉的实施意见》,《中华人民共和国教育部公报》2006 年第 10 期。

110. 谢元龙:《让"留守儿童"成长快乐——重庆市铜梁县农村小学寄宿制调查》,《公民导刊》2006 年第 1 期。

111. 唐晓杰:《社会、个人教育需求与学校教育功能》,《华东师范大学学报》(教育科学版) 1993 年第 3 期。

112. 鲁洁：《试论德育之个体享用性功能》，《教育研究》1994 年第 6 期。

113. 董向芸：《结构功能主义与内卷化理论视阈下云南农垦组织改革研究》，博士学位论文，南开大学，2012 年。

114. 秦颖：《论公共产品的本质——兼论公共产品理论的局限性》，《经济学家》2006 年第 3 期。

115. 顾笑然：《教育产品属性发凡——基于公共产品理论的批判与思考》，《中国成人教育》2007 年第 24 期。

116. 南川县妇联：《南川县保教事业发展、巩固和提高的经验》，《人民教育》1960 年第 5 期。

117. 祝士媛：《徐水人民公社幼儿园考察报告》，《北京师大学报》（社会科学版）1959 年 1 月。

118. 吴霓：《进城务工人员随迁子女在流入地参加中高考的现实困境及政策取向》，《清华大学教育研究》2012 年第 4 期。

119. 戴利弘：《家庭的功能及其变迁：一种社会学的反思》，《鸡西大学学报》2014 年第 10 期。

120. 刘茂松：《论家庭功能及其变迁》，《湖南社会科学》2001 年第 2 期。

121. 杨汇泉：《农村留守儿童家庭抚育策略的社会学思考：一项生命历程理论视角的个案考察》，《人口与发展》2011 年第 2 期。

122. 汪远忠：《农民工留守家庭的结构变迁及其功能分析——以河北赵村为对象》，《学习与实践》2013 年第 3 期。

123. 方晓义：《家庭功能：理论、影响因素及其与青少年社会适应的关系》，《心理科学进展》2004 年第 4 期。

124. 黄晓慧：《关于农村留守儿童家庭教育缺失的思考》，《当代教育论坛》2006 年第 5 期。

125. 莫艳清：《家庭缺失对农村留守儿童社会化的影响及其对策》，《内蒙古农业大学学报》（社会科学版）2006 年第 1 期。

126. 李国早：《寄宿制是牧区普及教育的好形式——访甘南藏族地区桑科小学》，《人民教育》1987 年第 11 期。

127. 郝占国:《西北地区农村寄宿制中学生活空间研究》,硕士学位论文,西安建筑科技大学,2009 年。

128. 蒲培勇:《农村留守儿童寄宿制学校空间环境研究》,硕士学位论文,昆明理工大学,2011 年。

129. 翟月:《我国农村寄宿制学校生活教师问题研究》,硕士学位论文,东北师范大学,2009 年。

130. 刘欣:《农村中小学布局调整与寄宿制学校建设》,《教育与经济》2006 年第 1 期。

131. 盛荣永:《关于江苏省大丰市农村小学实行"寄宿制"的调查与思考》,《江苏教育》2003 年第 19 期。

132. 万泽民、谷朝珍:《让农村寄宿制小学成为学园、乐园》,《学校管理》2005 年第 4 期。

133. 姚姿如:《丰富农村寄宿制学校生活的思考》,《东北师大学报》(哲学社会科学版)2011 年第 3 期。

134. 向志家、邬翔:《全面质量观是办好农村低龄寄宿制学校的指针》,《当代教育论坛》(教学研究)2011 年第 2 期。

135. 李尽晖:《新疆农牧区寄宿制学校发展的路径选择》,《中国民族教育》2011 年第 11 期。

136. 李韧竹:《我国农村寄宿制学校学生补贴政策研究》,《教育发展研究》2008 年第 19 期。

137. 李克海:《民工经济与农民现代化》,《江苏社会科学》2005 年第 1 期。

138. 胡晓登:《农民工经济:贵州"三农"问题的重大历史性转机》,《理论与当代》2006 年第 7 期。

139. 罗凌:《加强贵州农民工管理服务研究》,《贵州财经学院学报》2005 年第 1 期。

140. 白万平:《农民工流入地劳动市场均衡工资与价格歧视实证研究——基于贵州农民工调查数据》,《贵州财经学院学报》2009 年第 3 期。

141. 李少元:《城镇化对农村教育发展的挑战》,《中国教育学刊》

2003 年第 1 期。

142. 张宁:《贵州城镇化与农业现代化发展状况分析》,《贵州农业科学》2013 年第 11 期。

143. 王国勇:《贵州城镇化发展分析报告》,《贵州民族学院学报》(哲学社会科学版)2010 年第 6 期。

144. 余秀兰:《乡土化? 城市化? 我国农村教育发展的困境与出路》,《江苏教育研究》2008 年第 4 期。

145. 杜双燕:《基于农民选择意愿下的贵州人口城镇化研究》,《贵州社会科学》2013 年第 9 期。

146. 龙海波:《多山地区新型城镇化道路的探索与思考——贵州城镇化建设实践调查》,《中国发展观察》2013 年第 12 期。

147. 郭健:《山西平鲁:农村学生回流的新实践》,《中国经济周刊》2009 年第 24 期。

三　网络报纸

1. 教育部:《全国牧区、山区寄宿制民族中小学经验交流会纪要》,中国网 (http://www.china.com.cn/Guoqing/zwxx/2011 - 10/02/content_ 23540451. htm)。

2. 周祖臣:《义务教育工程向西部推进》,《中国教育报》1997 年 3 月 28 日第 1 版。

3. 陈至立:《在三片地区"国家贫困地区义务教育工程"签字仪式暨新闻发布会上的讲话》,人民网 (http://www.people.com.cn/BIG5/jiaoyu/8216/42366/42375/3072136.html),2015 - 5 - 10。

4. 《国家西部地区"两基"攻坚计划(2004—2007 年)完成情况》,中央政府门户网站 (http://www.gov.cn/wszb/zhibo177/content_ 818059.htm),2007 - 11 - 28。

5. 内蒙古自治区人民政府办公厅:《印发关于中小学布局调整意见等三个意见的通知》,内蒙古自治区人民政府网 (http://www.nmgzb.gov.cn/information/Nmgzb20/msg6770100142.html), 2014 - 11 - 8。

6. 屈广臣:《林西县调整教育布局出现新局面》,《内蒙古日报(汉)》

2006 年 6 月 14 日第 1 版。

7. 《办人民满意的教育——玉溪市中小学先进性教育活动纪实》，《楚雄日报》2005 年 10 月 10 日第 1 版。

8. 刘昆：《寄宿制学校给农村孩子带来了哪些实惠》，《光明日报》2009 年 6 月 30 日第 5 版。

9. 《中共中央国务院关于促进农民增加收入若干政策的意见》，中国政府网（http：//www. gov. cn/test/2005 – 07/04/content_ 11870. htm），2013 – 12 – 31。

10. 温家宝：《强国必强教 强国先强教》，中国政府网（http：//www. gov. cn/ldhd/2010 –08/31/content_ 1692288. htm）。

11. 《教育部研究部署进城务工人员随迁子女义务教育工作》，贵州省教育厅网站（http：//www. gzsjyt. gov. cn/Item/34646. aspx）。

12. 《教育部关于印发〈义务教育学校管理标准（试行）〉的通知》，教育部门户网站（http：//www. moe. edu. cn/publicfiles/business/html-files/moe/s3321/201408/172861. html）。

13. 《国务院关于进一步做好为农民工服务工作的意见》，中国政府网站（http：//www. gov. cn/zhengce/content/2014 – 09/30/content_ 9105. htm）。

14. 《国务院关于加强农村留守儿童关爱保护工作的意见》，中国政府网（http：//www. gov. cn/Zhengce/content/2016 – 02/14/content_ 5041066. htm）。

15. 覃波、杨明健：《寄宿学校：弥补农村留守儿童的教育缺憾》，《法治快报》2008 年 8 月 5 日第 6 版。

16. 《广西壮族自治区人民政府关于进一步加强农村留守儿童关爱保护工作的意见》，广西壮族自治区教育厅网站（http：//www. gxedu. gov. cn/Item/12935. aspx）。

17. 《广西壮族自治区关于创新和加强农民工工作的若干意见》，广西省教育厅网站（http：//www. gxedu. gov. cn/Item/12937. aspx）。

18. 《中共重庆市委关于做好当前民生工作的决定》，《重庆晚报》2010 年 6 月 27 日第 1 版。

19. 《关于进一步加强农村中小学（幼儿园）留守儿童关爱教育工作的意见（试行）的通知》，广西教育厅网站（http：//www. gxedu. gov. cn/Item/12158. aspx）。

20. 《为了 130 万农村留守儿童的幸福》，重庆市教委网站（http：//www. cqjw. gov. cn/Item/1544. aspx）。

21. 《四川启动实施乡村教育发展留守儿童寄宿制学校建设工程，着力为农村留守学生创造良好学习生活条件》，四川省教育厅网站（http：//www. scedu. net/p/78/？ StId = st_ app_ news_ i_ x4001_ 893）。

22. 《3 亿元建 400 所留守儿童寄宿制学校》，四川省教育厅网站（http：//www. scedu. net/p/78/？ StId = st_ app_ news_ i_ x4001_ 955）。

23. 王全香：《着眼发展，着眼民生，着眼未来——铜仁新思路新举措着力推进教育强市战略》，《贵州日报》2013 年 9 月 11 日第 1 版。

24. 杨春凌：《对贵州未来负责——我省大力实施教育"9 + 3"计划补短板破瓶颈》，《贵州日报》2016 年 5 月 20 日第 2 版。

25. 李秀华：《校长应该有什么样的建筑理念》，《中国教育报》2009 年 12 月 22 日第 5 版。

26. 龙超凡、程墨：《"老师像妈妈，学校胜过家"》，《中国教育报》2005 年 6 月 26 日第 3 版。

27. 程墨、罗曼：《寄宿制学校配保育员，宜昌农村校魅力初显》，《中国教育报》2010 年 3 月 30 日第 1 版。

28. 《到 2015 年，我市寄宿制学校都要配营养师》，重庆市教育委员会网站（http：//www. cqedu. cn/site/html/cqjwportal/mtbd/2012 – 5 – 21/Detail_ 9042. htm），2012 年 5 月 21 日。

29. 干江东：《千万贵州农民工勇闯劳务大市场》，《贵州日报》2008 年 4 月 7 日第 10 版。

30. 《2012 年贵州外出务工人超 800 万，返乡潮带动置业潮》，《贵州都市报》2013 年 1 月 24 日。

31. 《贵州出台创业优惠政策》，中国创业扶助网（http：//www. zgcy-

fz. com/cffzzx_ xxwenzi. php？NewsID＝9&NewsFLNumber＝cyzc）。

32. 张伟：《贵州政策调整：到2020年吸引50万人返乡创业、就业》，中国新闻网（http：//www. chinanews. com/df/2013/05－06/4790258. shtml）。

33. 贵州省委省政府：《关于加快城镇化进程促进城乡协调发展的意见》，《贵州日报》2010年7月17日。

34. 李金磊：《投资蓝皮书：2030年中国城市和城镇人口超10亿》，中国新闻网（http：//www. chinanews. com/gn/2013－04－244759316. shtml）。

35. 方春英：《贵州五年投入250余亿元建成3000余所农村寄宿制学校》，《贵州日报》2016年10月15日。

36. 李伦娥：《循序渐进：湖南省沅陵县加强低龄寄宿制学校建设》，《中国教育报》2006年12月7日第1版。

37. 李青松：《沅陵建成41所农村低龄寄宿制学校》，沅陵新闻网（http：//www. ylxw. net/info. aspx？ModelId＝1&Id＝48898）。